POLYGLOTT auf Reisen

Südafrika

**Daniela Schetar
Friedrich Köthe**

Mit einem opulenten Tourenreiseführer
die Vielfalt der Welt erleben

Schwarz-Weiß-Malerei ist den Zebras vorbehalten

Ein Fest der Farben:
Bo Kaap in Kapstadt

INHALT

SÜDAFRIKA – MAGAZIN

20	Südafrika ist eine Reise wert!	108	Bücher über und aus Südafrika
24	**In Kürze**	110	Tierfiguren und Perlenbänder
26	Südafrikas Wirtschaft	112	Felsbilder und Holzskulpturen
28	Wie alles begann	114	Protest mit Trommeln, Flöten und Rap
30	Kolonisierung am Kap	120	**Viele Völker verderben nicht den Brei**
32	Goldfieber und Burenkrieg	122	Die bäuerliche Küche der Buren
34	Paul Krüger und der Wiederaufbau nach dem Krieg	124	Asiatische Raffinessen
		127	Frittierte Raupen und fette Kuchen
36	Apartheid	128	Fangfrisch auf den Tisch
38	Nelson Mandela	130	Durstlöscher und Aufputscher
40	Südafrika heute	132	Das Kap der guten Weine
42	Südafrikas Geschichte	134	So schmeckt Südafrika: Springbok-Curry
46	**Natur & Umwelt**		
49	Lage und Landschaft	137	Kaapse kerrievis (Fisch-Pickles)
52	Diamanten, Gold und Platin	138	Essen gehen mit dem besonderen Flair
54	Das Kreuz des Südens	142	**Aktiv sein ist alles**
56	Im Garten Eden	144	Auf zur Safari!
60	Die Flora Südafrikas	146	Über Stock und Stein und durch Berg und Tal
64	Die südafrikanische Fauna		
82	Geschützte Natur	148	Über Wellen fliegen oder abtauchen
84	Ein Kontinent im Kleinen	150	Auf zwei Rädern und mit Muskelkraft
88	**Die Regenbogennation**	152	Easy Rider
90	Schwarz-Weiß-Malerei	155	Auf dem Fairway
92	König Shakas Erben – die Zulu	158	**Zwischen Himmelbett und Safarizelt**
94	Die hellere Seite des Regenbogens	161	Hotels, Hostels und Lodges
97	Südafrikanisches Babylon	162	Zu Gast auf der Farm oder im Nationalpark
99	Ahnen, Riten und Kulte		
100	Viele Wege zu Gott	164	Luxus und Originalität unter dem Kreuz des Südens
103	Kaleidoskop der Religionen		
104	**Kunst von allen für alle**	168	**Südafrika zum Mitnehmen**
106	Von der Rundhütte zum Hochhaus	170	Markttag

TOP 12 HIGHLIGHTS

184	⭐ Die Kap-Halbinsel	196	⭐ Cango Caves
186	⭐ Robben Island	198	⭐ Kgalagadi Transfrontier Park
188	⭐ Tafelberg	200	⭐ Drakensberge
190	⭐ Kirstenbosch Botanical Gardens	202	⭐ iSimangaliso Wetland Park
192	⭐ Stellenbosch-Weinstraße	204	⭐ Blyde River Canyon
194	⭐ Garden Route	206	⭐ Krüger-Nationalpark

Reben und schroffe Gipfel: Weinland um Stellenbosch

Fels und Sand:
Traumstrand bei Kapstadt

TOUREN IN SÜDAFRIKA

216	**Kapstadt**
220	Tour ❶ Um die Kap-Halbinsel
221	Tour ❷ Die Weinregion
222	Tour ❸ Südlichster Punkt Afrikas
224	Tour ❹ Raue Küste, einsame Berge
225	Unterwegs in Kapstadt
232	Unterwegs in der Umgebung
246	**Der Süden**
248	Tour ❺ Garden Route und Kleine Karoo
250	Tour ❻ Elefanten und Bergzebras
252	Unterwegs im Süden
264	**Johannesburg und der Osten**
266	Tour ❼ Im Land der Zulu
266	Tour ❽ Zum »Barrier of the Spears«
268	Tour ❾ Von Durban zur Wild Coast
269	Unterwegs in Johannesburg
274	Unterwegs im Osten
286	**Der Norden**
288	Tour ❿ Vom Canyon in den Busch
288	Tour ⓫ Vom Krüger-Nationalpark zum Limpopo
290	Tour ⓬ In die Waterberge
291	Unterwegs im Norden
306	**Hochebene und Wüste**
308	Tour ⓭ Diamanten, Berge und Sandmeere
309	Unterwegs in der Region

BESONDERE TOUREN

322	Tour ⓮ Wildparks und Küsten in 14 Tagen
327	Tour ⓯ Eine Woche entlang der Garden Route
330	Tour ⓰ Die Höhepunkte in 24 Tagen
334	Tour ⓱ Mit dem Blue Train unterwegs

REISEINFORMATION

177	Anreise & Reisen im Land
181	Klima & Reisezeit
338	Infos von A–Z
344	Register
350	Bildnachweis
351	Impressum
352	Alle Touren auf einen Blick

ALLGEMEINE KARTEN

10	Übersichtskarte der Kapitel
24	Die Lage Südafrikas

REGIONEN-KARTEN

220	Kap-Halbinsel
223	Kapstadt und Umgebung
248	Der Süden
267	Der Osten
289	Der Norden
309	Hochebene und Wüste

STADTPLÄNE

229	Kapstadt
272	Johannesburg
278	Durban/eThekwini

SYMBOLE

★ Top 12 Highlights
★ Highlights der Destination
❶ Die POLYGLOTT-Touren
❿ Stationen einer Tour
[A1] Die Koordinate verweist auf die Platzierung in der Faltkarte
[a1] Platzierung Rückseite Faltkarte

PREIS-SYMBOLE

	Hotel DZ	Restaurant
€	bis 900 Rand	bis 150 Rand
€€	900 bis 1500 Rand	150 bis 300 Rand
€€€	über 1500 Rand	über 300 Rand

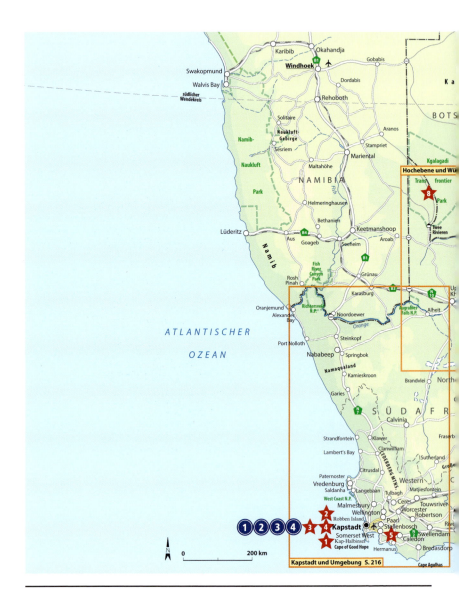

Zeichenerklärung der Karten

	beschriebene Region (Seite=Kapitelanfang)
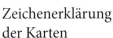	Sehenswürdigkeiten
	Tourenvorschlag

Übersichtskarte der Kapitel

Kapstädter Vororte am Hang zum Signal Hill

Farbe ist Trumpf bei den Ndebele

In Reih und Glied stehen die Badehäuschen am Strand von Muizenberg

Auf Game Drive zwischen Gnus und Zebras

SÜDAFRIKA IST EINE REISE WERT!

Das südlichste Land Afrikas entfaltet ein Kaleidoskop an Landschaften, das seinesgleichen sucht: himmelhohe Berge im Nordosten, liebliche Hügel im Land der Zulu, eisblaues Wasser am Atlantik, heitere Buchten am Indischen Ozean, harsche Wüsten und üppig wuchernde Wälder, dazu eine ebenso vielfältige, lebendige Kultur und ein facettenreiches Angebot an kulinarischen Genüssen.

Ankunft in Kapstadt: Stahlblauer Himmel, die berühmte weiße Wolkendecke auf dem Tafelberg, farbenfrohe Häuser an schnurgeraden Straßen, Menschen aus aller Welt, Cafés, Gärten, Straßenmusikanten – Kapstadt, das bedeutet: Eintauchen in eine ebenso vertraute wie exotische Welt. Hier hatte vor über 350 Jahren für die europäischen Siedler alles begonnen, hier haben die Holländer ihre erste Kolonie gegründet, von hier haben sich die Buren auf ihre Reise ins Landesinnere aufgemacht, nach Norden zum Oranje und nach Osten die Küste entlang.

Zwei, drei Tage sind das Minimum für die Stadt am Kap. Dann geht's mit dem Mietwagen in die Weiten dieses faszinierenden Landes, so, wie es auch die reisefreudigen Südafrikaner tun. Sie lieben es, sich in vollgeladenen Autos aufzumachen, um Wochenenden und Freizeit in der Natur zu verbringen. Zahllose Schutzgebiete bewahren die wilde und ursprüngliche, in ihrer Vielfalt einzigartige Landschaft und deren Tier- und Pflanzenwelt. Der Krüger-Nationalpark, das größte und bekannteste Reservat, ist allein

Weit reicht der Blick vom Lion's Head über die Kap-Halbinsel

schon eine Reise wert. Dickhäuter en gros leben im Addo Elephant Park; ihnen – bequem am Wasserloch auf einer Bank sitzend – beim Baden zuzusehen, begeistert immer wieder aufs Neue. Eine Wanderung im Valley of Desolation bei Graaff-Reinet, wo die Felsformationen in der Morgen- und Abendsonne rot erglühen, muss ebenso sein. Im August lockt die bunte Blütenpracht des Nordwestens, bis weit an den Horizont bedecken die Blumenteppiche das Namaqualand bei Clanwilliam. Im Südwinter (Juni/Juli) bieten die Parks im Nordosten bei St. Lucia immer noch angenehme Temperaturen und garantieren Sonne. Elefanten, Haie und Krokodile in Sümpfen, am Meer und an den Seen sind die Hauptprotagonisten dieser von Wasser geprägten Welt.

Den berühmten *Big Five* – Löwe, Elefant, Nashorn, Leopard und Büffel – begegnen Besucher in den Nationalparks mit Gewissheit, vielleicht sogar auch noch Giraffe, Zebra, Gepard und Flusspferd. Nun ist es Zeit für den zehnten Kandidaten: Walbeobachtung an der Garden Route, kombiniert mit Austernschlürfen und Fischessen, vielleicht auch mit einer Küstenwanderung bei Plettenberg Bay, machen das Vergnügen perfekt. Landschaftlich eindrucksvoll ist die anschließende Fahrt durch den Gebirgsriegel in die Kleine Karoo und weiter zur Großen Karoo mit ihren von der Zeit vergessenen Städtchen.

Was wäre eine Südafrikareise ohne den Besuch der Cape Wine Lands? Die Weingüter in Franschhoek, Paarl und Stellenbosch stehen für die feinsten Tropfen der Welt und für eine kulinarische Erlebnisreise durch die besten Restaurants. Es ist eine gesegnete Region mit sanfter hügeliger Landschaft, Wiesen, Plantagen mit Zitrusfrüchten und natürlich endlose Rebenpflanzungen, in deren Mitte die kapholländischen Gutshöfe weiß in der Sonne strahlen. Überall spürt der Gast die Warmherzigkeit und die Lebensfreude der südafrikanischen Bevölkerung.

Die Reise nähert sich dem Ende. Abflug ist diesmal in Johannesburg. Auf dem Weg dorthin sind die Drakensberge ein Pflichtstopp. Landschaftliche Höhepunkte wie Champagne Castle, Cathedral Peaks oder der Golden Gate Highlands National Park prägen eine Wander- und Bergsteigerdestination par excellence.

In vier Wochen kann man viel sehen, aber noch lange nicht alles. Also am besten gleich mit der Planung der nächsten Südafrikatour beginnen. Vorfreude ist die schönste Freude!

Herbe Landschaft und Meer im West Coast National Park

IN KÜRZE

Lage: Zwischen 22° und 35° südlicher Breite
Fläche: 1 221 037 km²
Ost-West-Ausdehnung: 1500 km
Nord-Süd-Ausdehnung: 1100 km
Bevölkerung: ca. 55 Mio.
Bevölkerungswachstum: ca. 1 %
Bevölkerungsdichte: zwischen 2 und 100 Einw./km²
Arbeitslosenquote: offiziell ca. 27 %, inoffiziell ca. 35 %
Amtssprachen: Englisch und Afrikaans. Weitere neun offizielle Sprachen; die wichtigste ist Zulu.
Provinzen: Gauteng, North West, Limpopo, Mpumalanga, Free State, KwaZulu-Natal, Eastern Cape, Western Cape, Northern Cape
Touristen: ca. 10 Mio. (2016)
Landesvorwahl: 00 27
Währung: Südafrikanischer Rand
Zeitzone: MEZ +1 (während der europäischen Sommerzeit gleich MEZ)

POLITIK UND VERWALTUNG

Mit der 1994 erstmals nach der Apartheidszeit von allen Südafrikanern gewählten Regierung unter Führung des ANC › S. 36 hat sich die politische Landkarte verändert. Nicht mehr die von der weißen Minderheit dominierten Parteien wie die National Party stellten die Regierung, sondern der ANC, der zusammen mit der Zulu-Partei Inkatha den Anti-Apartheidskampf geführt hatte. Der von der Bevölkerung erhoffte Wandel ist dennoch weitgehend ausgeblieben – einerseits, weil sich gesellschaftliche Strukturen nicht so einfach verändern lassen, andererseits, weil sich die neuen schwarzen Eliten bald mit Korruptionsvorwürfen konfrontiert sahen. Der amtierende, 2009 gewählte und 2014 im Amt bestätigte Präsident Jacob Zuma bietet hierfür das beste Anschauungsbeispiel. Von Vorteilsannahme über Steuerbetrug bis hin zu Vergewaltigung reichen die gegen ihn erhobenen Vorwür-

In Kürze

Highlife an Kapstadts Waterfront

fe. Bislang konnte er dank der Unterstützung durch Parteigenossen jeden Versuch, ihn deshalb zu stürzen, aussitzen. Da sich die wirtschaftliche wie die soziale Situation in Südafrika in seiner Regierungszeit nicht verbessert hat, sieht er sich mit zunehmenden Protesten vor allem der jungen Südafrikaner konfrontiert.

Das Land ist in neun Provinzen, jeweils mit Landesparlament und eigener Verfassung, gegliedert. Den Präsidenten wählt das Parlament, bestehend aus der direkt gewählten Nationalversammlung und dem Senat mit Vertretern der Provinzen. In beiden Kammern besitzt der ANC die absolute Mehrheit. Die Verfassung sieht maximal zwei Amtszeiten vor. Zuma müsste demnach 2019 abtreten.

MENSCHENRECHTE

Dass die Menschenrechte in der Apartheids-Ära, zumindest was den nicht-weißen Bevölkerungsanteil betraf, mit Füßen getreten wurden, war spätestens seit den Unruhen und Protesten in Soweto Mitte der 1970er-Jahre eine international anerkannte Tatsache, die zu politischen Sanktionen und Boykottaufrufen führte. Zur Symbolfigur dieses Kampfes wurde der Kapstädter Erzbischof Desmond Tutu, der 1984 für sein Engagement um Gerechtigkeit und Versöhnung den Friedensnobelpreis erhielt. 1994 übernahm er den Vorsitz der Wahrheitskommission, die die politischen Verbrechen der 1960er- bis 90er-Jahre aufarbeitete. Heute verzeichnet die internationale Organisation Human Rights Watch erneut Verletzungen der Menschenrechte in Südafrika, diesmal gegenüber Immigranten, Flüchtlingen oder Asylsuchenden. Der immer wieder aufflammenden Gewalt gegenüber Immigranten schaue der Staat tatenlos zu. Kinder mit Behinderung erhielten nur eingeschränkten Zugang zum Bildungssystem, Homosexuelle würden verfolgt.

SÜDAFRIKAS WIRTSCHAFT

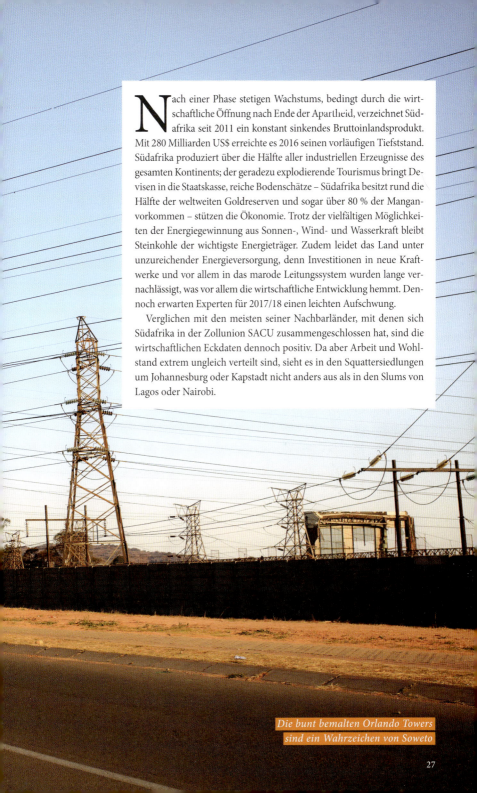

Nach einer Phase stetigen Wachstums, bedingt durch die wirtschaftliche Öffnung nach Ende der Apartheid, verzeichnet Südafrika seit 2011 ein konstant sinkendes Bruttoinlandsprodukt. Mit 280 Milliarden US$ erreichte es 2016 seinen vorläufigen Tiefststand. Südafrika produziert über die Hälfte aller industriellen Erzeugnisse des gesamten Kontinents; der geradezu explodierende Tourismus bringt Devisen in die Staatskasse, reiche Bodenschätze – Südafrika besitzt rund die Hälfte der weltweiten Goldreserven und sogar über 80 % der Manganvorkommen – stützen die Ökonomie. Trotz der vielfältigen Möglichkeiten der Energiegewinnung aus Sonnen-, Wind- und Wasserkraft bleibt Steinkohle der wichtigste Energieträger. Zudem leidet das Land unter unzureichender Energieversorgung, denn Investitionen in neue Kraftwerke und vor allem in das marode Leitungssystem wurden lange vernachlässigt, was vor allem die wirtschaftliche Entwicklung hemmt. Dennoch erwarten Experten für 2017/18 einen leichten Aufschwung.

Verglichen mit den meisten seiner Nachbarländer, mit denen sich Südafrika in der Zollunion SACU zusammengeschlossen hat, sind die wirtschaftlichen Eckdaten dennoch positiv. Da aber Arbeit und Wohlstand extrem ungleich verteilt sind, sieht es in den Squattersiedlungen um Johannesburg oder Kapstadt nicht anders aus als in den Slums von Lagos oder Nairobi.

Die bunt bemalten Orlando Towers sind ein Wahrzeichen von Soweto

WIE ALLES BEGANN

Was haben »Mrs. Ples« oder das »Kind« mit Südafrika zu tun? Beide haben hier gelebt, wenn auch vor rund zwei Millionen Jahren. Ihre Schädel waren die ersten Hinweise darauf, dass der Mensch auch im Süden des Kontinents den Schritt vom Affen zum aufrecht gehenden »Fastmenschen« *Plesianthropus* vollzogen hat. Vor 1,5 Millionen Jahren wurde in einer Höhle bei Sterkfontein das bislang älteste (bekannte) kontrollierte Feuer entzündet.

Vor etwa 100 000 Jahren streifte dann schon der *Homo Sapiens* durch Südafrikas Savannen, und vor etwa 10 000 Jahren entstanden die ältesten Zeugnisse der San, eines Volkes von Jägern und Sammlern, das lange Zeit verächtlich als »Buschmänner« bezeichnet wurde. Ihre Bilder von Tieren und tanzenden Menschen schmücken Felsüberhänge und Höhlen. Ähnlich lange treiben die Khoikhoi, von den Weißen »Hottentotten« genannt, ihre Schaf- und Rinderherden von Weide zu Weide. Beide Völker unterscheiden sich deutlich von später zuwandernden Bantu-Gruppen. Ihre Sprachen prägen zahlreiche Schnalz- und Klicklaute.

Vor etwa 1800 Jahren ließen sich aus Zentralafrika stammende, Bantu sprechende Völker zunächst im Norden des heutigen Südafrika nieder. Die sesshaften Ackerbauern breiteten sich allmählich in Richtung Süden aus, gründeten Reiche (u. a. das der Zulu unter König Shaka um die Wende vom 18. zum 19. Jh.) und verdrängten die Ureinwohner aus ihrem angestammten Lebensraum.

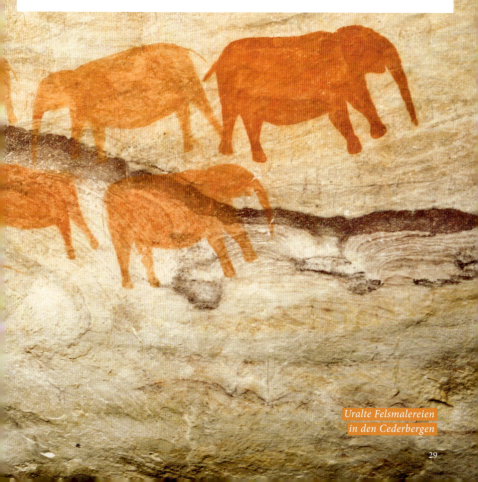

Uralte Felsmalereien in den Cederbergen

Am 6. April 1652 begann am Kap eine neue Ära. Ein Schiff der Niederländischen Ostindien-Kompanie landete 90 Männer, Frauen und Kinder unter Führung des Kaufmanns Jan van Riebeeck an. Sie sollten am Kap der Guten Hoffnung eine Versorgungsstation für die zwischen Europa und Indien pendelnden Handelsschiffe der Gesellschaft aufbauen. Knapp hundert Jahre später war die Station zu einer Kolonie mit 4000 Siedlern verschiedener Nationen angewachsen. Man betrieb Ackerbau, handelte mit den Khoikhoi, pflanzte die ersten Weinreben und nannte sich Buren (Bauern) bzw. Afrikaaner. Der wachsende Landbedarf brachte die Buren in Konflikte mit den Khoikhoi, die bald ihre Eigenständigkeit verloren und als Farmarbeiter auf dem Land der Weißen ihr Dasein fristen mussten. Auch weiter nördlich, in den Drakensbergen, kollidierten weißer Landhunger und Besitzansprüche der Alteingesessenen, in diesem Fall der Xhosa und später auch der Zulu. Zugleich forderten diese nach Norden gewanderten Trek-Buren weitergehende Autonomie von der Ostindien-Kompanie. In dieser Gemengelage übernahmen die Briten 1806 die holländische Niederlassung am Kap und siedelten 5000 Briten in den umkämpften Gebieten an. Verdrängung und Konflikte mit der lokalen Bevölkerung sowie Auseinandersetzungen zwischen Briten und Buren sollten das gesamte 19. Jh. prägen. Mitte des 19. Jhs. gaben die Briten ihren Widerstand gegen die Unabhängigkeit der Buren auf. Die Burenrepubliken Oranje Freistaat und Transvaal wurden gegründet.

KOLONISIERUNG AM KAP

Der Gründer der Kapkolonie, Jan van Riebeeck, mit »Eingeborenen«

GOLDFIEBER UND BURENKRIEG

Das Jahr 1867 brachte eine grundlegende wirtschaftliche wie soziale Wende. Der Fund von Diamanten nördlich des Oranje setzte einen Run auf die bislang von niemandem beanspruchte Region zwischen den Burenrepubliken und der Kapkolonie in Gang, aus der binnen zweier Jahrzehnte die Diamantenstadt Kimberley werden sollte. Vorsorglich erklärte Großbritannien die Minen zur britischen Kronkolonie; die von Cecil Rhodes gegründete De Beers Company übernahm schließlich die meisten Claims. Schwarze Minenarbeiter lebten unter sklavenähnlichen Bedingungen in streng kontrollierten Lagern. Die bereits auf den Farmen praktizierte Arbeitsteilung in weiße Herren und schwarze Arbeiter setzte sich auch hier durch. Nicht anders verhielt es sich in den Goldminen; 1886 wurden am von Buren kontrollierten Witwatersrand so mächtige Goldvorkommen entdeckt, dass schon bald ein Abbau im großen Stil einsetzte. Anders als in Kimberley hatten hier mehrere Minengesellschaften ihre Finger im Spiel; die Bedingungen für die schwarze Arbeiterschaft aber glichen sich. Wie im Beispiel von Kimberley entwickelte sich schon bald eine Stadt – Johannesburg.

Die Auseinandersetzung um die Kontrolle der Rohstoffe heizte den zwischen Burenrepubliken und Kapkolonie bereits bestehenden Konflikt an. Schließlich wurde ein unter der britischen Krone vereinigtes Südafrika erklärtes Ziel der englischen Politik. Protagonisten im Kampf um die Oberhoheit waren Paul »Ohm«

Szenen einer Schlacht aus dem Ersten Burenkrieg 1881

Krüger auf Seiten der Buren und Cecil Rhodes auf jener der Briten. In den Burenkriegen 1880/81 und 1899–1902 gelang es den Buren zunächst, erbitterten Widerstand zu leisten. 1900, nach der britischen Besetzung Pretorias und Bloemfonteins, zogen sich die Buren in den Guerillakampf zurück, den sie zwei Jahre lang auch mit Erfolg betrieben. 1902 mussten sie jedoch kapitulieren und im Vertrag von Vereeniging die britische Herrschaft über Transvaal und Oranje Freistaat akzeptieren. 22 000 Briten und 34 000 Buren hatten in den Kriegen ihr Leben gelassen. Die meisten burischen Opfer hatten allerdings nicht die Kämpfe, sondern die dramatischen Lebensbedingungen in den Konzentrationslagern gefordert, in denen die Sieger vor allem Frauen und Kinder internierten.

PAUL KRÜGER UND DER WIEDERAUFBAU NACH DEM KRIEG

*Der »Onkel der Nation«,
Paul Krüger (um 1900)*

Paul Krüger, 1883 zum Präsidenten Transvaals gewählt, erlebte das Ende des zweiten Burenkriegs und die Annexion von Transvaal durch die Briten nicht mehr auf afrikanischem Boden. Als die Briten 1900 Pretoria besetzten, floh er über Portugiesisch-Ostafrika nach Europa, wo er 1904 in der Schweiz starb. Der strenge Calvinist und passionierte Jäger hatte nicht nur vier Amtsperioden lang die Geschicke Transvaals geführt; er legte auch die Grundlage für den Naturschutz in Südafrika. 1891 ließ er Elefanten und Nilpferde, zwei Jahre später Nashörner und Giraffen unter Jagdschutz stellen. »Für alle Zeiten« solle ein Gebiet vor dem Eingriff der Menschen bewahrt werden, befand Krüger 1898 und erklärte die Wildnis zwischen den Flüssen Sabie und Crocodile zum Schutzgebiet. Sie wurde zum Kerngebiet des 1926 eingerichteten Kruger National Park.

Eine weitere bedeutende Persönlichkeit betrat in dieser Ära die politische Bühne: Mahatma Gandhi war 1893 als junger Rechtsanwalt aus Indien nach Durban geschickt worden, um in einem Rechtsstreit von zwei indischen Unternehmen zu vermitteln. Obwohl er ein Erste-Klasse-Ticket besaß, wurde er im Zug dazu gezwungen, in den Wagen der dritten Klasse umzuziehen – ein Schlüsselerlebnis, das seine Philosophie nachhaltig prägen sollte. Bevor Mahatma Gandhi in Indien den gewaltfreien Widerstand gegen die Briten anführte, praktizierte er seine »bei der Wahrheit bleiben« (*Satyagraha*) genannte Haltung mehr als zwei Jahrzehnte lang in Südafrika.

Ohne den charismatischen und als Inbegriff eines Vortrekkers geltenden Paul Krüger, der eigentlich deutsche Wurzeln besaß, taten sich die Afrikaaner zunächst schwer mit der Behauptung ihrer streng religiös geprägten Kultur gegenüber den liberaleren Engländern. Unter anderem kämpften sie um die Anerkennung ihrer *Afrikaans* genannten Sprache. Immerhin gewährten die Briten Transvaal und Oranje-Freistaat eine gewisse innere Autonomie. Jan Smuts und Louis Botha, die neuen starken Männer in den Reihen der Buren, unterstützten das britische Anliegen, die Infrastruktur nach dem Krieg möglichst schnell wieder aufzubauen, die Wirtschaft anzukurbeln und eine Versöhnung zwischen den verfeindeten Volksgruppen herbeizuführen. 1910 schlossen sich Kapkolonie, Natal, Transvaal und Oranje-Freistaat zur Südafrikanischen Union zusammen. 1,2 Millionen mit allen bürgerlichen Rechten ausgestattete Weiße herrschten darin über eine rechtlose Bevölkerung von 4,6 Millionen Schwarzen, Mischlingen und Asiaten.

Dass diese Situation auf Jahrzehnte hinaus zementiert wurde, dafür sorgte der Aufstieg der 1934 von Buren gegründeten Nasionale Party, die 1948 die Parlamentswahlen gewann und bis 1994 an der Macht blieb.

Für die Lage der Farbigen und Schwarzen hatte der Aufstieg der NP schwerwiegende Folgen: Die Buren konnten ihre Rassentrennungsideologie nun ungehindert umsetzen. Bereits im Vorfeld der eigentlichen Apartheidspolitik nach 1948 hatten verschiedene Gesetze die Rechte der Bevölkerungsmehrheit immer weiter eingeschränkt: Mit dem Job Reservation Act 1911 wurde gesichert, dass qualifizierte Arbeitsplätze den Weißen vorbehalten blieben; die Native Land Acts sorgten 1913 und 1936 dafür, dass Farbige und Schwarze nur in bestimmten Regionen Land erwerben durften, der Native Urban Act von 1923 setzte durch, dass sie auch in Städten nur in eigens ausgewiesenen Vierteln Wohnrecht erhielten. Obwohl sich Jan Smuts, der das Land 1939 bis 1948 führte, gegen die Politik der Rassentrennung aussprach, wurde diese stetig vorangetrieben. 1948 verlor seine gemäßigte Partei UP die Wahlen, und die NP unter Daniel François Malan konnte sich der Implementierung der Apartheidsideologie widmen.

Mit den 1950 verabschiedeten Gesetzen Population Registration Act und Group Areas Act zementierte er die getrennte Entwicklung der Rassen: Schwarze wurden in eigens eingerichtete *Homelands* verwiesen, die sie nur verlassen durften, um in den Weißen vorbehaltenen Gebieten zu arbeiten. Dort bildeten sich schon bald Elendssiedlungen, in denen diese Wanderarbeiter lebten, die *Townships*. 1953 wurde die Rassentrennung auch auf öffentliche Verkehrsmittel sowie Ämter und Schulen ausgeweitet. Die schwarze Bevölkerung reagierte mit Streiks und Protestmärschen auf die Unterdrückung, bekam aber erst mit dem Auftreten des ANC (African National Congress) in dem spätere Führer wie Oliver Tambo und Nelson Mandela vertreten waren, ab 1943 eine Stimme. 1955 präsentierten sie zusammen mit anderen Menschenrechtsgruppen bei einer großen Protestveranstaltung die Freedom Charter, ein Plädoyer für ein demokratisches Südafrika. Als 1960 bei einer Demonstration gegen die Passgesetze in Sharpeville 69 Protestierer von der Polizei erschossen wurden, hatte sich die Apartheidsregierung endgültig auch international ins Abseits katapultiert. Die Reaktion war ein Verbot des ANC.

1962 wurden mehrere ANC-Führer, darunter Nelson Mandela, verhaftet und zu lebenslanger Haft verurteilt. Der ANC agierte nun im Untergrund und setzte auf bewaffneten Widerstand sowie auf die internationale Isolierung Südafrikas. Die gewaltsame Niederschlagung von Schüler- und Studentenprotesten in Soweto in den 1970er-Jahren zeigte der Weltöffentlichkeit das wahre Gesicht der Apartheid. 1984 erhielt Desmond Tutu, Erzbischof von Kapstadt und Symbolfigur des friedlichen Widerstands, den Nobelpreis. 1989 betrat mit Friedrich Wilhelm de Klerk ein Vertreter der weißen Minderheit die politische Bühne, dem bewusst war, dass sich die Dinge ändern müssten. Südafrika steckte dank der internationalen Boykotts in einer schweren wirtschaftlichen Krise. De Klerk hob das Verbot des ANC und anderer Widerstandsgruppen auf und begann einen Dialog mit dem inhaftierten ANC-Führer Nelson Mandela. Belastet von gewalttätigen Auseinandersetzungen zwischen ANC und Anhängern der Zulu-Partei Inkatha führten de Klerk und Mandela das Land aus dem Apartheidsystem. 1992 erhielten sie dafür gemeinsam den Friedensnobelpreis; die ersten allgemeinen und freien Wahlen in Südafrika gewann 1994 der ANC mit 62,6 % der Stimmen. Präsident Nelson Mandela unterzeichnete 1996 symbolträchtig in Sharpeville die neue Verfassung für ein demokratisches Südafrika.

*»Nur für Weiße« –
lange galt dies
an Kapstadts Stränden*

Apartheit

APARTHEID

Nelson Mandela, Südafrikas erster schwarzer Präsident

Nelson Rolihlahla Mandela wurde 1918 in Mvezo in der Transkei als Sohn eines traditionellen Xhosa-Oberhaupts geboren und erhielt als Mitglied dieser privilegierten Schicht eine gute Schulbildung. Obwohl fest im religiösen Kosmos der Xhosa verwurzelt, ließ der Vater ihn in der methodistischen Kirche taufen. Mandela blieb sein Leben lang dieser Glaubensrichtung verbunden. Bereits als Student an der Universität von Fort Hare organisierte er mit seinem Kommilitonen Oliver Tambo Protestaktionen, wegen denen die beiden von der Hochschule verwiesen wurden. In Johannesburg gründeten sie 1944 die Jugendorganisation des ANC. Mandela schloss sein Jurastudium ab und eröffnete 1952 mit Tambo die erste schwarze Rechtsanwaltskanzlei Südafrikas. 1958 heiratete er Winnie Nomzamo Madikizela. Nach dem Verbot des ANC 1960 ging Mandela in den Untergrund; Tambo führte den ANC von seinem Exil in London weiter.

1962 wurde Mandela bei einer Razzia verhaftet und zunächst zu fünf Jahren Gefängnis verurteilt. Als seine tatsächliche Rolle im Untergrundkampf des ANC ans Tageslicht kam, erhielt er 1964 eine lebenslange Freiheitsstrafe, die er auf der Gefängnisinsel Robben Island vor Cape Town antrat. Südafrika hatte mit diesem Urteil allerdings eine Märtyrerfigur geschaffen, deren Wirkung nicht nur im Land selbst, sondern auch international frappierend war.

Am 11. Februar 1990 wurde Nelson Mandela auf Anordnung Präsident de Klerks aus der Haft entlassen. Am selben Tag skizzierte er in einer Rede vor 120 000 Zuhörern im Stadion von Soweto die Grundideen seiner Politik der *Reconciliation*, der Versöhnung. 1991 wählte ihn der ANC zum Vorsitzenden; 1994 gewann der ANC mit Mandela die ersten freien Wahlen; *Madiba*, wie man ihn mit seinem Clannamen ehrfürchtig nannte, war erster schwarzer Präsident Südafrikas.

Überschattet wurde Mandelas politischer Aufstieg von Rivalitäten zwischen ANC und der Zulu-Partei Inkatha, die teils mit großer Gewalt ausgetragen wurde. Dem Präsidenten gelang es allerdings, diesen Konflikt durch die Einbindung von Inkatha-Politikern in seine Regierung aufzulösen. Im privaten Bereich belasteten ihn Folter- und Korruptionsvorwürfe gegen seine Frau, von der er sich 1996 scheiden ließ. 1998 heiratete er Graça Machel, die Witwe des verunglückten Präsidenten von Moçambique, Samora Machel.

Mandela, der nie eine zweite Amtszeit angestrebt hatte, zog sich 1999 aus der Regierungsverantwortung zurück und widmete sich fortan verschiedenen Stiftungen sowie der Umsetzung seiner Reconciliation-Idee. Der überaus charismatische, stets gütig wirkende Politiker wurde international zur Symbolfigur eines neuen Südafrika. Immer wieder erhobene Vorwürfe, auch er habe Gewalt befürwortet, sie auch ausgeübt und politische Gegner verfolgt, prallten an ihm ab. Am 5. Dezember 2013 starb Nelson Mandela in seinem Heimatdorf Qunu an den Folgen einer Lungenentzündung.

Bis heute gibt es kaum Veränderungen im Township Alexandra

SÜDAFRIKA
HEUTE

Wie hat sich Südafrika seit Nelson Mandelas Wahl zum Präsidenten verändert? Können 150 Jahre Kolonisierungserfahrung, davon nahezu 50 Jahre unter der Knute der Apartheidsgesetze durch eine schwarze Regierung einfach so aus den Köpfen verschwinden? Natürlich nicht.

Die 1997 verabschiedete Verfassung garantiert zwar gleiche Rechte für alle, die Gleichberechtigung von Mann und Frau, Meinungs- und Religionsfreiheit. Aber an der Situation der großen Mehrheit hat sich dennoch kaum etwas geändert. Die Struktur der Wirtschaft ist weitgehend gleich geblieben. Zwar erwächst der besser ausgebildeten Generation farbiger und schwarzer Führungskräfte eine neue Managerschicht; allmählich entwickelt sich auch ein schwarzer Mittelstand. Aber eine radikale Umwälzung der Gesellschaft hat nicht stattgefunden. Dies war von den Architekten der *Reconciliation* auch nicht gewollt. Der Übergang zu einer gerechteren Gesellschaft, das wusste Mandela, müsste friedlich und vorsichtig vonstattengehen und würde deshalb lange dauern.

Wirtschaftlich steht Südafrika wesentlich besser da als in den Jahren der Apartheid, aber der wachsende Wohlstand ist nicht dort angekommen, wo er am dringendsten benötigt würde. Die prekären wirtschaftlichen Verhältnisse zwingen die Menschen dazu, weiterhin in *Townships* zu leben, weil sie sich andere Wohnungen nicht leisten könnten. Auch die ehemaligen *Homelands* haben Bestand. Nicht, weil der Staat die Menschen zwingt, dort zu leben, sondern die wirtschaftliche Not. Die hohe Jugendarbeitslosigkeit ist eine weitere Bedrohung für den inneren Frieden. Immer wieder werden Forderungen nach Enteignungen laut. Von Weißen bewirtschaftetes Farmland soll den landlosen Schwarzen übergeben werden. Es mehren sich aber auch die Proteste gegen die Korruptheit der neuen schwarzen Eliten. Präsident

Südafrika heute

Zuma gilt als leuchtendes Beispiel für diese von Erfolg und Geld korrumpierte Politikerkaste.

Mit der Lichtgestalt Nelson Mandela kann sich in Südafrika ohnehin kein Politiker messen. Mandelas Nachfolger, der pragmatische und ganz und gar uncharismatische Thabo Mbeki, agierte relativ glücklos und musste 2008 zurücktreten, weil ihm Einflussnahme auf einen Prozess gegen seinen ANC-Rivalen Jacob Zuma unterstellt wurde. Zuma, der seit 2009 regiert, schlittert unbeeindruckt von einem Korruptions- und Bereicherungsskandal zum nächsten.

Südafrika steht heute nicht nur vor dem Problem der wirtschaftlichen Integration eines Großteils der Bevölkerung. Die hohe Zahl an HIV-Infizierten, rund 19 % der Erwachsenen, senkte zeitweilig sogar die durchschnittliche Lebenserwartung. Dass die Zahl der Neuinfektionen nicht mehr so drastisch ansteigt, ist der veränderten AIDS-Politik unter Jacob Zuma zu danken. Seit 2016 werden alle Infizierten kostenlos behandelt. Zumas Vorgänger Mbeki hatte bestritten, dass es AIDS überhaupt gibt und es zu einer reinen Propagandaerfindung der Weißen erklärt.

Zusätzlicher Druck auf den Arbeitsmarkt wie auf die Sozialsysteme entsteht durch den starken Zuzug von Wirtschaftsflüchtlingen aus den Nachbarländern. Immer wieder kam und kommt es besonders in den Townships zu fremdenfeindlichen Krawallen, bei denen zahlreiche Nicht-Südafrikaner den Tod fanden und die lange Zeit von den Politikern ignoriert, wenn nicht sogar geschürt wurden.

Trotz aller Schwierigkeiten haben die vielen Völker Südafrikas vorgemacht, dass ein friedlicher Wandel unter der schweren Last der Geschichte möglich ist. Nicht wie erwartet Mord und Totschlag, sondern ein zunächst zaghaftes und inzwischen immer selbstverständlicheres Miteinander prägen die Regenbogennation.

SÜDAFRIKAS GESCHICHTE

Etwa 8000 v. Chr. Die San leben als Jäger und Sammler im Südwesten des südlichen Afrika, ab 400 erreichen erste Bantu-Völker das östliche Südafrika.

1488 Bartholomeu Diaz umschifft das Kap und landet in Mossel Bay.

1652 Jan van Riebeeck richtet am Kap eine Versorgungsstation für die Holländische-Ostindien-Kompanie ein und gründet damit Kapstadt.

1795 und **1806** erobern die Briten das Kapland.

1836–1854 Über 16 000 Buren ziehen vom Kap nach Norden, um britischer Bevormundung zu entkommen. Sie siedeln in Natal und Transvaal. 16. Dez. 1838: Schlacht zwischen »Voortrekkern« und Zulu am Blood River. Die Buren gründen im Transvaal und Oranje-Freistaat eigene Staaten.

1848 Natal wird britische Kolonie.

1857 5000 Deutsche kommen an.

1867 Beginn der Diamantenförderung bei Kimberley. Die Briten besetzen die Diamantenfelder.

1880–1881 Paul »Ohm« Krüger führt die Buren zum Sieg gegen die Briten und wird erster Präsident von Transvaal, das unter britischer Oberhoheit bleibt.

1899–1902 Zweiter Burenkrieg mit über 26 000 toten Zivilisten; die Buren werden geschlagen. Krüger sucht Unterstützung in Europa, er stirbt 1904 in der Schweiz.

1910 Transvaal und Oranje-Freistaat sowie die britischen Kolonien Natal und Kap verschmelzen zur Südafrikanischen Union. Louis Botha, Premier von Transvaal, wird Premierminister.

1912 Gründung des ANC (African National Congress), der ersten Partei für Schwarze.

1913 Beginn der Apartheidspolitik mit der Einführung von getrennten Wohngebieten für Schwarze.

1950–1953 Die Apartheid wird durch Erlasse (Acts) festgeschrieben. Den Schwarzen wird 1951 zudem das Wahlrecht entzogen.

1960 Am 21. März erschießt die Polizei 69 Teilnehmer einer Demonstration gegen die Passgesetze in Sharpeville/Transvaal. Der ANC wird verboten.

1964 Nach der Festnahme des ANC-Vorsitzenden Nelson Mandela 1962 und der Verurteilung zu fünf Jahren Haft wird das Urteil wegen »Hochverrats und Sabotage« in eine lebenslange Freiheitsstrafe umgewandelt.

Geschichte

1976 Schülerproteste am 16. Juni in Soweto gegen Afrikaans als Unterrichtssprache. Die Polizei erschießt zwei Kinder; es beginnt ein landesweiter Widerstand, der mindestens 600 Tote fordert.

1983 Reformen durch internationalen Druck: Mischlinge und Asiaten erhalten mehr Rechte. In den folgenden Jahren Aufhebung des Verbots von Mischehen und Abschaffung der Passgesetze.

1984 Verleihung des Friedensnobelpreises an Erzbischof Desmond Tutu.

1989 Rücktritt von Präsident Botha, Frederik Willem de Klerk wird sein Nachfolger.

1990 Am 2. Februar kündigt Präsident de Klerk die Freilassung von Nelson Mandela an. Der Ausnahmezustand wird beendet, Organisationen wie der ANC sind wieder zugelassen.

1993 Präsident de Klerk und Nelson Mandela erhalten gemeinsam den Friedensnobelpreis; die Wirtschaftssanktionen gegen Südafrika werden aufgehoben.

1994 Erste freie und allgemeine Wahlen. Nelson Mandelas ANC gewinnt sie mit 62 %; de Klerks National Party (NP) kommt nur auf 20 %. Am 10. Mai wird Mandela als erster schwarzer Präsident Südafrikas vereidigt.

1996 ANC und NP beschließen eine neue Verfassung. Die NP geht nach 48 Regierungsjahren in die Opposition, 2005 löst sie sich auf.

1998 Die Wahrheitskommission bringt weitere Menschenrechtsverletzungen ans Tageslicht.

1999 Wahlen nach der neuen Verfassung. Thabo Mbeki wird Nachfolger von Nelson Mandela.

2001 Die Anti-Aids-Kampagne klagt gegen die Regierung wegen unterlassener Hilfeleistung.

2004 Bei den Parlamentswahlen erzielt der ANC mit fast 70 % der Stimmen die Zweidrittelmehrheit.

2007 Helen Zille, Bürgermeisterin von Kapstadt, wird Präsidentin der liberalen Oppositionspartei Demokratische Allianz (DA).

2008 Präsident Thabo Mbeki tritt auf Drängen des ANC zurück.

2009 Bei den Parlamentswahlen gewinnt der ANC. Der umstrittene Jacob Zuma wird Staatspräsident.

2010 Südafrika richtet die Fußballweltmeisterschaft aus.

2012 Massenstreiks wegen steigender Arbeitslosenzahlen.

2013 Am 5. Dezember verstirbt der ehemalige Staatspräsident Nelson Mandela.

2014 Bei den Parlamentswahlen erhält der ANC 62 % der Stimmen, Zuma bleibt Staatspräsident. Am 13. Juli verstirbt Nadine Gordimer.

2016 Das gesamte südliche Afrika wird von einer »Jahrhundertdürre« schwer getroffen. Bei den Kommunalwahlen verliert der ANC alle großen Städte (außer Durban) an die Demokratische Allianz DA.

2017 Bei einer großen Kabinettsumbildung ersetzt Zuma Minister, die ihm kritisch gegenüberstehen, durch Getreue. Auf die Entlassung des angesehenen Finanzministers Pravin Gordhan reagieren die Märkte mit einer Abwertung des Südafrikanischen Rands.

Ein Hingucker: Graffiti in Newtown, Johannesburg

NATUR & UMWELT

Südafrika bildet nur 1 % der Landmasse des gesamten Erdballs, aber das Land ist eine »Arche Noah«, in der 10 % aller Pflanzen-, 8 % aller Vogel- und fast 6 % aller Säugetierarten beheimatet sind.

Nicht nur die Tierwelt, auch der Pflanzenreichtum ist beeindruckend: Er reicht von Sukkulenten und Flechten, die den extremen Bedingungen von Wüsten und Halbwüsten angepasst sind, über die charakteristischen, dornenbewehrten Akazien der Savannen bis hin zu der ebenso eigenwilligen wie gegen alle Klimakapriolen resistenten Fynbos-Pflanzengesellschaft auf der Kap-Halbinsel, zu deren strahlendsten Gewächsen die Königsproteen zählen.

Der Artenvielfalt entspricht einer Vielzahl unterschiedlicher Landschaften, die nahezu arktisch anmutende Lebensräume wie die Südwestküste, die dramatische Hochgebirgsszenerie der Drakensberge oder auch das Tropenparadies um die St. Lucia Wetlands umfasst. Das Landesinnere ist reich an Bodenschätzen wie Gold und Diamanten – die Grundlage für Südafrikas Wirtschaft.

Karge Schönheit: Köcherbäume im Northern Cape

LAGE UND LANDSCHAFT

Südafrika besetzt mit ca. 1 220 000 km² Landesfläche die Südspitze des afrikanischen Kontinents. Landschaftlich geprägt ist es von einer zentralen Hochebene, dem **Highveld**, mit Höhen von 900 bis 2000 Metern, das zu den Küsten hin teils sanft, teils schroff abfällt. Diese »Abbruchkante«, das **Great Escarpment**, leitet zum Tiefland, dem **Lowveld** über. Diese Formation entstand beim Auseinanderbrechen des Urkontinents Gondvana vor 120 Millionen Jahren. Eine der prägenden Landschaften Südafrikas, die aus Sedimentablagerungen gebildete Karoo, ist Namensgeberin der geologisch dominanten Karoo-Supergruppe. Ein Großteil Südafrikas gehört erdgeschichtlich diesem System an und ist deshalb sehr einheitlich. Eingerahmt wird Südafrika vom Atlantik im Westen und dem Indischen Ozean im Osten, die am **Cape Agulhas** aufeinandertreffen.

Herrliche Buchten vor traumhaften Felskulissen, Naturreservate mit der einmaligen Fynbos-Flora, Pinguine, Wale und Robben, der charakteristische Tafelberg sowie viele historische Weingüter im typisch kapolländischen Stil prägen den **Südwesten und die Kap-Halbinsel**. Besuchermagnet ist hier Kapstadt, das mit seiner reizvollen Umgebung und der Weinregion um die Städtchen Stellenbosch und Paarl zum längeren Verweilen animiert.

Die berühmte **Garden Route** von Mossel Bay bis Port Elizabeth im fruchtbaren Süden wartet mit langen Sandstränden, üppiger Vegetation, felsigen Küsten und tiefen Schluchten auf. Mehrere kleine, aber eindrucksvolle Nationalparks

Wie ein Drachenschwanz schwingt die Kap-Halbinsel ins Meer

Gigantisches Wandergebiet am Giant's Castle

wie **Wilderness** oder **Tsitsikamma** mit seinen Baumriesen bilden Inseln der ursprünglichen Vegetation in der weitgehend agrarisch genutzten Region. Im Hinterland locken die spektakulären **Swartberge** und eindrucksvolle Pässe sowie die Halbwüste **Kleine Karoo** mit ihrer unendlichen Weite. Das historische **Oudtshoorn** hat sich hier als Zentrum der Straußenzucht etabliert. Ungewöhnlich für die relativ homogene geologische Beschaffenheit Südafrikas ist die Karstlandschaft um die Tropfsteinhöhlen **Cango Caves**.

Unterschiedlichste Natur- und Kulturerlebnisse bietet die **Region im Osten** Südafrikas. Südlich des hohen Gebirgsriegels um das Königreich Swaziland erstreckt sich die Provinz **KwaZulu-Natal,** Heimat der Zulu, mit einigen der schönsten Wildparks. Eine dschungelähnliche Tropenlandschaft überrascht den Besucher im **iSimangaliso Wetland Park** mit seinem Puzzle aus Flüssen, Seen und Meeresbuchten. Die phantastische Bergwelt der **uKhahlamba-Drakensberge** lädt mit bizarr erodierten Gipfeln wie dem **Giant's Castle** und eigenwilligen Formationen wie dem **Amphitheater** zu Wanderungen ein. In den Lowlands prägen kleine Rundhüttendörfer die Landschaft abseits der Städte. Die *Battlefields* erzählen von einer Epoche der südafrikanischen Geschichte, in der die Expansion der Voortrekker, der Widerstand der Einheimischen und schließlich auch die Auseinandersetzungen zwischen Buren und Briten prägend waren. Viele gute Bademöglichkeiten findet man nördlich und südlich der Hafenstadt **Durban**. Die Felsküste der ehemaligen **Transkei**, einer sanft gewellten, von Weiden dominierten Region und Heimat der Xhosa, ist auf wenigen Stichstraßen aus dem hügeligen Hinterland um Umtata zu erreichen.

Nur wenige Stunden von **Pretoria/Tshwane** im Norden Südafrikas entfernt wechseln sich imposante Bergformationen des Hochlandes mit der Baum-Busch-Savanne des Lowvelds ab, das bis zum Limpopo hin bis auf 400 m abfällt. Hier wohnt das Volk der VhaVenda, das durch seine traditionelle Lebensweise geprägt ist, hier liegen auch zwei der beliebtesten Reiseziele des Landes: Die **Kleinen Drakensberge** mit dem atemberaubenden **Blyde River Canyon** erschließt

Lage und Landschaft

eine spektakuläre Panoramaroute. Durch den **Krüger-Nationalpark** in teils dichter Buschlandschaft, dem **Buschveld**, mäandern Straßen und Pisten zu Beobachtungspunkten, vor denen sich die afrikanische Tierwelt in ihrer Vielfalt präsentiert.

An der Grenze zu Zimbabwe zählt der **Mapungubwe National Park** mit seinen bedeutenden Ausgrabungen einer alten, südafrikanischen Zivilisation zu den jüngsten Reservaten des Landes. Nordwestlich von Pretoria reizt die ursprüngliche **Waterberg-Region** zu Touren mit Pferd oder zu Fuß. Von der Hauptstadt bietet sich auch ein Abstecher in den tierreichen **Pilanesberg National Park** und zur Kasino-Stadt **Sun City** an.

Die zentrale Hochebene, eine aus Steppe und Halbwüste bestehende Landschaft in einer Höhe von 1000–1800 m, bedeckt die größte Fläche des Landes und birgt eine Fülle an Bodenschätzen. **Kimberley** und **Johannesburg** entstanden nur wegen ihrer Diamanten- bzw. Goldvorkommen. Von Kimberley weiter nach Westen und in Richtung Atlantikküste schließt sich die Halbwüstenlandschaft des **Namaqualandes** an, deren unter der karg erscheinenden Oberfläche schlummernde Blütenpracht im Südwinter geradezu explodiert und die Einöde in ein kunterbuntes Blütenmeer verwandelt. **Upington** weiter nördlich ist Ausgangspunkt für Touren an den Rand der Kalahari-Wüste und zu den majestätischen **Augrabies Falls**. Ins Herz der Kalahari, die trotz ihres Wüstencharakters einen erstaunlichen Wildreichtum aufweist, führt die Fahrt weiter nach Norden in den **Kgalagadi Transfrontier Park,** den sich Südafrika mit Botswana teil.

Wasser satt in der Halbwüste: Augrabies Falls

DIAMANTEN, GOLD UND PLATIN

Südafrika ist reich an Bodenschätzen. Es besitzt die größten Gold-, Chromerz- und Platinvorkommen der Welt; seine Diamantenförderung war eineinhalb Jahrhunderte lang Motor der südafrikanischen Wirtschaft.

DIAMANTEN

In der Bultfontein-Mine, einer der drei Diamantenminen von Kimberley, begannen Schürfer mit Hacke und Schaufel schon 1869 nach Diamanten zu graben und schufen so eines von fünf Big Holes in Südafrika. Mittlerweile ist man bei mehr als 800 m Tiefe angelangt, der Abbau wird sich nur noch einige Jahre lohnen. Die einstige Diamantenmetropole Kimberley ist heute noch mit 10 % an der südafrikanischen Diamantenförderung beteiligt. Reichere Vorkommen finden sich in Cullinan bei Pretoria und in Alexander Bay an der Westküste. Vor allem in Cullinan wurden Sensationsfunde gemacht, so 1905 in der Premier Diamond Mine der mit 3106 Karat größte Diamant der Welt, der »Cullinan«. Man spaltete ihn in 106 Teile. Davon schmücken der »Große Stern von Afrika« (530 Karat) das Zepter und der »Kleine Stern von Afrika« die Krone der britischen Königin.

AUF GOLD GEBAUT

Der Australier George Harrison entdeckte 1886 Gold und setzte damit den folgenschwersten Wirtschaftsboom des Kontinents in Gang. Schon Mitte der 1890er-Jahre lebten über 50 000 Europäer meist britischer Herkunft in Johannesburg, das buchstäblich auf Gold gebaut ist. Unter der City erstrecken sich Minengänge von über 12 km Länge, Abraumhalden prägen das Stadtbild. In der Industriezone am Witwatersrand arbeiten 120 000 Menschen. Das leicht erreichbare Gold ist ausgebeutet, heute wird in Tiefen von 2000–4000 m geschürft – damit sind die südafrikanischen Minen die tiefsten der Welt. Aufgrund veralteter Anlagen ging in den letzten Jahren die Förderung zurück; über 150 000 Minenarbeiter verloren zwischen 2004 und 2015 ihren Job. Und je tiefer man graben muss, desto teurer und gefährlicher wird es, das Gold ans Tageslicht zu befördern.

PLATIN FÜR DIE INDUSTRIE

Nach ersten Platin-Funden 1924 wuchs der Abbau des aus sechs Metallen zusammengesetzten PGM (platinum group metals) vor allem nach dem zweiten Weltkrieg. Vielfältige industrielle Verwendungsmöglichkeiten des »weißen Goldes« steigerten die Nachfrage. Südafrika bediente 75 % des Weltbedarfs, ist inzwischen aber zurückgefallen. Die Lagerstätten befinden sich entlang des Merensky Reefs, das vom südlichen Zimbabwe nach Rustenburg und Pretoria verläuft.

Bodenschätze

Ein wirklich großes Loch: Big Hole, Kimberley

Dünn besiedelte und aride Wüsten- und Halbwüstenlandschaften wie sie Südafrika im Übermaß besitzt, bieten ideale Bedingungen für die Sternbeobachtung. Weder Abgase noch Licht trüben den Blick zum Sternenhimmel. Dieser wirkt zwar vertraut, zugleich aber fremd, denn er steht auf dem Kopf. Auf der Südhalbkugel der Erde drängen sich andere Sternbilder in den Vordergrund als auf der nördlichen Hälfte. Beispielsweise fehlt der Polarstern als Orientierungspunkt; ihn ersetzt das Kreuz des Südens mit den vier hell leuchtenden Sternen Alpha (*Acrux*), Beta (*Mimosa*), Gamma (*Gacrux*) und Delta (*Decrux*) umgeben vom Sternbild des Zentaurus. Die Längsachse des Kreuzes viereinhalbmal nach unten verlängert führt zum südlichen Himmelspol. Von dort zum Horizont gelotet findet man den geographischen Südpol. Deshalb diente das Kreuz des Südens den frühen Seefahrern als zuverlässiger Orientierungs- und Navigationspunkt.

Bereits 1820 gründeten britische Astronomen ein Observatorium am Kap der Guten Hoffnung. Heute entsteht in der Großen Karoo der Anteil Südafrikas am internationalen Astronomieprojekt SKA, einem hochempfindlichen Radioteleskop, das mit Stationen in Südafrika und Australien ab 2019 die hochauflösendsten Bilder des Sternenhimmels liefern wird. Zurzeit wird das Projekt MeerKAT in der Großen Karoo erprobt. 50 und mehr Parabolantennen mit einem Durchmesser von je 12 m suchen mitten in der Wüste den Nachthimmel ab. Bei einem Testlauf 2016 entdeckte MeerKAT mehr als tausend neue Galaxien.

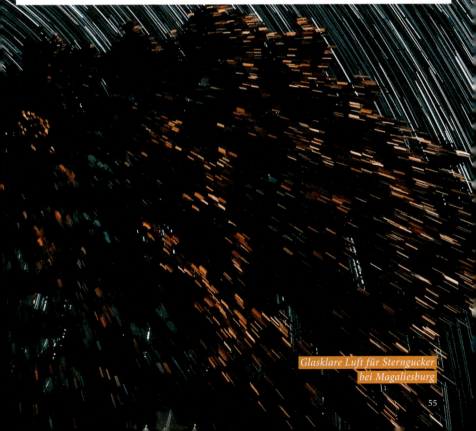

Glasklare Luft für Sterngucker bei Magaliesburg

IM GARTEN EDEN

Hängebrücke im Tsitsikamma National Park

Den Garten Eden sahen die ersten Forscher und Siedler in der üppig-grünen, von Lagunen, Flüssen, Seen und dichten Wäldern geprägten Landschaft zwischen Mossel Bay und Port Elizabeth an Südafrikas Südküste – daher der Name »Garden Route«. Die Begeisterung für diesen Landstrich hinderte die Neuankömmlinge allerdings nicht daran, den Regenwald rücksichtslos abzuholzen. Schließlich war das harte Holz von Stink- und Yellowwood-Bäumen bestens für den Schiffsbau geeignet. Dass die Garden Route heute dennoch entlang und durch wilde Waldlandschaft verläuft, ist Wiederaufforstungsbemühungen nach einem Waldbrand 1869 zu danken: Allerdings pflanzte man damals schnell wachsende Arten wie Eukalyptus und Pinien. Dem Raubbau wurde durch die Einrichtung des Garden Route National Parks ein Ende bereitet. In ihm sind mehrere ältere Schutzgebiete wie der Tsitsikamma National Park, Knysna National Lake Area und Wilderness National Park zusammengefasst.

Hafenidyll in Knysna an der Garden Route

Viele der alten Baumriesen haben Kahlschlag und Flammen überlebt. Majestätisch erheben sie ihre knorrigen Stämme und Äste über die eher filigranen, aus Australien importierten Nachbarn. Bis zu 35 m hoch werden die Yellowwood-Bäume, bis zu drei Meter Umfang kann der Stamm erreichen, und mancher Riese ist, so schätzt man, bis zu 800 Jahre alt. In ihrem immergrünen Schatten und genährt vom hier üppig fallenden Regen gedeihen verschiedenste Farnarten; Baumbart und Lianen winden sich durch die Kronen, dazwischen blühen *Streptocarpus* (Drehfrucht) und *Burchellia* (Afrikanischer Granatapfel). Über hundert Baumarten und bis zu sechs Meter hohe Farne sind im Knysna Forest beheimatet. Der Tsitsikamma National Park reicht mit seinen Stink- und Gelbholzwäldern sowie den zum Meer rauschenden Flüssen und schwindelerregenden Brücken bis an die Küstenlinie, teils sogar über sie hinaus aufs Meer. Sogar einige Elefanten soll es hier noch geben, außerdem Leoparden und eine Vielzahl endemischer Vögel wie den berühmten *Knysna Lourie* (Helmturako).

Damit aber nicht genug: Zu den besonderen Reizen der Garden Route zählt auch die reich gegliederte Pazifikküste, mit ihren tief ins Land greifenden Buchten und bezaubernden historischen Städtchen wie Plettenberg, Knysna oder George. Die Lagunen locken Ibisse, Löffler, Austernfischer, Eisvögel und viele andere Vögel an und bieten *Birdwatchern* fantastisches Anschauungsmaterial. Vor der Küste ziehen Delfine und in den Wintermonaten verschiedene Walarten vorbei, darunter der imposante *Southern Right Whale* (Südkaper). Die »Garten«-Landschaften setzen sich unter Wasser fort, wo üppig besiedelte Korallenriffe einer artenreichen Unterwasserflora und -fauna, darunter Schwämmen und Gorgonien, Heimstatt bieten. Verschiedene Haiarten wie Sand- und Katzenhaie durchstreifen die Gewässer auf der Suche nach Nahrung und lassen sich dabei beim *Cage Diving* beobachten.

Im Garten Eden

Wirklich groß: der Big Tree im Tsitsikamma National Park

DIE FLORA SÜDAFRIKAS

Mit rund 24 000 verschiedenen Blütenpflanzen (davon allein 700 Baumarten) bricht Südafrika alle botanischen Rekorde. Das gilt vor allem für die Pflanzenvielfalt am Kap, die *Fynbos* (was so viel wie *Macchia* bedeutet) genannt wird. Auf weniger als 70 000 km² wachsen 8000 Pflanzenarten; fast drei Viertel von ihnen sind endemisch. Viele Pflanzen der Kapflora fanden ihren Weg nach Europa, zum Beispiel Geranien, Lilien, Gladiolen, Iris und Fresien. Andere wiederum wurden aus Südamerika in das Land am Kap eingeführt. Solche »Exoten« sind Jakarandabäume – deren lila Blütenpracht heute als Wahrzeichen Pretorias gilt – Bougainvillea, Hibiskus und Azaleen.

DIE KAPFLORA

Fynbos sieht auf den ersten Blick tatsächlich aus wie struppige Macchia. Viele Pflanzen tragen kein Blattwerk und wirken eher verkümmert – schließlich müssen sie recht lange wasserarme Perioden im Südsommer überstehen. Wenn der Südwinter sie dann endlich mit dem kostbaren Nass benetzt, kommt eine erstaunliche Pflanzenfülle zutage: Über 600 verschiedenen Erikaarten setzen dann ihre Blüten auf, *Geophyten* (Zwiebel- und Knollengewächse) treiben in allen Farben des Regenbogens aus und die 85 in Südafrika beheimateten Proteenarten entfalten ihre ganze Pracht. Sie zählen zu den zähesten Mitgliedern der Fynbos-Gesell-

Königsproteen sind strahlende Schönheiten

Unzählige Kakteenarten wachsen in Südafrikas Halbwüsten

schaft und können sogar Brände schadlos überstehen. Die strahlend schöne Königsprotea ist nicht zuletzt deshalb die Nationalblume des Landes. Zu den charakteristischen Gewächsen des Fynbos zählt auch der Rotbusch, aus dessen Zweigen und Blättern der beliebte Rooibos-Tee fermentiert wird.

HALBWÜSTE UND WÜSTE
Noch heftiger als Fynbos sind die Pflanzen in den Wüsten des Richtersveld im Nordwesten und der Kleinen und Großen Karoo mit Wassermangel konfrontiert. Das Khoikhoi-Wort *kuru* für trocken oder dürr ist Namensgeber dieser Region. Die geringen Niederschläge von unter 300 mm haben zu erstaunlichen Formen der Anpassung an die Umweltbedingungen geführt. Die meisten Pflanzen, die hier überleben, sind dickblättrige Sukkulenten, die Wasser in ihrem Stamm oder in ihren Blättern speichern. *Lithops* (Lebende Steine) beispielsweise saugen sich regelrecht mit Wasser voll, wenn Regen fällt und treiben eine

Flora

strahlend schöne Blüte aus. Die meiste Zeit des Jahres hingegen wirken sie wie verkümmerte Pflanzenreste, die im Wüstensand oder unter Geröll kaum zu erkennen sind. Dieses Schicksal bleibt dem faszinierendsten Gewächs der Wüsten und Halbwüsten, dem Köcherbaum, erspart. Mit ihrer in feinen Schichten abblätternden, gold leuchtenden Rinde und den wie Finger gespreizten Blattständen am Ende der symmetrisch aus dem Stamm zu einer perfekten Krone treibenden Äste wirkt die Aloe im Schattenschnitt gegen die untergehende Sonne wie eine bizarre Menschenfigur. Ein ungewöhnliches Phänomen macht das **Namaqualand** › S. 243 im Nordwesten jedes Jahr im Südwinter zu einer Attraktion, die Tausende von Neugierigen anzieht. Die vom Regen geweckten Samen treiben aus und überziehen das staubtrockene Land mit einem leuchtenden Blütenmeer.

Road to nowhere irgendwo im Buschland

GRASLAND UND SAVANNEN

Gräser in verschiedensten Größen und Erscheinungsformen sind charakteristisch für die Landschaften des Low- und des Highveld, also des zentralen Hochlands sowie der südlich und östlich anschließenden Niederungen. Rund 1000 unterschiedliche Grasarten wurden hier verzeichnet. Die Pflanzen sind im **Highveld** einem relativ trockenen, eher kühlen Klima ausgesetzt, das sie im Südwinter durchaus auch mit Frost belastet. Bäume erweisen sich als wenig resistent gegen diese Wetterbedingungen; sie sind im Hochland fast nur in Gestalt von Weißdorn, einer genügsamen Akazienart, vertreten. Regenreichtum das ganze Jahr über kennzeichnet das **Lowveld**, und entsprechend üppig ist das Wachstum von Gräsern. Dazu gesellen sich mit Dornen bewehrte Büsche und Bäume, die nach Nordosten, also zum Krüger-Nationalpark hin kleine Trockenwälder bilden. Eigenwillig geformt sind die Affenbrotbäume (Baobab), die bevorzugt im Nordosten von Transvaal beheimatet sind. Als hätte Gott sie ausgerissen und mit der Krone in den Boden gerammt, vermutet eine Legende der San. Die Äste sind die meiste Zeit des Jahres über unbelaubt und treiben nach guten Regenfällen aus.

WÄLDER IN SÜDAFRIKA

Die ersten Siedler sahen eine Landschaft, die von weiten Savannen geprägt war; die Wälder zum Beispiel entlang der heutigen Garden Route wurden abgeholzt, der Rest des ursprünglichen Baumbestands nach einem Waldbrand 1869 durch Eukalyptus und Pinien aufgeforstet. Nur in einem kleinen Abschnitt dieser Region, im Bereich des Tsitsikamma-Nationalparks, ist richtiger tropischer Regenwald erhalten. Die besonderen klimatischen Bedingungen, eingerahmt von Küste und dem Tsitsikamma-Gebirgszug und durchflossen von zahllosen Flüssen, begünstigen hier die Entstehung eines Urwalds. Der Reisende begegnet in Südafrika aber vielerorts riesigen Nutzforsten, die zur Holzgewinnung angelegt wurden. Ganzen 164 000 ha ursprünglichen Waldes stehen 1,9 Mio. ha kommerzieller Plantagen gegenüber, in denen Eukalyptus (Papiergewinnung) und Nadelhölzer (Bauholz) wie stumme Armeen beidseits der Straßen in Reih und Glied gepflanzt sind.

DIE SÜD-AFRIKANISCHE FAUNA

Angesichts der landschaftlichen Vielfalt muss es die Tierwelt ebenso sein. Rund 300 Säugetierarten leben in Südafrika. Vom kälteliebenden Pinguin zu den putzigen Erdmännchen, die Hitze und Trockenheit trotzen, von in Gewässern lauernden Krokodilen über wüstenangepasste Strauße bis hin zum Weißen Hai reicht die Spannbreite. Nicht nur die *Big Five* – Löwe, Leopard, Nashorn, Büffel und Elefant – sind in Südafrika heimisch, sondern zwei weitere große Kandidaten – Hai und Wal. Und da auch hier gilt *small is beautiful,* gibt es noch die *Small Five* – Ameisenlöwe, Leopardenlandschildkröte, Büffelwebervogel, Elefantenspitzmaus und Nashornkäfer. Zu ihren Nationaltieren haben die Südafrikaner zwei besonders elegante Exemplare erwählt, den Springbock und den Paradieskranich.

Der König der Tiere liebt den Schatten der Akazien

Afrikanische Büffel in wilder Flucht

Fauna

Der Tierreichtum ist jedoch nur noch ein Rest meist riesiger Herden, die vor 300 Jahren bei Ankunft der europäischen Siedler durchs Land zogen. Der Mensch hat einige Tierarten völlig ausgerottet. Dazu gehören der Kaplöwe und das Quagga, eine Zebraart, ebenso wie die Blaue Antilope. Durch die Einrichtung von Schutzgebieten konnten buchstäblich drei Minuten vor zwölf einige bedrohte Tierarten gerettet werden. Zu ihnen gehören Spitz- und Breitmaulnashörner, Buntböcke und Afrikanische Wildhunde. Stark gefährdet sind Krokodile und Riesenschildkröten, beispielsweise die über 100 kg schweren Lederschildkröten in Natal.

Eine Karettschildkröte am Riff von Aliwal Shoal, Indischer Ozean

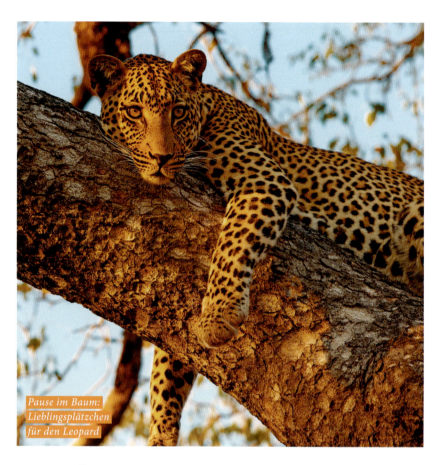

Pause im Baum: Lieblingsplätzchen für den Leopard

VON DEN KÖNIGEN DER TIERWELT

Die Sichtung eines Raubtiers zählt zu den intensivsten Erlebnissen einer Pirschfahrt oder -wanderung durch die südafrikanischen Nationalparks, und natürlich hofft jeder, dem »König« zu begegnen, einem **Löwen** oder gar einem ganzen Rudel. Die Wahrscheinlichkeit für ein solches Treffen ist hoch, denn in Südafrikas Nationalparks leben rund 2300 Löwen. Noch höher sind die Chancen auf privaten Wildfarmen, wo zwischen 6000 und 8000 Löwen in eingeschränkter Freiheit umherstreifen. Seltener begegnet man einem **Leoparden;** die Tiere sind nachtaktiv und ruhen tagsüber. **Geparde** sind in freier Wildbahn kaum zu sichten. Die pfeilschnellen Raubkatzen wurden in Südafrika nahezu ausgerottet. In Aufzuchtstationen versucht man, den augenblicklichen Bestand von rund 1200 Tieren zu stabilisieren. Ebenfalls vom Aussterben bedroht sind **Afrikanische Wildhunde,** von denen heute nur noch rund 500 in freier Wildbahn leben. Eine Sichtung dieser *wild dogs* ist deshalb ein ganz besonderes Erlebnis. Obwohl sie dank ihrer Fellzeichnung Hyänen ähneln, sind sie mit diesen nicht verwandt. **Tüpfel-** und **Braune Hyänen** sind keinesfalls, wie oft vermutet wird, reine Aasfresser, sondern reißen oft auch größere Beutetiere. Zwischen 1500 und 4000 Hyänen bevölkern alleine den Krüger-Nationalpark › **S. 297**.

Fauna

Elefantenfamilie im Krüger-Nationalpark

GRAUE RIESEN
Landplage oder bedrohte Spezies? Wie man **Elefanten** beurteilt, hängt vom Blickwinkel ab. Bauern, deren Felder die grauen Riesen regelmäßig plündern und zerstören, können die Aufregung der Tierschützer um diese von Wilderei bedrohte Art kaum nachvollziehen. Südafrika hat viel dafür getan, um die Elefanten vor den skrupellosen Elfenbeinjägern zu schützen. 1920 hatte die nicht reglementierte Jagd ganze 120 Tiere übriggelassen; heute schätzt man ihre Zahl auf 12 000, die meisten Im Krüger-Nationalpark und im Addo Elephant Park. Trotz aller Maßnahmen nimmt die Wilderei erneut zu: 2016 wurden alleine im Krüger-Nationalpark 46 Elefanten von Wilderern getötet.

Die Zahl der gewilderten **Nashörner** ist mit 1175 (2015) ungleich höher. In Südafrika leben das Spitzmaulnashorn (*black rhino*, Bestand ca. 1750) und das Breitmaulnashorn (*white rhino*, Bestand ca. 18 000), die meisten von ihnen im Krüger-Nationalpark und in der Hluhluwe-Umfolozi Game Reserve, wo die friedlichen Pflanzenfresser besonders gut zu beobachten sind. Auch viele private Farmen und Schutzgebiete engagieren sich um den Erhalt der bedrohten Population.

Völlig unterschätzt wird die Gefahr, die von den so gemütlich wirkenden **Flusspferden** ausgeht. Den Tag verbringen die bis zu vier Meter langen und bis zu drei Tonnen schweren Tiere meistens im Wasser; abends und nachts kommen sie an Land um zu grasen. Gerät ein Mensch in ihre Rückzugslinie zum Wasser, greifen sie mit erstaunlicher Geschwindigkeit und Aggressivität an.

VON ZARTEN SCHÖNEN UND BÜFFELIGEN WILDEN

Wie viele Huftiere auf südafrikanischem Boden leben, wird wohl niemand gezählt haben. Sie bilden eine der vielseitigsten Spezies Afrikas. Hier das winzige, großäugige Dik-Dik, dort der riesige und sehr aggressive Büffel. Südafrikas Wappentier, der **Springbock,** bevorzugt ein arides Habitat, ebenso wie die pferdegroße **Oryx-Antilope** mit ihren geraden, pfeilspitzen Hörnern. Häufig zu sichten sind die noch etwas größeren **Kudus,** deren Männchen an den wunderschön schraubenförmig gedrehten Hörnern zu erkennen sind. Im wasserreichen Nordosten begegnet man bei Pirschfahrten den eleganten **Wasserböcken** mit ihrer weißen, ringförmigen Zeichnung um den Schwanzansatz. **Gnus,** in Südafrika *wildebeest* genannt, ziehen in großen Herden durch die Grassavannen im Nordosten. Da sie schlecht sehen, halten sie sich meist in der Nähe von **Zebras** auf, deren Wachsamkeit sie schützt. Beide sind außerhalb von Naturparks nur selten in freier Wildbahn zu sehen. Schwer zu erkennen ist außerdem die **Giraffe,** was man bei ihrer Größe nicht vermuten würde. Ihr Fell bietet die perfekte Tarnung im lichten Wald.

Steppenzebras sind stets auf der Hut

Fauna

*Frecher Baumbewohner,
der überall anzutreffen ist:
die Meerkatze*

AFFEN

Auffälligste Vertreter der Primaten in Südafrika sind die **Paviane,** nicht nur, weil sie mit den Bärenpavianen die größte Affenart stellen. Paviane sind Kulturfolger und halten sich gerne in der Nähe menschlicher Siedlungen, also auch in der Nähe von Camps in den Nationalparks, auf und räubern dort, was nur geht. Vielerorts haben sie sich zu einer Landplage ausgewachsen. Bei der Beobachtung ist allerdings Vorsicht geboten; Pavianmännchen nehmen es dank ihres scharfen Gebisses durchaus auch mit Leoparden auf. Kleinere Arten wie **Meerkatzen** oder **Galagos** sind schwerer zu sichten, letztere sind an ihren riesigen Augen gut als nachtaktiv zu erkennen.

WAS SICH IM WASSER TUMMELT

Meerestiere zeigen sich durch das nährstoffreiche Wasser besonders entlang der Westküste in großer Artenvielfalt. Vor der Südküste kann man zwischen Juni und November verschiedene **Walarten** wie Pottwale und Blauwale zu Gesicht bekommen. Auch Bryde- und Buckelwale sowie Südkaper kommen dann in kleinen Verbänden nahe an die buchtenreiche Küstenlinie. Die Korallenriffe des Indischen Ozeans bilden ein weitverzweigtes Ökosystem mit Langusten und Skorpionfischen, bunten Falter- und Wimpelfischen – aber auch **Haien,** von denen es 89 Arten in den südafrikanischen Gewässern geben soll. Zu den auffälligsten Vertretern zählen die bis zu 13 m langen Walhaie. Nur halb so lang ist der ebenfalls häufig gesichtete und wegen seiner Zeichnung leicht erkennbare Tigerhai. Sandtigerhaie, die selten mehr als 2,5 m Länge erreichen, werden von den Südafrikanern liebevoll *raggies* genannt. Seinen schlechten Ruf verdankt der Weiße Hai nicht nur Steven Spielbergs Spielfilm, sondern auch seiner Neigung, tatsächlich gelegentlich Menschen anzugreifen. Mittels Hainetzen wurden gefährdete Strände, vor allem um Durban, haisicher gemacht. *Cage Diving*, also das Tauchen mit Haien von einem sicheren Käfig aus, ermöglicht atemraubende Erlebnisse unter Wasser.

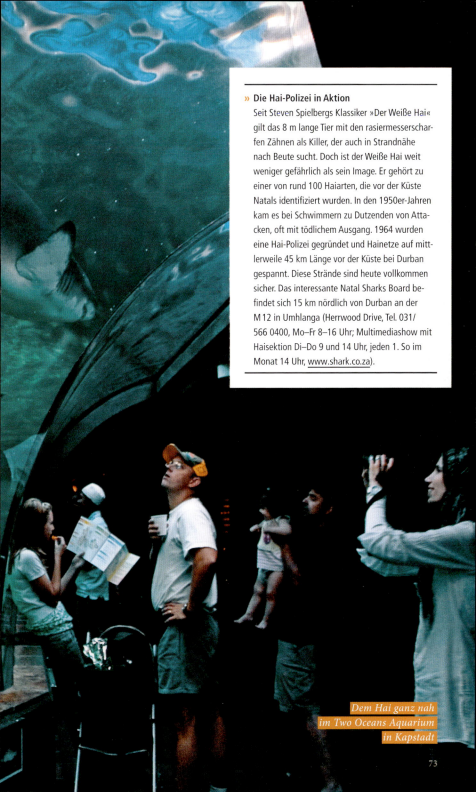

» Die Hai-Polizei in Aktion

Seit Steven Spielbergs Klassiker »Der Weiße Hai« gilt das 8 m lange Tier mit den rasiermesserscharfen Zähnen als Killer, der auch in Strandnähe nach Beute sucht. Doch ist der Weiße Hai weit weniger gefährlich als sein Image. Er gehört zu einer von rund 100 Haiarten, die vor der Küste Natals identifiziert wurden. In den 1950er-Jahren kam es bei Schwimmern zu Dutzenden von Attacken, oft mit tödlichem Ausgang. 1964 wurden eine Hai-Polizei gegründet und Hainetze auf mittlerweile 45 km Länge vor der Küste bei Durban gespannt. Diese Strände sind heute vollkommen sicher. Das interessante Natal Sharks Board befindet sich 15 km nördlich von Durban an der M 12 in Umhlanga (Herrwood Drive, Tel. 031/ 566 0400, Mo–Fr 8–16 Uhr; Multimediashow mit Haisektion Di–Do 9 und 14 Uhr, jeden 1. So im Monat 14 Uhr, www.shark.co.za).

Dem Hai ganz nah im Two Oceans Aquarium in Kapstadt

AM HIMMEL ÜBER DER SAVANNE

Der Reigen von über 900 Vogelarten reicht vom halbfingerkleinen **Malachit-Nektarvogel** bis zum flugunfähigen **Vogel Strauß,** der auch auf Farmen z. B. in der Kleinen Karoo gezüchtet wird. Ornithologisch Interessierte haben also jede Menge Anschauungsmaterial und sollten sich am besten mit dem über 500-seitigen Standardwerk »Newman's Birds of Southern Africa« bewaffnen. Fündig werden sie überall, besonders reiche Ausbeute aber verspricht der Krüger-Nationalpark, in dem mehr als die Hälfte der Vogelarten zuhause ist.

Am Himmel drehen verschiedene Raubvögel, darunter der **Gaukler,** ein farbenprächtiger Schlangenadler, ihre Runden. Auch **Fischadler** und **Schreiseeadler** sowie **Falken** können beobachtet werden. **Geier** gelten als die Müllabfuhr Südafrikas. In großen Schwärmen kreisen sie über der Landschaft und suchen den Boden nach Aas ab.

In den Grassavannen ist der **Sekretär** mit seiner auffälligen orangefarbenen Augenpartie, dem schwarz-grauen Gefieder und dem getragenen Gang zuhause, dem er wohl seinen Namen verdankt. Dass er ein Greifvogel ist, sieht man ihm nicht an. Seine Beute tötet er mit Fußtritten. Auch den eleganten, silbergrauen **Paradieskranich** und seinen mit einem »Federkrönchen« geschmückten Artgenossen, den **Kronenkranich,** sieht man häufig durchs Gras stolzieren. Akazien bieten **Webervögeln** ein Zuhause. Die kleinen, flinken Vögel weben entweder kugelförmige Einzelnester, die wie Christbaumkugeln an den Ästen hängen, oder sie besiedeln als Gemeinschaft eine Baumkrone mit einem so großen Nest, dass der Baum zu ersticken droht. Unüberhörbar ist der scharrende Ruf der **Tokos,** die in zahlreichen Unterarten vertreten sind. Neben der durchdringenden Stimme haben sie den riesigen Schnabel gemeinsam, der ihnen den Namen Nashornvögel eingebracht hat. Am leuchtend-roten Gefieder sind die **Scharlachspinte** gut zu erkennen.

Die tropische Wasserlandschaft des Maputalandes an der Küste von KwaZulu-Natal ist Brutstätte von **Pelikanen** und **Flamingos.** Besonders an der West- und Südwestküste sind **Pinguine, Albatrosse, Kormorane** und **Kaptölpel** beheimatet.

Brillenpinguine am Boulder's Beach, Kap-Halbinsel

WAS KREUCHT

In Südafrika existieren ca. 200 verschiedene Echsen- sowie annähernd 150 Schlangenarten, von denen aber nur die wenigsten für den Menschen wirklich gefährlich oder gar lebensbedrohend sind. In Acht nehmen sollte man sich jedoch vor der **Grünen** und **Schwarzen Mamba** sowie der **Puffotter,** die im Gegensatz zu ihren Artgenossen nicht flüchtet. Auch Würgeschlangen wie die **Python** sind vertreten. Umsichtiges Verhalten besonders in felsigem Gelände ist der beste Schutz vor unliebsamen Begegnungen mit Schlangen. Bis zu zwei Meter Körperlänge können die beiden im Krüger-Nationalpark vorkommenden Waranarten, der **Binden-** und der **Weißkehlwaran** erreichen. Ihr Biss kann sehr schmerzhaft sein. **Nilkrokodile** zählen zu den gefährlichsten Vertretern der Reptilien; sie können bis zu sieben Meter lang werden und halten sich gewöhnlich in Wasserläufen oder an deren Ufern auf. Unter den 22 Schildkrötenarten befindet sich auch die vom Aussterben bedrohte **Leopardenschildkröte,** die vor allem in der östlichen Kapprovinz vorkommt.

Nilkrokodile können im Erwachsenenalter eine Länge von drei bis vier Metern erreichen

Fauna

Im iSimangaliso Wetland National Park warnen Schilder vor Krokodilen

Fauna

DIE WUNDERBARE WELT DER INSEKTEN

An Insekten herrscht wahrlich kein Mangel: über 50 000 Arten soll es in Südafrika geben, darunter Exoten wie Pavianspinnen, Gottesanbeterinnen, Pfauenspinnen oder Stabheuschrecken. Zwei Spezies kann der Reisende kaum übersehen: **Termiten,** deren kunstvolle Bauten in der Farbe des jeweils vorherrschenden Bodens Savannen und Halbwüsten zieren. Diese Konstruktionen können bis zu 14 m Höhe erreichen, das darunterliegende Tunnelsystem reicht bis in 30 m Tiefe. **Mistkäfer,** ebenfalls in ariden Regionen zuhause, scheinen tagein tagaus damit beschäftigt, Pflanzenreste und Dung zu Kugeln zu drehen. Faszinierend ist die Vielzahl an **Schmetterlingen,** mit 800 Arten die größte Afrikas. **Skorpione,** die in Südafrikas ariden Regionen beheimatet sind, suchen gerne Schutz unter Steinen. Ihr Stich ist meist nicht lebensgefährlich, aber sehr schmerzhaft. Der geballte Reichtum südafrikanischer Fluginsekten versammelt sich im Südwinter über dem bunten Blütenmeer im Namaqualand › **S. 243.**

Ein Blatthornkäfer auf seiner Kugel aus gesammeltem Dung

Termitenbau im Krüger-Nationalpark

Ein Zitrusschwalbenschwanz beim Festessen

Strauße sind die größten Vögel der Welt

GESCHÜTZTE NATUR

Bereits 1898 wurden mit der Einrichtung der *Sabie Game Reserve* die Grundlage für den Krüger-Nationalpark geschaffen. Es folgten 20 weitere Nationalparks, mehr als 400 Wildparks sowie mehrere hundert private Naturschutzgebiete. Die Bewahrung von Landschaften, Tier- und Pflanzenwelt ist Anliegen des 2004 verabschiedeten Gesetzes *Protected Areas Act*. Der Naturschutz kollidiert allerdings oft mit den Bedürfnissen der Menschen, die in oder am Rande von Wildparks leben. Deshalb ist die Einbindung lokaler Gemeinschaften ein wichtiges Mittel, um die Akzeptanz für den Naturschutz zu erhöhen. Die aus dem Tourismus resultierenden Einnahmen spielen hierbei eine bedeutende Rolle.

VIELFALT DER ÖKOSYSTEME

Besuchern Südafrikas bieten sich vielfältige Möglichkeiten zur Tierbeobachtung. Dank Webcams wird man schon zu Hause auf die Wildnis eingestimmt (www.africam.co.za). Wer durch mehrere Nationalparks tourt, sollte sich die **Wild Card** besorgen. Mit ihr hat man freien Zugang zu über 80 Reservaten Südafrikas (www.sanparks.org). Viele motorisierte Besucher bereisen die Nationalparks auf eigene Faust; in anderen können sie an organisierten Pirschfahrten (*game drives*) in hochbeinigen Geländewagen teilnehmen. Mancherorts geht's auch im Boot auf Safari oder zu Fuß während einer Pirschwanderung.

WILDTIERE HAUTNAH

Die Unterkünfte rangieren von rustikalen Hütten und Campingplätzen bis hin zu luxuriösen Anlagen. Vor allem die Luxus-Lodges besitzen einen eigenen Wildbestand, manche haben sich auch auf besondere Tierarten spezialisiert. In der **Pongola Game Reserve** südlich von Swaziland sind neben Impala- und Antilopenherden, Büffeln und Zebras vor allem Elefanten die Attraktion. Die deutschstämmige Familie Kohrs möchte mit ihrer Stiftung *Space for Elephants* (Platz für Elefanten) alte Migrationspfade der Tiere zu den Reservaten von Itala und Mkuzi wieder öffnen und bis 2020 ein Biosphären-Reservat für 1000 Elefanten schaffen (www.spaceforelephants.org). Ihre **White Elephant Lodge** mit Großzelten und dem einstigen Farmhaus aus den 1920er-Jahren ist eine der schönsten des Landes. Preiswerter sind die rustikale Buschlodge oder das komfortable Hausboot. Es werden auch Jumbosafaris zu Fuß organisiert.) Info und Buchung Tel. 034/413 2489, www.whiteelephantlodge.co.za)

EXKLUSIV ODER PREISWERT?

Viele Luxus-Lodges in den privaten Game Reserves westlich des Krüger-Nationalparks sind sehr teuer, doch es gibt eine Alternative: Eine Übernachtung in der **Bongani Mountain Lodge** kostet mit Safari und Halbpension etwa 150 € pro Person. Hier in der Mthethomusha Game Reserve begegnet man den *Big Five*, vor allem Nashörnern und Büffeln. Die Safaris durchs Ge-

Geschützte Natur

Beim Game Drive kommt man den Grauen Riesen ganz nah

lände können etwas rau sein, aber dadurch stellt sich ein Hauch von Abenteuer ein. Die Lodge bietet eine wunderbare Aussicht und rustikal-komfortable Chalets. Das Reservat liegt am südwestlichen Rand des Krüger-Nationalparks. (Info und Buchung Tel. 087/740 9292, www.aha.co.za/bongani)

BADEN MIT DELFINEN

Im nördlichsten Teil des iSimangaliso Wetland Parks › S. 282 liegt die bemerkenswerte **Kosi Bay Forest Lodge** mit luxuriösen, strohgedeckten Hütten. Schnorcheln an der Flussmündung, Kanutouren und Wanderungen durch den Raffia-Wald sorgen hier für Abwechslung. Sicher einzigartig ist die Begegnung mit Delfinen in den Küstengewässern – sei es vom Boot aus oder beim Schwimmen. Zur Brutsaison Mitte November bis Mitte Februar kommen nachts Meeresschildkröten zur Eiablage an den Strand. (Info und Buchung Tel. 035/592 9561, www.kosibaylodge.co.za)

FELSZEICHNUNGEN UND NATURPOOLS

Rund 270 km nördlich von Kapstadt liegt die Lodge **Bushmans Kloof** in den Cederbergen › S. 241. Besucher können hier mehr als 125 historische Stätten mit Felszeichnungen der San besichtigen. Das luxuriöse Manor House bietet stilvolle, komfortable Zimmer und Suiten. Neben der Naturbeobachtung sind auch Bergwanderungen, Mountainbiketouren sowie Abseilen und Fischen möglich – oder man entspannt in den natürlichen Felsenpools. (Info und Buchung Tel. 021/437 9278, www.bushmanskloof.co.za)

Südafrika besitzt eine solche Vielfalt an Landschaftsformen, dass es auf kleinem Raum fast den gesamten afrikanischen Kontinent repräsentiert: Im Nordwesten sind es Wüstenlandschaften wie die Kalahari oder das raue und unwirtliche Richtersveld, die an die Weiten der Sahara erinnern. Im Nordosten das wildreiche Lowveld mit seinen von hohem Gras und dornigem Buschwerk bestandenen Ebenen, in der Schirmakazien Bilder ostafrikanischer Savannen entstehen lassen. An der Ostküste wirken Lagunen, Seen, Flüsse und üppig wuchernde Tropenwälder um die St. Lucis Wetlands geradezu wie ein tropisches Paradies. Tief eingeschnittene Schluchten und bizarre Felsstrukturen prägen die Drakensberge, während die Kap-Halbinsel eine unwirtlich anmutende Felsküste präsentiert. Selbst ein Minieuropa ist zu besichtigen in den Weinbaugebieten bei Kapstadt.

Viele dieser Landschaften sind wahre Touristenmagnete; den Blyde River Canyon oder den Krüger-Nationalpark erlebt man selten alleine. Doch es gibt auch faszinierende, fast völlig abgelegene Regionen: Im äußersten Norden an der Grenze zu Namibia erstreckt sich die wüstenhafte Landschaft des **Richtersveld National Parks**. Als grenzübergreifender Park bildet er mit dem namibischen Schutzgebiet von Ai-Ais jenseits des Oranje rund um den Fish River Canyon eine Einheit. Man mag kaum glauben, dass in dieser absolut einsamen und unwirtlichen Gegend Pflanzen und Tiere überleben können. › S. 243

Ebenfalls im Norden eröffnet der **Kgalagadi Transfrontier Park** die atemberaubende Landschaft der Kalahari mit ihren kilometerlangen, parallel zueinander verlaufenden Dünenrücken. In den Tälern zwischen den rötlichen Sandriesen knabbern Oryx-Antilopen und Giraffen an Akazien; hier ist das Reich der Kalahari-Löwen mit heller, sandfarbener Mähne. › S. 316

Fast noch ein Geheimtipp sind die **Cederberge** am West-Kap, eine grandiose Gebirgslandschaft mit schroffen Gipfeln und tiefen bewaldeten Tälern, in der es sich hervorragend wandern lässt. Wer sich auf den Weg zu den Höhen begibt, wird hier und da an den steilen Hängen noch eine Clanwilliam-Zeder sehen, die Namensgeberin des Gebirges. › S. 241

Bei einer Wanderung oder beim Pferdetrekking durch **Lesotho**, erlebt man auf über 2000 m eine sattgrüne Hügellandschaft und einen Himmel, der nirgends sonst auf der Welt so klar und blau ist. Die Einsamkeit, die unverfälschte Natur und das überaus beeindruckende Gebirgspanorama sind die Trümpfe des »Königreichs im Himmel«. › S. 313

EIN KONTINENT IM KLEINEN

*Wüstenangepasste Pflanzen
im Richtersveld National Park*

Reste des ursprünglichen Urwalds im Wilderness National Park

DIE REGENBOGEN-NATION

Die Bezeichnung *rainbow nation* prägte der Kapstädter Erzbischof Desmond Tutu, um das Post-Apartheids-Südafrika zu beschreiben. Symbolisch repräsentiert ist dieser Begriff auch in der südafrikanischen Fahne mit ihren sechs Farben, die für die großen Ethnien des Landes stehen: schwarz, grün und gelb für die farbigen Bevölkerungsgruppen, rot, weiß und blau für die Weißen. Die Hautfarbe, die heute theoretisch keine Rolle mehr spielen sollte bei der Beurteilung eines Menschen, bestimmte von 1913 bis zur Wahl im April 1994 das gesamte Leben der farbigen Südafrikaner: die Wahl des Wohnorts, der Schule, des Transportmittels, Arbeitsplatzes etc. Wenn auch die gesetzlich verankerte Rassendiskriminierung abgeschafft ist – die soziale Apartheid wird noch lange bestehen bleiben. An den Schaltstellen in Industrie und Wirtschaft sitzen oft Weiße, wenngleich das von der Regierung ins Leben gerufene Programm – das »Black Economic Empowerment« – immer mehr Farbigen den Weg in höhere Führungspositionen ebnet.

Das angestrebte Ideal einer Regenbogennation

SCHWARZ-WEISS-MALEREI

Man könnte meinen, dass ein Vierteljahrhundert nach Abschaffung der Apartheid die Grenzen zwischen Schwarz und Weiß allmählich aufweichen, doch ist das nach wie vor nicht häufig der Fall. Noch heute ist die zu Apartheidszeiten geschaffene Einteilung der Bevölkerung in folgende Gruppen üblich: 80 % der Einwohner Südafrikas zählen sich zur schwarzen Bevölkerung. Sie gehören neun verschiedenen Bantuvölkern mit ebenso vielen offiziellen Sprachen an. Größtes südafrikanisches Volk sind die Zulu – rund 12 Mio. Menschen, etwa 23 % der Schwarzen. Sie siedeln überwiegend in KwaZulu-Natal und im Großraum Johannesburg. Zahlenmäßig folgen die Xhosa (10 Mio.), zu denen der Friedensnobelpreisträger Nelson Mandela gehörte; sie leben meist zwischen Port Elizabeth und Durban. Zu den Nord- und Süd-Sotho gehören 8 Mio. Menschen. Es folgen Tswana (4,5 Mio.), Tsonga (2,2 Mio.), Swasi (1,2 Mio.), die Ndebele (1 Mio.) östlich von Johannesburg und die Venda (1 Mio.) im äußersten Nordosten. Die meisten Schwarzen leben in den ländlichen Gebieten der ehemaligen zehn *Homelands* oder auf engstem Raum in den *Townships* am Rand der Städte. Wenngleich auch zwischen diesen ethnischen Gruppen eine gewisse Abgrenzung traditionell praktiziert und vom Apartheidsregime durch die Homelandpolitik gefördert wurde, sind Kontakte zwischen den einzelnen Volksgruppen üblich. In der Familie des Friedensnobelpreisträgers Desmond Tutu sprach der Vater Xhosa, die Mutter Tswana und die Großmutter Sotho.

Rund 5 Mio. Südafrikaner, vor allem in der Kapprovinz und in Kapstadt, sind Kinder schwarz-weißer Paare, oftmals noch als Farbige (*Coloureds*) bezeichnet. Zu ihnen werden auch die rund 300 000 Kapmalaien gezählt, Nachkommen der Sklaven, die vor rund 350 Jahren ans Kap gebracht wurden.

Auch die 4,5 Mio. Weißen (8,4 % der Bevölkerung) sind unterschiedlicher Abstammung. Die Südafrikaner niederländischer Herkunft – die Buren – kamen Mitte des 17. Jhs. als erste Europäer. Ihnen folgten ab 1820 Siedler aus Großbritannien. Beide Gruppen bekämpften sich in den Burenkriegen unerbittlich. Etwa 1 Mio. Deutschstämmige leben heute in Südafrika, daneben Franzosen und Italiener.

Zu den etwa 1,5 Mio. Asiaten zählen die Inder, deren Vorfahren ab 1860 auf den Zuckerrohrplantagen von Natal arbeiteten. Ihre Nachfahren beherrschen heute einen großen Teil des Handels; ihr Zentrum ist Durban. Vor allem um Johannesburg siedelten sich Chinesen an; sie kamen Ende des 19. Jhs. als Bergarbeiter.

Einst streiften die San als Jäger und Sammler im Landesinneren umher und schufen kunstvolle Felszeichnungen. Vor dem Einwanderungsdruck der Bantu wie der Weißen zogen sich die San immer weiter in Wüstengebiete zurück; viele verdingten sich auch auf Farmen. Heute leben nur noch ca. 10 000 San in Südafrika, davon rund 250 in der Kalahari.

Nahezu rechtlos und immer wieder mit fremdenfeindlichen Übergriffen konfrontiert vegetieren Zuwanderer und Flüchtlinge aus Nach-

Bevölkerungsgruppen

barländern wie Mozambique oder Zimbabwe am äußersten Rand der südafrikanischen Gesellschaft dahin. Die wirtschaftlich schwierige Situation der Schwarzen und die mangelnden Perspektiven auf Veränderung führten mehrmals zu pogromähnlichen Ausschreitungen gegen die »Fremden«, bei denen es auch Tote gab. Die Regierung tut wenig, um die zumeist illegal im Land lebenden Ausländern vor der fremdenfeindlichen Gewalt zu schützen.

AUFBRUCH ZU SOZIALER GERECHTIGKEIT

Nur in wenigen Ländern der Erde ist die Kluft zwischen Arm und Reich so extrem wie in Südafrika. Besonders für die schwarze Bevölkerung mangelt es nach wie vor an bezahlbaren Wohnungen, Kliniken und Schulen. Das »Reconstruction and Development«-Programm soll dazu beitragen, die krassen sozialen Unterschiede zu beseitigen. Neben der Senkung der Einkommenssteuer für Geringverdiener und der wirtschaftlichen Stärkung von Kleinunternehmen vor allem für Schwarze wird die Einführung einer allgemeinen monatlichen Grundsicherung für die Bevölkerung diskutiert (*Basic Income Grant-BIG*). Auch in der Bildungspolitik unternimmt die Regierung erhebliche Anstrengungen. Der Weg zu einer sozial gerechteren Gesellschaft ist noch lang.

Weg mit alten Zöpfen im Township Alexandra

KÖNIG SHAKAS ERBEN – DIE ZULU

Nur wenige Regionen Südafrikas wirken so »typisch afrikanisch« wie KwaZulu Natal, die Heimat der Zulu. Auf sanftem Hügelland weiden die genügsamen Nguni-Rinder mit weitgeschwungenen Hörnern und gefleckem Fell, bewacht von jungen Hirten, die sich auf den Hütestock stützen. Die Siedlungen bestehen aus einigen fest gemauerten und von runden Lehm- und Strohhütten eingerahmten Gebäuden und kleinen Gärten. Es ist schwer vorstellbar, dass die heute größte Bevölkerungsgruppe Südafrikas noch vor etwas mehr als 200 Jahren überhaupt keine Rolle im politischen Geschehen spielte. Das änderte sich mit dem Aufstieg des Zulu Shaka zum militärischen Führer einer Konföderation verschiedener Nguni-Völker.

DAS REICH DER ZULU

Shaka, um 1787 als illegitimer Sohn eines Häuptlings geboren, besaß großes kriegerisches Geschick und war ein skrupelloser Eroberer und Führer. Seine *Mfecane* – Zermalmen – genannten Eroberungszüge schufen binnen weniger Jahre ein zentralistisch gelenktes Reich, das einen Großteil des heutigen Südafrika umspannte. Mit diesem Reich entstand auch die Nation der Zulu, die sich aus den dominanten, Nguni-Völkern sowie den unterworfenen Gruppen zusammensetzte. Ihre kriegerische Überlegenheit verdankten die Zulu nicht nur dem starken Zusammenhalt über ethnische oder Clangrenzen hinweg, sondern vor allem der straffen militärischen Organisation, deren Struktur bereits in den traditionellen Gesellschaften angelegt war. Junge Männer wurden zu Altersgruppen zusammengefasst, in denen sie sich im Kampf übten und Mutproben zu bestehen hatten. Shaka entwickelte daraus einen regelrechten Militärdienst, den die Krieger in Wehrdörfern zu absolvieren hatten. Danach mussten sie dem König jahrelang zur Verfügung stehen und durften nicht heiraten. Krieger genossen hohes gesellschaftliches Ansehen; vor allem ihr Geschick mit dem kurzen, im Nahkampf überaus effektiven Stoßspeer (*Iklwa*) war berüchtigt. 1879 beendeten die Briten die Ära des großen Reichs durch einen Sieg über die Zulu in der Schlacht bei Ulundi.

ANC KONTRA INKATHA

Wie stark das Selbstbewusstsein der Zulu weiterhin wirkte, wurde im Anti-Apartheidskampf deutlich. Anders als die meisten anderen Schwarzen schlossen sich viele Zulu nicht dem ANC › S. 36 an, sondern gründeten ihre eigene Partei, die Inkatha. 1975 wurde Mangosuthu Buthelezi deren Führer. Die Konkurrenz zwischen ANC und Inkatha mündete zeitweilig in gewalttätige Konflikte; häufig wurde den Zulu unterstellt, sie würden die Sache der Schwarzen verraten, weil sie mit dem Apartheidsregime kooperierten. Zwischen 1989 und 1994 starben in diesen Auseinandersetzungen mehrere tausend Menschen. Nelson Mandela gelang es schließlich, die Inkatha Freedom Party IFP in seine Regierung einzubinden und die Konflikte zu beenden.

Lebendige Tradition: Zulu-Tänzer

DIE HELLERE SEITE DES REGENBOGENS

Mit einem Häuflein von etwa 90 Siedlern fing Südafrikas weiße Gemeinde zu Beginn des 17. Jhs. an; heute ist die Zahl der Weißen auf rund 4,5 Mio. angewachsen. Sie bilden allerdings keine homogene Gruppe, denn mit den ländlich geprägten, meist streng religiösen Buren, den Nachkommen der holländischen Siedler, haben junge, urbane Englischsprachige kaum etwas gemein.

Buren, die etwa die Hälfte der weißen Südafrikaner ausmachen, nennen sich selbst Afrikaaner und nehmen für sich in Anspruch, zu den alteingesessenen Bevölkerungsgruppen des Landes zu gehören. Ihre Sprache, das *Afrikaans*, hat zahlreiche Lehnwörter sowohl aus dem Englischen und dem Französischen als auch aus den Idiomen der Schwarzen aufgenommen und klingt wie eine Art Pidgin des Holländischen. Unter den inzwischen nur noch 10 % der Weißen, die noch landwirtschaftlich arbeiten, bilden Buren die größte Gruppe.

Die Nachkommen der englischen Einwanderer waren und sind traditionell liberaler gesinnt als die Buren. Während die ersten burischen Siedler ihr Glück in der Viehzucht und Jagd suchten, kamen die Briten als Kaufleute, Verwaltungsbeamte und – als Folge des Gold- und Diamantenbooms – als Ingenieure ins Land. Wirtschaft und Bergbau dominieren sie bis heute; in diesen Bereichen wird nach wie vor Englisch gesprochen, sonst ist Afrikaans weiter verbreitet.

Als *Coloureds* bezeichnet man sowohl Nachkommen von Mischehen, die in den Anfangsjahren der Kolonisierung vor allem zwischen Buren und Nama- oder San-Frauen geschlossen wurden, als auch die Nachfahren von als Sklaven ins Land gebrachten Malaien. Coloureds sprechen vorrangig Afrikaans und sitzen gewissermaßen zwischen allen Stühlen – sie gehören weder der weißen noch der schwarzen Bevölkerung an. Vor allem seit Ende der Apartheid be-

kommen sie das deutlich zu spüren. Sie, die früher in der sozialen Hierarchie als den Schwarzen überlegen galten, fallen nun bei den Fördermaßnahmen für die schwarze Bevölkerungsmehrheit durch. Übrigens: Kinder aus einer Ehe zwischen einem/einer Weißen bzw. Coloured und einem/einer Schwarzen gelten als *mixed raced* und werden deutlich von den Coloureds unterschieden.

Rund 1,5 Mio. Asiaten aus Indien, Pakistan und Sri Lanka leben vor allem in der Region Durban und in KwaZulu Natal. Im 19. Jh. kamen sie als Plantagenarbeiter ins Land und bauten später durch die nach wie vor intensiven Beziehungen zur Heimat lukrative Handelsunternehmen auf. Sie fielen zwar ebenfalls unter die Apartheidsgesetze, genossen aber weit größere Freiheiten und Möglichkeiten als Schwarze. 70 % der meist als »Inder« bezeichneten Asiaten sind Hindus, 20 % Muslime, der Rest gehört christlichen Kirchen an.

Für die Kinder am Strand von Langebaan zählt nur der Spaß

Das Afrikaans Language Monument in Paarl

Eines der vielen Probleme auf dem Weg vom Apartheidsstaat zur Demokratie war die Frage der offiziellen Amtssprache. Südafrika löste sie auf seine Weise und bestimmte die elf größten Sprachgruppen zu elf Amtssprachen. Auch *Afrikaans* ist natürlich darunter, denn es wird ja nicht nur von Burischstämmigen, sondern auch von vielen Engländern, Indern, Coloureds und auch Schwarzen gesprochen. 14 Millionen Südafrikaner bedienen sich des Afrikaans als *Lingua franca*.

Die Anerkennung als offizielle Landessprache erhielt das Afrikaans erst 1923. Davor war Englisch das einzige Idiom, das auf Ämtern gesprochen wurde. Über diese Unterdrückung ihrer Kultur seitens der Briten beklagen sich einige Buren heute noch.

Neben den großen Zuwanderungsgruppen, den schwarzen wie weißen, kam im Laufe der Jahrhunderte eine Reihe weiterer Nationen ans Kap. Im und nach dem Zweiten Weltkrieg flohen viele Juden nach Südafrika und integrierten sich vor allem im Bereich von Handel und Gewerbe. Ihnen folgten Griechen, die sich ebenfalls im Handel engagierten und vor allem als Besitzer kleiner und auch größerer Läden ihr Auskommen gefunden haben. Eine richtige Einwanderungswelle mit mehr als einer Million Menschen schwappte von Portugal und Madeira nach Südafrika. Wie in der Heimat erwiesen sich die Portugiesen auch am Kap als geschickte Landwirte. Angesichts der vielen verschiedenen Ethnien, die inzwischen friedlich, wenn auch nicht unbedingt gleichberechtigt, am Kap leben, ist der Name Rainbow Nation tatsächlich zutreffend.

Ein häufig unterschätztes Problem ist die Binnenmigration: Da nach wie vor viele schwarze Südafrikaner in den ehemaligen Homelands leben, die wirtschaftlich kaum entwickelt sind und auch nur schlechte Bildungsmöglichkeiten bieten, sind deren Einwohner gezwungen, ihre Heimatorte zu verlassen, um Ausbildung oder Arbeit zu finden. So ist nach wie vor eine stetige Karawane Arbeitssuchender unterwegs in Richtung der Großstädte und Bergbauzentren. Im Vergleich zur Apartheidsära hat sich in dieser Hinsicht nicht viel verändert. Früher organisierte und reglementierte der Staat die Wanderarbeit; heute zwingt wirtschaftliche Not die Menschen dazu.

SÜDAFRIKANISCHES BABYLON

Seit den 1990er-Jahren macht sich unter den Xhosa ein erstaunlicher Trend bemerkbar. Von Jahr zu Jahr nehmen mehr junge Männer, auch aufgeklärte Städter, an dem ebenso langwierigen wie schmerzhaften Initiationsritual *Ulwaluko* teil. Es beginnt mit der Beschneidung durch einen traditionellen Heiler, gefolgt von einer vierwöchigen Absonderung aus der Dorfgemeinschaft in einer eigens dafür errichteten Hütte. Die Initianden dürfen in dieser Zeit nur bestimmte Nahrungsmittel zu sich nehmen und führen verschiedene Rituale aus. Den Abschluss bildet ein gemeinsames Bad im Fluss. Umstritten ist diese Praxis vor allem, weil es durch die unter schlechten hygienischen Bedingungen durchgeführte Beschneidung zu Infektionen und sogar Todesfällen kommt. Innerhalb der letzten 20 Jahre sollen knapp tausend Initianden dabei gestorben sein. Doch das Bedürfnis der jungen Xhosa, in den traditionellen Glaubenskosmos ihrer Vorväter einzutreten, scheint größer zu sein als die Angst vor den Folgen.

Traditionelle Initiationen wurden und werden auch bei den anderen afrikanischen Völkern praktiziert, doch mit dem Verblassen der althergebrachten Religionen waren auch viele Riten auf dem besten Weg zu verschwinden. Das neue schwarze Selbstbewusstsein hat die Entwicklung umgekehrt. So wie manch einer heute wieder eine Initiation auf sich nimmt, ist es auch üblich, einen traditionellen Heiler oder eine Heilerin, eine *sangoma,* aufzusuchen, die fundierte Natur- und Krankheitskenntnis mit geheimnisvollen Ritualen kombiniert und in bestimmten Fällen tatsächlich effektiv heilen kann. Häufig spielen hier auch Besessenheits- oder Trancezustände eine wichtige Rolle.

Wieder aufgenommen wird auch der Kontakt zu den Ahnen, der die Grundlage der meisten traditionellen Religionen bildet. Man errichtet ihnen einen kleinen Altar, opfert gelegentlich ein Tier oder bittet über ein Medium, das Clanoberhaupt oder einen Heiler, um ein Zeichen. Die Überzeugung, dass es möglich ist, mit den Verstorbenen in Kontakt zu treten, beinhaltet als Kehrseite aber auch den Glauben daran, dass Mächte aus dem Jenseits etwas Übles anrichten könnten. Die Angst vor bösen Geistern ist in traditionellen Gemeinschaften noch sehr präsent. Schlimme Folgen kann es haben, wenn jemand als Hexer oder Hexe identifiziert wird. Im besten Fall muss er das Dorf verlassen, doch es kommt gelegentlich auch zu gewalttätigen Übergriffen bis hin zum Todschlag.

Obwohl nur etwa 20 % der Schwarzen in Südafrika angeben, traditionellen Religionen anzuhängen, sind bestimmte Riten viel weiter verbreitet. Man hat sie einfach in die christliche Glaubensgemeinschaft integriert. So lebt die althergebrachte Zwiesprache mit den Göttern und Ahnen in Gestalt christlicher Choräle weiter, und es passiert gar nicht so selten, dass bei einem Gottesdienst mit Tanz und Gesang der eine oder andere Gläubige plötzlich in Trance fällt.

AHNEN, RITEN UND KULTE

Xhosa-Initiation bei Coffee Bay an der Wild Coast

VIELE WEGE ZU GOTT

Inbrunst und tiefer Glaube: Sonntagsmesse im Township Langa

Über die Jahrhunderte hinweg haben Missionare ganze Arbeit geleistet – rund 80% aller Südafrikaner sind Christen, aufgeteilt auf unterschiedlichste Kirchen. Der Anteil von Hindus und Muslimen an der Bevölkerung ist mit rund 1,5 Mio. eher gering. Etwa 70 000 sind jüdischen Glaubens.

Die Niederländisch-Reformierte Kirche, NG-Kerk, fungiert als Quasi-Staatskirche der Buren und kann ihre Geschichte auf das Jahr 1652 zurückführen, als eine erste Religionsgemeinschaft am Kap gegründet wurde. Der calvinistische Glaube sieht die getrennte Entwicklung der Rassen als gottgegeben an und stützte mit dieser Überzeugung die Apartheidspolitik. Folgerichtig eröffnete die NG-Kerk Tochterkirchen für die farbige und schwarze Bevölkerung, denn natürlich wollte man die neu missionierten Schäfchen nicht verlieren. Auch im modernen Südafrika spielt die NG-Kerk nach wie vor eine wichtige Rolle. Von der Ideologie der Rassentrennung hat sie sich allerdings verabschiedet.

Mit den Briten kamen Mitte des 18. Jhs. Methodisten und Anglikaner ins Land; 1806 folgten Presbyterianer. Im Gegensatz zu der NG-Kerk integrierten diese Gemeinschaften Gläubige aller Hautfarben: Prominentester Vertreter der anglikanischen Kirche ist Erzbischof und Friedensnobelpreisträger Desmond Tutu.

Katholiken stellen einen Anteil von 7% der gläubigen Südafrikaner. Bis zum Beginn des 19. Jhs. durften Katholiken in Südafrika ihren Glauben nicht praktizieren, was sie möglicherweise der Apartheid gegenüber sensibilisierte. Die katholische Kirche stand im Kampf gegen die Rassentrennung stets auf Seiten der Schwarzen. Mit ihrer weniger rigiden Glaubensauslegung und dem Kosmos der Heiligen kommt sie traditionellen Religionen mit ihrem Götterpantheon weitaus näher als der gestrenge Calvinismus.

Als »Kirche ohne Weiße« wurde schon 1910 die Zion Church gegründet, denn wenigstens dort fanden ihre Mitglieder Anerkennung und Verständnis. Wie die meisten anderen christlichen Glaubensgemeinschaften der Schwarzen, die in den AUK, Afrikanische Unabhängige Kirchen, zusammengeschlossen sind, verbinden sich in Glaube und Gottesdienst christliche mit traditionell afrikanischen Glaubensvorstellungen. Initiationsriten, Geisterheilungen, Wahrsagerei etc. werden in den Zionskirchen akzeptiert. Die Gläubigen müssen sich allerdings einem strengen Lebensstil unterwerfen und auf Tabak, Alkohol und Schweinefleisch verzichten. Geführt werden die in viele Einzelsektionen aufgesplitterten Kirchengruppen zumeist von charismatischen Führern, die als Propheten verehrt werden.

Muslima in Bo Kaap

Mit jeder Einwanderungswelle kamen neue Glaubensrichtungen ins Land. Die ab Mitte des 19. Jhs. angeworbenen Inder und Ceylonesen brachten den Hinduismus mit. Etwa 1 % der Bevölkerung bekennt sich heute zu dieser Religion, so gut wie alle leben im Raum Durban, wo sich auch mehrere Hindutempel befinden. Da die indische Gemeinschaft ein besonders enges Zusammengehörigkeitsgefühl aufweist, hält sie auch die alten Riten und die Sprachen der Heimat lebendig. Ihre farbenprächtigen Feste locken jedes Jahr Tausende von Zuschauern nach Durban, auch wenn dies nicht immer erwünscht ist. Mahatma Gandhi, der ab 1893 für 21 Jahre Mitglied dieser Gemeinschaft war, entwickelte in Südafrika die Grundlagen seiner Philosophie, die er *Satyagraha*, bei der Wahrheit bleiben, nannte. Sie beruhte auf dem Prinzip des völligen Gewaltverzichts. Gegen Ungerechtigkeiten sollte man sich nur durch friedlichen, zivilen Ungehorsam wehren.

Bereits zu Zeiten des Gold- und Diamantenbooms und dann später während und nach dem Zweiten Weltkrieg emigrierten zahlreiche Menschen jüdischen Glaubens nach Südafrika. Bis 1863 konnten sie ihren Glauben nur im Geheimen praktizieren. Die meisten der heute 70 000 Mitglieder zählenden Gemeinschaft leben in und um Johannesburg und folgen dem orthodoxen jüdischen Glauben. Noch in den 1970er-Jahren zählte man 120 000 Juden in Südafrika. Seit Ende der Apartheid hat eine Auswanderungswelle eingesetzt, weil sich viele Menschen durch muslimische Schwarze und die steigende Gewalt bedroht fühlen. Eine der führenden Synagogen des Landes, die Great Park Synagogue in Johannesburg, wurde 1994 aufgegeben und dient seither als christliche Kirche.

Die Zahl der Muslime ist mit etwa 2 % Bevölkerungsanteil höher als die der Hindus. Sie erreichten Südafrika in zwei großen Zuwanderungswellen, als Sklaven und Plantagenarbeiter aus Südostasien im 17. Jh. – die Kapmalaien – und als Teil der ins Land geholten Inder und Pakistani Mitte des 19. Jhs. Zu ihnen gesellen sich immer mehr legale und illegale Immigranten aus muslimischen afrikanischen Ländern und südafrikanische Schwarze, die zum Islam konvertieren, weil sie in ihm eine Religion der Abgrenzung zu den weißen Kirchen, vielleicht sogar des Widerstandes sehen. Die große Mehrheit der südafrikanischen Muslime praktiziert den sunnitischen Islam; Moscheen befinden sich in allen Landesteilen. Besonders malerisch ist das hauptsächlich von Kapmalaien bewohnte Viertel Bo Kaap in Kapstadt mit seinen in Pastellfarben gestrichenen Häuschen und kleinen Moscheen.

Religionen

KALEIDOSKOP DER RELIGIONEN

KUNST VON ALLEN FÜR ALLE

Livemusik allerorten wie hier in Johannesburgs Pata Pata Bar

Die gesellschaftliche Realität und Vielfalt Südafrikas spiegelt sich natürlich auch in allen künstlerischen und kulturellen Bereichen wider. Vom traditionellen Kunstverständnis der Holzbildhauer, die fantastische Kultmasken herstellen über die historischen Bauten der frühen Siedler in kapholländischer Architektur bis hin zur südafrikanischen Musik, die die verschiedensten Einflüsse aufnimmt und dabei stets originär südafrikanisch bleibt, reicht der künstlerische Ausdruck. Bei aller Diversität ist das lange durch die Apartheidsgesetze eingegrenzte Kunstschaffen einer der Bereiche, in denen die Rassenschranken am schnellsten fallen. Insofern ist die Kulturszene ungemein dynamisch und spannend. Wenn möglich sollte man unbedingt versuchen, ein Konzert, eine Galerie oder ein Theater zu besuchen. Dort erlebt man eine Vision dessen, was Südafrika einmal auszeichnen könnte, die Umsetzung des Begriffes *Rainbow Nation* mit den Mitteln der Kunst.

VON DER RUNDHÜTTE ZUM HOCHHAUS

Traditionell siedelten die schwarzen Völker Südafrikas in Gehöften aus mehreren Rundhütten, die von einer Großfamilie bewohnt wurden. Da dem Kreis eine besondere rituelle Bedeutung zukam, standen die aus Gras oder Lehm errichteten »Bienenkorbhäuser« im Kreis um eine zentrale Feuerstelle. Die kunstvollen Rundhütten der schwarzen Völker sind in den ländlichen Gebieten bei den Venda sowie bei den Sotho, Zulu und Xhosa zu bewundern. Die Ndebele schmücken die Wände ihrer grasgedeckten Lehmhütten mit farbigen geometrischen Malereien. Unter dem Einfluss der Europäer haben vielerorts klassische Rechteckbauten die runden Hütten abgelöst. Häufig sieht man in ländlichen Regionen ein solches rechteckiges Haus als Zen-

Architektur

Traditionelle Strohhütte der Zulu

tralbau, um den nach wie vor die Rundhütten in traditioneller Anordnung stehen. Vor allem in den Townships ersetzt Wellblech die herkömmlichen Baumaterialien, sodass jede Isolierung gegen Hitze oder Kälte fehlt.

Die holländischen Einwanderer entwickelten bald nach ihrer Ankunft 1652 den Cape Dutch Style, den kapholländischen Baustil, der die europäische Architektur den besonderen klimatischen Bedingungen anpasste. Charakteristika der strohgedeckten, strahlend weiß gekalkten Häuser sind klare Formen mit sparsamer Stuckverzierung und Mittelgiebel in der Hauptfassade. Ab Mitte des 18. Jhs. wurden die Giebeldächer oft durch Flachdächer ersetzt. Typisches Merkmal sind die tiefen Veranden, auf denen es selbst bei großer Hitze schattig-kühl blieb. Prächtige Häuser im kapholländischen Stil kann man heute in Groot Constantia bei Kapstadt und den alten Orten Stellenbosch, Paarl und Swellendam bewundern.

Nach der Einwanderung der Briten ab 1806 wurden georgianische, dann viktorianische Stilelemente importiert; in Oudtshoorn und Kimberley sind noch viele Häuser mit den typischen schmiedeeisernen Gittern und weißen Holzbalkonen erhalten. Öffentliche Bauten, die oft mit monumentalen Säulen ausgestattet wurden, sind meist nur Kopien der Originale in Europa; auch der berühmte Architekt Sir Herbert Baker, der u. a. die Union Buildings in Pretoria schuf, entwickelte nichts wirklich Eigenständiges.

Vor allem Johannesburgs Zentrum entwickelte sich in den 1960er- und 70er-Jahren zu einem Mini-New York. Beflügelt durch die Einnahmen aus den Bodenschätzen erbaute man Wolkenkratzer und holte berühmte Architekten ins Land. Helmut Jahns 1982 errichtetes Hochhaus in der Diagonal Street ist hierfür ein typisches Beispiel. Die Fußball-WM 2010 bescherte Südafrika eine Reihe spektakulärer Stadien, darunter das Cape Town Stadium von gmp Architekten. Da Fußball in Südafrika aber nur eine marginale Rolle spielt, werden sie kaum weitergenutzt und verfallen.

BÜCHER ÜBER UND AUS SÜDAFRIKA

Literaturnobelpreisträger J. M. Coetzee zählt zu den bekanntesten Autoren Südafrikas

Literatur

Allen voran sollte jeder, der sich für Südafrika interessiert, mit Nelson Mandelas Autobiographie »Der lange Weg zur Freiheit« (Frankfurt 1997) beginnen. Mandela erzählt dort von seinem lebenslangen Kampf und der Entwicklung Südafrikas ohne Schuldzuweisung. Eine opulente Text-Bilddokumentation dieses Kampfes präsentiert »Mandela – Das autorisierte Portrait« (München 2008) mit Beiträgen von Kampf- und Zeitgenossen des Friedensnobelpreisträgers.

Die wohl bekannteste Autorin Südafrikas ist Nadine Gordimer (1923–2014), ein typischer Spross der multiethnischen Gesellschaft Südafrikas: Ihr Vater kam aus Litauen, ihre Mutter war Engländerin. Die Grande Dame der südafrikanischen Literatur erhielt 1991 den Literaturnobelpreis. In mehr als einem Dutzend Romanen, zahlreichen Essays und Kurzgeschichten beschrieb sie die Zerrissenheit ihres Landes und die Folgen der Politik für die Menschen. Eine interessante Reiselektüre ist ihr Roman »Der Mann von der Straße« über eine junge, weiße Südafrikanerin und ihre schwierige Liebe zu einem Schwarzen (Berlin 2004). Ebenfalls empfehlenswert ist Gordimers letztes Werk, das stark von der Enttäuschung über die Post-Apartheidsgesellschaft geprägt ist, »Keine Zeit wie diese« (Berlin 2013).

Afrikaans hat schon früh den Status der Literatursprache erhalten. Auch einige der glühendsten Bekämpfer der Apartheid schrieben ihre Bücher in Afrikaans: Breyten Breytenbach (geb. 1939), John Coetzee (geb. 1940; Literaturnobelpreis 2003) und André Brink (1935–2015), um nur drei wichtige Namen zu nennen. Vor allem John Coetzee war mit seinem Roman »Schande« (Frankfurt 2001) um einen Hochschullehrer und seinen Rückzug ins ländliche Leben auch international erfolgreich und erhielt 2003 den Literaturnobelpreis.

Die Literatur der Schwarzen wurde durch Thomas Mofolo (1876–1948) und seine Biografie des Zulu-Herrschers Shaka begründet (nur noch antiquarisch). Zahlreiche Autoren wie Mbulelo Mzamane oder Miriam Tlali haben die Apartheid literarisch verarbeitet; als Klassiker der Anti-Apartheids-Literatur gilt Es'kia Mphahleles (1919–2008) 1959 erschienene Autobiographie »Down Second Avenue«. Der Autor war wie viele seiner schwarzen Kollegen Mitarbeiter der Zeitschrift »Drum«, die in den 1950er-Jahren zum Sprachrohr der schwarzen Literatur avancierte. Nach Jahrzehnten des erzwungenen Exils kehrte er 1977 nach Südafrika zurück. Weltweit aufgeführt werden die Stücke des Dramatikers Athol Fugard (geb. 1932). Auf einem seiner Romane beruht der 2006 mit einem Oscar ausgezeichnete Film »Tsotsi«, der in Johannesburg spielt.

Einer der bekanntesten zeitgenössischen Autoren ist Zakes Mda (geb. 1948). Sein Roman »Der Walrufer« (Zürich 2006) sei jedem empfohlen, der die Garden Route und das Wal-Örtchen Hermanus besucht. Für die junge Generation farbiger Schriftsteller spielt die Apartheid nur noch im Hintergrund eine Rolle. Sie setzten sich mit aktuellen Themen der Gesellschaft wie Gewalt, den *Black Diamonds* genannten, schwarzen Superreichen und der Korruption auseinander. Als erste schwarze südafrikanische Autorin verarbeitet die junge Angela Makholwa diese Themen in Form spannender Krimis wie etwa »Red Ink« (2007) oder »Black Widow Society« (2103). Mord und Totschlag im Post-Apartheids-Südafrika sind auch die Mittel der Wahl mehrerer weißer südafrikanischer Krimiautoren wie Deon Meyer (geb. 1958) oder Mike Nicol (geb. 1951), die durchwegs Welterfolge wurden und als Reiselektüre nicht nur Spannung, sondern auch Einblicke in die moderne Gesellschaft versprechen.

TIERFIGUREN UND PERLENBÄNDER

Im traditionellen Verständnis der schwarzen Bevölkerungsgruppen gibt es keinen abstrakten Kunstbegriff. Kunst dient einem bestimmten Zweck – im Falle von Skulpturen oder Masken einem rituellen. Auch diverse Arten des Schmucks, zu dem auch kunstvolle Körperbemalung gehören kann, haben eine religiöse Bedeutung. Die Masken und Skulpturen, die auf den vielen Handwerksmärkten im Land verkauft werden, haben mit dieser ursprünglichen Bedeutung natürlich nichts mehr zu tun. Sie sind mehr oder weniger hübsches Kunsthandwerk, das für den Verkauf angefertigt wird.

Beliebt sind hierbei vor allem Tierfiguren. Die Verkaufstische biegen sich unter den winzig-kleinen bis riesengroßen Vertretern von Südafrikas Tierwelt, die meist mit großem Geschick aus dekorativem Holz geschnitzt werden. Interessant sind hierbei vor allem die Arbeiten, die die Struktur des Holzes – eine spezielle Maserung, Astlöcher etc. – in die Gestaltung des Tieres einfließen lassen.

Der zweite große Kunsthandwerkskomplex auf Märkten und in Souvenirläden besteht aus den verschiedensten, fantasie- und farbenfrohen Arten von Schmuck aus winzigen Glas- (heute wohl eher Plastik-)Perlen. Portugiesische Händler brachten ab dem 17. Jh. farbige Glasperlen zunächst als Tauschobjekte ans Kap, welche die zur Dekoration dienenden aus Lehm oder Straußeneierschalen angefertigten Kügelchen bald ersetzten. Vor allem die Zulu und Xhosa haben diese Glasperlenarbeiten fantasievoll ausgestaltet; sie zieren Stöcke, Töpfe und besonders Kleidungsstücke, sogar Tiere oder Figuren werden daraus gefertigt. In Regionen, in denen San-Gemeinschaften leben, findet man noch den traditionellen Schmuck aus Straußeneierperlen und Lederbändern.

Auch Flecht- und Tonarbeiten gehören zu den typischen Produkten des südafrikanischen Kunsthandwerks. Aus Gras oder Palmblättern geflochtene Körbe und Schalen kommen meist aus KwaZulu-Natal. Tontöpfe aus Venda sind oft mit geometrischen Mustern verziert, die in den feuchten Ton geritzt werden. Recycling-Art, also Kunst aus Draht oder Getränkedosen, erfreut sich immer größerer Beliebtheit. Hergestellt wird alles, von simplen Schalen und Bilderrahmen bis zu CD-Ständern.

Südafrikanische Felsbilder mit ihren nahezu abstrakt wirkenden Darstellungen von Menschen und Wild dienen heute als Vorbild für Stickereien, die vor allem Frauen aus den *Townships* auf Servietten, T-Shirts, Mützen, ja sogar auf Tischdecken und Bettwäsche bannen. Häufig arbeiten sie in Initiativen, die sich um die Benachteiligten in den Vorstädten kümmern und ihnen damit Verdienstmöglichkeiten verschaffen. Meist werden solche Kunsthandwerksprodukte in anspruchsvolleren Souvenirshops verkauft.

Kunsthandwerk

Auch weiße Designer und Kunsthandwerker greifen oftmals auf die traditionellen Kunsthandwerkstechniken zurück. Chloe Townsend aus Kapstadt gründete 2005 das Luxus-Modelabel »Missibaba« und lässt unter anderem Lederhandtaschen mit kunstvollen afrikanischen Stickereien verzieren. Auch ihre Schmuckkollektion basiert auf traditionellen afrikanischen Motiven, wie etwa Riesenkreolen, um sie kunstvoll und modern neu zu interpretieren. Ähnliches gelingt der aus Zimbabwe stammenden Kapstädter Künstlerin Joni Brenner mit ihren »Marigold Beads«. Sie lässt Frauen einer Handwerkskooperative Perlenbänder herstellen – nicht die traditionell bunten, sondern in kunstvoll-dezentem, zeitgenössischem Design in Grau-, Silber- und Brauntönen. Zu kaufen gibt es diese Preziosen modernen Kunsthandwerks in ausgesuchten Geschäften in Kapstadt und Johannesburg.

Holzgiraffen gibt es in allen Farben und Formen

Felsmalereien der San in Kamberg/Drakensberge

FELSBILDER UND HOLZSKULPTUREN

Kunst gab es in den traditionellen Gesellschaften Südafrikas nicht, daher beginnt die Kunstgeschichte der Schwarzen auch erst mit dem Aufbruch aus dem traditionellen Kosmos in eine moderne Gesellschaft. Trotzdem haben Künstler einzigartige Zeugnisse hinterlassen. Zu den frühesten zählen die bis zu 28 000 Jahre alten Felsbilder, die vom Leben früher Jäger und Sammler erzählen. Sie zeigen die Männer auf der Jagd oder beim Tanz und vor allem immer wieder rätselhafte Wesen, halb Mensch, halb Tier. Es handelt sich höchstwahrscheinlich um eine Beschwörung des Jagdglücks – dadurch, dass die Jäger die Elanantilope im Bild töten, wird es ihnen auch in der Realität gelingen. Andere Motive wie die Halbmenschen hält die Wissenschaft für Darstellungen der Trance-Zustände der Schamanen, denen in der Religion der San eine wichtige Rolle zukam. Was heute als »Felsbildkunst« angesehen wird, diente also einem rituellen Zweck, und Gleiches gilt für die antiken Skulpturen von Göttern oder Fabelwesen, die heute als *Africana* in Antiquitätengeschäften gehandelt werden.

Malerei und Bildhauerei

Die europäischen Einwanderer widmeten sich zunächst der europäisch-romantischen Landschaftsmalerei. Vor allem im 19. und zu Beginn des 20. Jhs. machten Werke von Malern wie J.E.A. Volschenk (1853–1936) oder Jacob Hendrik Pierneef (1886–1957) am Kap Furore. Mit Irma Stern (1894–1966) erreichte der Expressionismus Südafrika. Inspiriert von afrikanischen Motiven sind die Bilder von Alexis Preller (1911–1975). Die Bildhauerei des angehenden 20. Jhs. prägte der aus den Niederlanden zugewanderte Anton van Wouw (1862–1945) mit seinen Arbeiten, darunter die monumentale Bronzefigur von Paul Krüger am Church Square in Pretoria. Bei Holzskulpturen machten sich vor allem schwarze Künstler wie Lucas Sithole (1931–1994) einen Namen. Seine aus einheimischen Hölzern gearbeiteten Figuren sind grotesk schmal und in die Länge gezogen.

Einige Künstler wie Gerard Sekoto (1913–1993), der als Begründer der *Township Art* gefeiert wird, verließen Südafrika und arbeiteten im Exil. Auch Dumile (1941–1992), der lange Zeit an seinem Leben in Kapstadts Township festhielt, verließ 1968 schließlich seine Heimat. Der »Goya der Townships« hinterließ eine erschütternde Interpretation von Picassos berühmtem Gemälde, das »African Guernica«. Als Autodidakt erreichte Dr. Phuthuma Seoka (1922–1997) in den 1980er-Jahren Bekanntheit, als die Ausstellung »Tributaries« seine seltsam steif wirkenden Holzskulpturen von Tieren und Menschen einem größeren Kreis von Kunstenthusiasten bekanntmachte. Seokas Stil wird seither von vielen Kunsthandwerkern kopiert.

»Mutter und Kind« portraitiert von Gerard Sekoto (1913–1993)

1896 verewigte Anton van Wouw den Buren-Präsidenten Paul Krüger in Bronze

Die traditionelle Musik hat sich seit Jahrhunderten nicht verändert: Trommeln, Flöten, auch Xylophone und kraftvolle Wechselgesänge geben den Ton und Rhythmus an. Berühmt sind hier besonders die Zulu mit ihren A-capella gesungenen Liedern. In den 1950er-Jahren entwickelte sich in den Großstädten Südafrikas eine vitale, aus dem afrikanischen wie dem europäischen Erbe schöpfende Musikszene, die auch viele Elemente aus Jazz und Ragtime aufnahm. Nicht alle Interpreten verstanden ihre Musik als Zeichen des Protests gegen die Apartheid, doch die meisten drückten ihre kritische Haltung in ihren Songs aus.

Diese Kritik bzw. die Reaktion der Politik jagte eine der berühmtesten Künstlerinnen Südafrikas, Miriam Makeba (1932–2008), 1959 ins Exil. Mit ihren temperamentvollen Liedern, die afrikanische Strukturen und westliche Musikstile geschickt verbanden, avancierte sie zur musikalischen Botschafterin des schwarzen Südafrika. Ihr größter Hit wurde das in iXhosa gesungene »Pata Pata«. Erst 1991 kehrte Makeba in ihre Heimat zurück.

PROTEST MIT TROMMELN, FLÖTEN UND RAP

»Mama Africa«, die Sängerin Miriam Makeba

Musikidole der Jugend: Die Antwoord

Musik

Das Musical »King Kong« von Todd Mashikiza über das Schicksal eines südafrikanischen Boxers eroberte 1959 nicht nur die Townships, sondern feierte auch international Erfolge. Darin war nicht nur Makeba aufgetreten, auch Hugh Masekela (geb. 1939), Multi-Instrumentalist und Orchestermitglied, begann damit seine internationale Karriere. Wie Makeba nutzte er ein Gastspiel des Musicals und blieb in London, wo er als Weltmusiker mit starken Einflüssen von Jazz und traditioneller Melodien berühmt wurde.

Unter dem Einfluss von Jazz und Rock 'n' Roll formierten sich auch in Südafrika Musikgruppen, die traditionelle Elemente mit westlichen verbanden. Ein Ergebnis war der *Kwela*, eine blitzschnell gespielte, von Metallblockflöten vorangetriebene Township-Musik, deren Grundlage der amerikanische Jive bildete. Spokes Mashiyane (1933–1972) war einer der Stars dieses Trends.

Der 1934 in einem Kapstadter Township geborene Abdullah Ibrahim, bürgerlich Adolph Johannes Brand, machte als Pianist zunächst unter dem Künstlernamen Dollar Brand in verschiedenen vom Jazz beeinflussten Bands Karriere und ging, ebenfalls Orchestermitglied bei King Kong 1962 ins Londoner Exil. Dort entwickelte er einen eigenen, zwischen Jazz-Piano und afrikanisch inspiriertem Gesang changierenden Stil. Seine Komposition »Mannenberg«, die er bei einem Südafrikaaufenthalt 1974 zusammen mit dem Cape-Jazz-Musiker Basil Coetzee aufnahm, wurde zur Hymne der Anti-Apartheids-Bewegung. Berühmtestes seiner vielen Alben ist das 1979 erschienene »Echoes from Africa«. Brand spielte mit vielen internationalen Jazzgrößen und konvertierte Ende der 1960er-Jahre zum Islam. Seit 1990 lebt er teils in Kapstadt, teils in New York.

Nicht nur Künstler im Exil trugen zur Bekanntheit südafrikanischer Musik bei: Ladysmith Black Mambazo, eine A-capella-Formation, traten seit 1960 mit Zulu-Musik auf südafrikanischen Bühnen auf und waren so erfolgreich, dass sie als erste schwarze Gruppierung eine goldene Schallplatte erhielten. Der große Durchbruch kam schließlich 1986 mit dem amerikanischen Musiker Paul Simon, der die Gruppe für sein Album »Graceland« engagierte. Ein in Südafrika lebender Engländer, Johnny Clegg (geb. 1953), mischte ab Beginn der 1980er-Jahre die nach wie vor rassengetrennte, südafrikanische Musikszene mit seiner Band Juluka auf, in der erstmals offiziell schwarze und weiße Musiker eine rasante Kombination aus westlichem Pop und Zulu-Motiven spielten.

Aus der kirchlichen Tradition wie auch aus den musikalischen Überlieferungen der südafrikanischen Völker entwickelten sich die teils machtvollen Chöre wie der berühmte Soweto Gospel Choir, der häufig auch in Europa auf Tournee geht. Einige Mitglieder sind ausgebildete Opernsänger, die ihr Geld mit Gospel verdienen müssen. Der in Kapstadts Township Kayelitsha aufgewachsenen Sopranistin Pumeza Matshikiza blieb dieses Schicksal erspart. Die Sängerin wurde früh von der internationalen Klassikszene entdeckt und singt nun an den berühmtesten Opernhäusern der Welt.

Entspannten Folk-Pop spielen die beliebten Freshly Ground. Ihren Song »Waka Waka« machte 2010 die kolumbianische Popsängerin Shakira bei der Eröffnungszeremonie der Fußball-WM berühmt. Rap und Hip Hop haben auch die junge südafrikanische Musikszene erobert. Ein interessanter Vertreter dieses Genres ist Thandiswa Mazwai, der Hip Hop mit traditionellen Xhosa-Melodien kombiniert.

In keine musikalische Schablone lassen sich die ebenso bekannten wie umstrittenen Musiker von Die Antwoord pressen. Rap, Drum & Bass und Electro sind die Wurzeln ihrer Musik, die wahlweise in Xhosa, Afrikaans oder Englisch gerappt wird. Dabei schlüpfen die beiden Bandmitglieder Ninja und Rolandi Visser in verschiedene aber stets extrem provokative Rollen, denen jede politische Korrektheit fremd ist. So sehr Südafrikas Jugend diesem trashigen Bandprojekt zujubelt, so sehr ist sich die Elterngeneration – ob schwarz, weiß oder farbig – darin einig, dass Die Antwoord verboten gehört.

Am Strand des Fischerörtchens Paternoster

VIELE VÖLKER VERDERBEN NICHT DEN BREI

In einem sind sich alle Südafrikaner einig: Ohne *braai* kein gutes Essen. Fleisch vom Braai – also vom Grill – ist eines der Basics südafrikanischer Kulinarik. Das Wort kommt aus dem Niederländischen; bei den Zulu heißt diese Zubereitungsart *shisa nyama* – brenne das Fleisch. Die große Vorliebe für Fleisch prägt fast alle Küchen Südafrikas, ausgenommen vielleicht die der indischstämmigen. Verarbeitet wird sowohl Zuchtvieh wie Rind, Lamm oder Wild, seltener auch Schwein. Meist landet es auf dem Braai oder in einem herzhaften *Stew*, einem Schmortopf mit Gemüse. Ein Erbe der Jäger und Sammler ist gedörrtes Fleisch, *Biltong*. Das Trocknen dünn geschnittener Fleischstreifen war lange Zeit die einzige Möglichkeit, Fleisch haltbar zu machen. Die rustikale Busch- und Farmküche vergangener Zeiten bildet die Wurzeln der meisten südafrikanischen Gerichte, doch natürlich haben auch im Land am Kap Meisterköche Einzug gehalten. Feinschmeckerrestaurants servieren die raffiniertesten Kreationen, in denen sich die vielen Geschmäcker Südafrikas vereinen.

Frisch auf dem Braai zubereitet: so lieben die Südafrikaner alle Arten von Fleisch

DIE BÄUERLICHE KÜCHE DER BUREN

In den Pioniertagen europäischer Einwanderer standen kaum mehr als das Fleisch erlegter Tiere und Wildkräuter zur Verfügung. Dazu etwas im Garten angebautes Gemüse oder Kartoffeln, und fertig war *Potjiekos*, das Eintopfgericht, das meist in einem gusseisernen Dreibein, dem namensgebenden *potjie*, über Holzkohle zubereitet wurde. Von den Schwarzen, die auf den Farmen arbeiteten, schaute sich die burische Hausfrau auch schon bald die Zubereitung des *Pap* ab. Der ursprünglich aus Hirse, später aus Mais gekochte, nahrhafte Brei avancierte schnell zu einer beliebten Beilage der Einwanderer.

Braaivleis (Grillfleisch) stand ebenfalls von Anfang an ganz oben auf der Speisekarte der Siedler. Inzwischen ist der *braai* zu einer gesellschaftlichen Institution und zu einem Teil des südafrikanischen »way of life« avanciert. Am Wochenende lädt man sich gegenseitig zum Grillen ein, isst reichlich Fleisch und die schneckenförmig aufgerollten *Boerewors* (Burenwürste) aus gemischtem Rind- und Wild- oder Lammfleisch mit herzhafter Würze.

Als die Voortrekker mit ihren Ochsenwagen in die unbekannte Ferne zogen, mussten sie Fleisch konservieren. Südafrikas Ureinwohner, die San, machten ihnen vor, wie das geht: In Streifen geschnitten und gesalzen, hielt es sich als Dörrfleisch, *Biltong*, monatelang. Ähnlich haltbar ist die *Droewors*, luftgetrocknete Wurst. Schmackhaftes Biltong stammt von Rindern, Straußen und Antilopen und wird inzwischen vielfältig gewürzt. Man bekommt es auch mit Chili oder Knoblauch aufgepeppt. Das Trockenfleisch ist als Snack eine Art

Grundnahrungsmittel der Südafrikaner und deshalb in jedem Supermarkt und an jeder Tankstelle erhältlich.

Ähnlich gehaltvoll wie die Hauptgerichte geraten auch die Nachspeisen: Dabei ist ein *Malva-Poeding,* ein Pudding mit Aprikosenmarmelade, der in einer heißen Sahnesauce serviert wird, wahrscheinlich noch das Harmloseste. Wahre Kalorienbomben sind *Melktert,* kleine Küchlein, die mit einer Mischung aus Milch, Mehl, Zucker und Eiern gefüllt und überbacken werden. Dieses Dessert ist übrigens wahrscheinlich den Portugiesen zu verdanken; es ähnelt frappierend deren *Pasteis de Nata.* Wem auch das noch nicht süß genug ist, der versuche es mit *Koeksusters.* Die aus Brandteig geflochtenen Zöpfe werden wie Krapfen in heißem Öl frittiert und dann in eiskalten Zuckersirup getaucht.

Süße Verführung: die Melktert

ASIATISCHE RAFFINESSEN

Mit scharfem Chilli gegen Schwiegermütter

Ohne die Küche ihrer aus Asien stammenden Landsleute wären die Südafrikaner arm dran. Immer nur Fleisch vom Grill wird auf die Dauer langweilig.

Eingewanderte Kapmalaien bereichern die Gastronomie besonders in Kapstadt, wo oft abgewandelte südostasiatische Gerichte auf den Speisekarten der Restaurants stehen. Charakteristisch für die kapmalaische Küche ist die Verwendung von Gewürzen wie Zimt, Kardamom und Koriander. Beliebt sind vor allem *Sosaties* (Fleischspieße), die ähnlich wie andere Fleischgerichte am liebsten auf dem *braai* zubereitet werden aber dank der verwendeten Gewürzmischungen und beigefügten Obst- oder Gemüsesorten ganz unterschiedlich (aber stets aromatisch) schmecken können, so die Lamm-Aprikosen-Sosaties.

Auch der *Bobotie,* ein Auflauf mit Lammhackfleisch und Curry, den es in unendlich vielen lokalen Varianten gibt, stammt aus der kapmalaischen Küche. Dazu isst man Safranreis und Chutney. *Bredie*-Rezepte gibt es so viele wie Köchinnen in Südafrika. Basis des Eintopfs sind Fleisch (meist Lamm), Zwiebeln und Tomaten; je nach Geschmack kommen unterschiedliche Gemüse wie Kartoffeln, Bohnen oder Karotten dazu. Im *Waterblommetje-Bredie* werden die Blüten von Seerosen mitgegart. Auch hier ist Reis die Beilage der Wahl.

Durban ist das Mekka der indischen Currys. Traditionell kocht man sie aus Lamm, Geflügel oder Fisch und würzt mit einer mehr oder weniger scharfer Currymischung, einer Kombination verschiedener Gewürze. Da die indische Küche auch viele vegetarische Rezepte kennt, kann ein Curry anstelle von Fleisch auch nur Linsen oder Bohnen enthalten. Auf jeden Fall ist es scharf! Man sollte es »mild« bestellen – dann ist es für den nicht an Scharfes gewöhnten Gaumen gerade noch erträglich. Zu Currys werden meist Reis und ein süßsaures Chutney gereicht. Als Fast Food machen Currys im *Bunny Chow* Karriere. Dazu wird ein kleiner Brotlaib ausgehöhlt und mit Curry gefüllt.

Auch *Samosas* entstammen der indischen Küche: Die Teigtaschen werden meist mit Fleischhack (Lamm, Rind, Hühnchen) und einer Reihe von Gewürzen gefüllt und geben einen beliebten Snack ab. Unter *Tandoori* versteht man eine traditionelle Zubereitungsart im Lehmofen. Zumeist werden fein gewürzte Fleischspieße darin gegart. Wer indische Gerichte nachkochen möchte, kann auf dem Indian Market in Durban und in vielen Spezialgeschäften indische Gewürze kaufen und bekommt meist die Rezepte gleich mitgeliefert – ein originelles und leicht transportables Mitbringsel.

TRADITIONEN VON DER INSEL

Britische Einwanderer haben Roastbeef und das umfangreiche English breakfast eingeführt, das in allen größeren Hotels serviert wird. Beliebtester Bestandteil der morgendlichen Kalorienschlacht sind Eier in jeder Form mit Speck und Wurst. Manchmal werden auch Fisch, Leber und Dicke Bohnen gereicht. Meist hält das vor bis zum Nachmittag. Wenn nicht, sind *Fish 'n' Chips* eine schmackhafte Zwischenmahlzeit. Dann schreitet man zum *High Tea* mit hausgemachtem Gebäck. Wie bei der Queen werden die *Scones* mit Schlagsahne und Konfitüre serviert. Eine Anpassung an die äußeren Umstände hat auch die englische Küche vollzogen. Ein Roastbeef kann durchaus auch vom Kudu stammen, denn Wild war ja stets einfacher und billiger zu haben als kostbares Rindfleisch.

Die Südafrikaner besinnen sich zunehmend auf die traditionelle afrikanische Küche. Deren regional unterschiedliche Produkte bereichern längst die von ausländischen Gästen sehr geschätzte südafrikanische Fusion aus europäischen und asiatischen kulinarischen Einflüssen. Restaurants in Kapstadt Johannesburg oder Durban laden zu kulinarischen Entdeckungstouren über alle ethnischen Grenzen hinweg ein.

Basis der traditionellen Küche der meisten südafrikanischen Völker war *Pap*, ein nahrhafter Brei aus Hirse. Als Mais seinen Weg von Südamerika nach Südafrika fand, verdrängte er die Hirse. Die Fleischbeilage bestand meist aus Hühnchen oder Zicklein, das zu einem scharf gewürzten Eintopf gegart oder über offenem Feuer gegrillt wurde. Wenn eine Familie Rinder besaß, dann waren sie ein Statussymbol und wurden nur bei besonderen Ritualen geschlachtet. Die Milch allerdings wurde gesäuert und zum Pap gegessen. Häufig fand auch erlegtes Wild seinen Weg in den Kochtopf oder auf den Grill. Vor allem Springbock, Kudu und anderen Antilopen sowie Vogel Strauß bereicherten den Speisezettel. Bei bestimmten Tierarten galten Speisetabus; so essen die Venda prinzipiell kein Schweinefleisch – auch nicht das des Warzenschweins – und sie meiden das Fleisch des Krokodils. Für Europäer exotisch erscheinende Eiweißlieferanten wie etwa Raupen des Mopane-Baums, getrocknete Heuschrecken oder in Termitenhügeln gezüchtete Pilze gelten heute als Delikatessen.

Viele der afrikanischen Traditionsgerichte finden sich in der Küche der Buren wieder, so etwa *Chakalaka*, ein Gemüseeintopf aus Zwiebeln, Tomaten, Paprika, Karotten, Bohnen und scharfen Gewürzen, der oft kalt zu Pap gereicht wird. Auch die Vorliebe der Bantu-Völker für Kürbis als Beilage haben die Einwanderer übernommen. In Südafrika wachsen zahlreiche Kürbisarten. *Morogo* nennt sich die südafrikanische Variante des Spinats; sie gilt als wertvoller Protein- und Vitaminspender. Die heimische Spielart der Süßkartoffel, *Amadumbe*, ist vor allem in KwaZulu-Natal beheimatet und wird dort als nahrhafte Beilage geschätzt. Reis und Bohnen hingegen sind Importprodukte.

Sehr nahrhaft ist *Amangwinya*, eine Teigkugel, die man mit scharf gewürztem Hackfleisch, Aprikosenmarmelade und geriebenem Käse füllt und dann in heißem Fett frittiert – Afrikaans heißt der leckere Snack *Vetkoek*, fetter Kuchen. *Mogodu*, andernorts als *Tripe* oder Kutteln bezeichnet, zählt zu den ältesten Traditionsgerichten – kein Wunder, schließlich wurde alles von einem Tier verwertet, was verwertbar war. Mogodu muss lange köcheln, bis es weich ist; dazu isst man *Ting*, einen fermentierten Brei aus Sorghum-Hirse, wie ihn die Urahnen der heutigen Zulu schätzten. Das einheimische *Sorghum* ist gerade dabei, den aus Mais gekochten Pap aus den Restaurants zu verdrängen. Gourmets schwören darauf. Ein Revival erlebt auch das traditionelle Xhosa-Gericht *Umngqusho*, das angeblich zu Nelson Mandelas Lieblingsspeisen zählte. Geschrotete Maiskörner und Bohnen bilden gut verkocht eine aromatische Beilage. Sogar die karge Naturdiät der San steht wieder auf dem Speiseplan – die Produkte der Hoodia-Pflanze werden als Schlankmacher vermarktet.

Nicht jeder wird bereit sein, ein *Smiley* zu verkosten. Trotz des englischen Namens, der auf das grinsende Gebiss des Tieres anspielt, ist der lange gegarte, ganz zarte Hammelkopf – eine urafrikanische Delikatesse. Als Streetfood findet er immer mehr Fans unter Gourmets.

Zulu-Köchinnen beim Verkosten
von Chakalaka

FANGFRISCH AUF DEN TISCH

Fisch und Meeresfrüchte fangfrisch, von bester Qualität und in großer Auswahl – an der Küste, egal ob Atlantik oder Pazifik, können Freunde maritimer Kost in einer Fülle von Köstlichkeiten schwelgen, und das zu relativ günstigen Preisen. Zum umfangreichen Angebot gehören Kingklip, Seehecht, Seezunge, Schellfisch, Makrele, Muscheln, Kalamari oder Garnelen. In Knysna, an der Garden Route, werden Austern gezüchtet und können direkt an der Waterfront genossen werden. Die Westküste um Langebaan ist für edlen *Crayfish* – kein Fisch, sondern eine kleine Languste – berühmt. Zur Fangsaison feiert man in der Lambert's Bay Ende November das »Crayfish-Festival«. Wenn *Linefish* auf der Speisekarte steht, handelt es sich übrigens um fangfrischen Fisch von der Angel. In Mpumalanga (beim Krüger-Nationalpark) und in den Drakensbergen kann man gut frische Forellen (*Trout*) essen.

Fisch wird in allen traditionellen Gerichten verarbeitet: Er landet auf dem Braai, in der Potjiekos oder im Bobotie. Selbstverständlich werden auch Currys und kapmalaische Gerichte mit frischem Fisch bereichert. Eine beliebte auf vielerlei Arten zubereitete Fisch-Spezialität ist *Snoek*. Die Hechtmakrele kommt vor der gesamten südafrikanischen Küste vor und gilt frittiert als Delikatesse. Sie wird aber auch als Füllung von Frühlingsrollen oder Belag einer Quiche verwendet. Vorsicht beim Essen: Snoek besitzt sehr feine Gräten. *Kaapse kerrievis* ist die Fischvariante von Mixed Pickles. Verwendet wird möglichst festes, weißes Fischfleisch, etwa des Afrikanischen Umberfisches, von Kabeljau oder Makrele, das mehrere Tage in einer Marinade aus Zwiebeln, Curry und Essig ruht und danach als herzhafter Appetizer oder als Beilage gegessen wird.

Auch der Sushi- und Sashimi-Trend hat Südafrika erreicht. Darauf, dass der rohe Fisch hier ganz frisch filetiert und gerollt wird, können sich Liebhaber dieser japanischen Spezialitäten in den Küstenorten jederzeit verlassen.

Obwohl die beiden Ozeane an Afrikas Südspitze einen unermesslichen Reichtum an Fisch zu besitzen scheinen, sind mehrere Arten, darunter auch der Snoek, bedroht. Für einige gilt absolutes Fangverbot. Die Southern African Sustainable Seafood Initiative (SASSI) markiert Speisefische mit Ampelfarben als vom Aussterben bedroht (rot), gefährdet (gelb) oder ungefährdet (grün). Restaurants, die sich an die Empfehlungen der SASSI halten, weisen darauf mit einem Logo hin.

Essen & Trinken

Eisig frisch: Knysna-Austern

DURSTLÖSCHER UND AUFPUTSCHER

Wegen der hohen Qualität des Leitungswassers in Südafrika hat sich abgesehen von *Soda water* Mineralwasser bisher kaum durchsetzen können. Das *Skoon-spruit* (Flaschenwasser) ist teurer als Bier, das auf deutsche (nach Reinheitsgebot) und englische Art gebraut wird und auch in Light-Version erhältlich ist. Am beliebtesten sind die Marken Castle, Black Label, Tafel Lager und Windhoek Lager, die beiden letztgenannten stammen aus Namibia. Der Craft-Beer-Trend hat auch Südafrika ergriffen und sorgt für weitere Vielfalt im Bierangebot.

Unter den vielen Softdrinks, die meisten aus US-amerikanischer Produktion, stechen einheimische Saftschorlen wie Appletiser, Peartiser oder Grapetiser hervor. Sie sind nicht so süß und schmecken ungemein erfrischend.

Der oft mit Zichorie vermischte und auch in guten Restaurants servierte Pulverkaffee ist für Kaffeefreunde ein fades Geschmackserlebnis, allerdings bekommt man heute überall auch Filterkaffee oder Espresso bzw. Cappuccino. Eine gewisse Nachlässigkeit herrscht auch im Umgang mit Tee, der trotz britischer Tradition fast immer nur mit Teebeuteln aufgegossen wird.

Einen regelrechten Kult betreiben die Südafrikaner um den Rooibostee, der am Westkap um Citrusdal aus dem Rotbusch gewonnen wird. Er wurde bereits von den San als Getränk geschätzt. Der Sud aus den gehäckselten und fermentierten Zweigen und Blättern enthält viele Mineralien, Phenolsäuren und vor allem Vitamin C – allerdings kein Koffein, weshalb er auch für Kinder geeignet ist. Er wird auch gern als Heilmittel bei Hautproblemen, Eisenmangel, Nierensteinproblemen (keine Oxalsäure!) wie auch bei Bluthochdruck verwendet.

Alkohol erhält man in Supermärkten, vor allem aber im *Bottle Store* oder *Drankwinkel*. Softdrinks und Bier werden überwiegend in Dosen verkauft – mit 2,5 Milliarden Getränkedosen im Jahr hält Südafrika den Weltrekord im Verhältnis zur Bevölkerung. Besonders in kleineren Restaurants sollte man auf die Art der Alkohollizenz achten. Y bedeutet, dass Alkohol nur zu den Mahlzeiten ausgeschenkt werden darf; YY: nur Ausschank von Wein und Bier; YYY: *fully licensed* (volle Lizenz).

Shebeen heißen die oft improvisierten Kneipen in den *Townships*, die Alkohol ausschenken. Häufig fungieren sie zugleich als Laden und Treffpunkt für die Nachbarschaft. Ein Besuch in einer Shebeen, möglichst mit einem einheimischen Führer, eröffnet einen spannenden Blick in die Township-Kultur.

Coole Drinks in der Hide Out Bar in Johannesburg

DAS KAP DER GUTEN WEINE

Winzerin Rosa Kruger bei der Arbeit

Essen & Trinken

Südafrikanische Weine haben Tradition und stehen auch bei Käufern in Europa inzwischen hoch im Kurs. Die Produktpalette ist vielfältig, die Geschmackrichtungen bieten jede Nuance. Historisches Zentrum des Weinanbaus ist das Dreieck Stellenbosch–Paarl–Franschhoek. Exzellente (und meist preisgünstigere) Tropfen kommen aus dem Gebiet um Robertson (östl. von Stellenbosch) und von der Westküste. Die meisten Reben werden dort angebaut, wo man es nicht vermutet: am Rand der Kalahari-Halbwüste, westlich von Upington entlang des Oranje-Flusses. Südafrika zählt inzwischen zu den wichtigsten Weinproduzenten der Welt. Drei Viertel der Weinproduktion entfallen auf Weißweine; seit einigen Jahren werden auch hervorragende Roséweine produziert. Die Rotweine sind von geschmeidiger Kraft, oft aber mit 13 % Alkohol und mehr recht schwer (*full-bodied*).

SCHWARZE WEINKULTUR

Die meisten Winzer am Kap entstammen eingewanderten Hugenotten-Familien. Bis heute ist die Weinwirtschaft fest in weißer Hand, doch auch einige schwarze Shooting Stars haben sich mit viel Ehrgeiz und Fleiß etabliert. Zu ihnen gehört die aus KwaZulu-Natal stammende Ntsiki Biyela, die ab 2004 als *Winemaker* im Weingut Stellekaya einen Preis nach dem anderen für ihre Weine einheimste. Seit einigen Jahren ist sie nun als Winzerin selbstständig und erhält auch für die eigenen Tropfen unter dem Label Aslina beste Beurteilungen.

WELCHER WEIN WÄCHST

Aus der Alten Welt wurden die bedeutendsten Trauben importiert: für Weißweine Chenin Blanc, Chardonnay und später auch Riesling, Cabernet Sauvignon, Merlot und Shiraz für Rotweine. Eine speziell südafrikanische Rotweintraube ist Pinotage, eine Kreuzung aus den Rebsorten Pinot Noir (Spätburgunder) und Cinsaut (Hermitage). Die Weinlese am Kap findet im Februar statt, bei Temperaturen um die 40 °C. Kein Wunder also, dass die südafrikanischen Weine schwer sind (bis zu 15 % Alkohol bei Rotweinen), dafür aber sehr körperreich.

WO WEIN VERKOSTET WIRD

Bis auf einige Ausnahmen sind auch in Südafrika die Erzeugnisse der bekannten Weingüter teurer (aber nicht immer besser) als Weine aus Gegenden ohne kaphölländische Architektur. So wird man z. B. an der Robertson Wine Route, 100 km östlich von Paarl, sehr gute Entdeckungen machen (www.robertsonwinevalley.com). Das Gleiche gilt auch für die Swartland-Weinroute ca. 100 km nördlich von Kapstadt bei Malmesbury (www.swartlandwineandolives.co.za).

Ein bekanntes historisches Gut von 1865 ist Boschendal in Franschhoek (Tel. 021/870 4210, www.boschendal.co.za). Vor allem für seine Weißweine heimst Villiera in Koelenhof, knapp 15 km nördlich von Stellenbosch vielfach Medaillen ein (Tel. 021/865 2020, www.koelenhof.co.za). Toprotweine und ein gutes Restaurant bietet Blaauwklippen in Stellenbosch (Tel. 021/880 0133, www.blaauwklippen.com) an der R44 nach Somerset West. Nelson's Creek bei Paarl hat als eines der ersten Weingüter Rebflächen unter die Verwaltung von Farbigen gestellt. Herausragend ist der Pinotage. Hier lässt sich auch sehr schön übernachten (nur Selbstversorgung). (Tel. 021/869 8453, www.nelsonscreek.co.za).

WO WEIN GEFEIERT WIRD

An drei Tagen im Februar feiern Winzer aus Stellenbosch ihr traditionelles Stellenbosch Wine Festival (Tel. 021/886 4330, www.stellenboschwinefestival.co.za).

300 Weine von ca. 40 Gütern präsentiert das zweitägige Fest Wine on the River im Oktober in Robertson (Tel. 023/626 3167, www.wineonriver.com).

Der South African Wine Guide von John Platter (www.wineonaplatter.com) erscheint jedes Jahr neu. Darin werden alle Weingüter des Landes beschrieben und die Weine bewertet. Außerdem findet man viele Informationen zu Restaurants und Übernachtungsmöglichkeiten.

SO SCHMECKT SÜDAFRIKA: SPRINGBOK-CURRY

ZUTATEN

125 ml Olivenöl
4 Zwiebeln, fein gewürfelt
3 Tomaten, fein gehackt
1 kleine Karotte, gerieben
2 grüne Chilischoten, fein gehackt
1 EL Knoblauchpaste (alternativ: 3 fein gehackte Knoblauchzehen)
2 EL Ingwerpaste (alternativ: 1 EL fein gehackter Ingwer)
1 gehäufter EL Garam Marsala
1 EL gemahlener Kreuzkümmel
1 TL Chilipulver
1 kg Springbok-Fleisch (Rückenstück oder Springbok-Gulasch), in Würfel geschnitten
1 kleiner Bund Koriander, fein gehackt
Salz und frisch gemahlener Pfeffer

Ein typisch südafrikanisches Rezept muss fast zwangsläufig mit Wildfleisch zubereitet werden und fast ebenso zwangsläufig auf dem Grill, das ist sowohl schwarzafrikanische als auch burische Tradition. Das aber ist in europäischen Breiten nicht immer möglich. Da empfiehlt sich als Alternative dieses schmackhafte Curry, das die beiden großen Esskulturen Südafrikas, die *afrikaanse* und die indische, harmonisch vereint und einfach zuzubereiten ist. Im Internet finden sich verschiedene Anbieter für tiefgefrorenes Wildfleisch, z. B. www.kudufleisch.de oder www.jacobsen-fleisch.de.

ZUBEREITUNG

In einer großen Pfanne oder einem Bräter das Öl erhitzen und die Zwiebeln darin 15 Minuten weich dünsten. Danach bestreut man sie mit 1 TL Salz, damit sie Wasser lassen. Nun die gehackten Tomaten und die geriebene Karotte hinzufügen und unter Rühren so lange dünsten, bis sich eine Art Sauce bildet. Anschließend die grünen Chilischoten, die Knoblauch- und die Ingwerpaste in die Sauce rühren, danach Garam Marsala, Kreuzkümmel und Chilipulver hinzufügen. Erst jetzt das gewürfelte Springbok-Fleisch hinzufügen und mit so viel Wasser aufgießen, bis das Fleisch bedeckt ist. Zum Schluss mit gemahlenem Pfeffer würzen und das Curry auf kleiner Flamme etwa fünf Stunden köcheln lassen, bis das Fleisch zart ist. Nach Bedarf immer wieder etwas Wasser aufgießen. Vor dem Servieren noch einmal mit den Gewürzen abschmecken und mit Koriander bestreuen. Mit Reis oder Naan-Brot servieren. *Lekker* würden die Südafrikaner sagen!

KAAPSE KERRIEVIS (FISCH-PICKLES)

ZUTATEN

3,5 kg festes Weißfisch-Filet (möglichst Kabeljau oder Makrele), in Stücke geschnitten
Öl oder Schmalz zum Anbraten
8 große Zwiebeln, in feine Ringe geschnitten
4 EL Currypulver
2 l milden Essig (kein Weinessig)
100 g Zucker
2–3 frische, scharfe Chilischoten (je nach Schärfewunsch mit oder ohne Kerne), in feine Ringe geschnitten
2 TL Salz
1 TL weiße Pfefferkörner (alternativ: schwarze)
4–6 EL Aprikosenmarmelade

Eingelegter Fisch ist ein typisch südafrikanisches Rezept mit Wurzeln in der Ära der ersten Siedler und Voortrekker. Fisch haltbar zu machen ist nicht so einfach; ihn in einer Essigmarinade aufzubewahren, ermöglichte es früher den Familien, Fisch auf ihren langen Reisen mitnehmen. Später avancierte *Kaapse kerrievis* zwischen zwei Brotscheiben zur praktischen (nicht verderblichen) Brotzeit für die Schulkinder. Heute kann man Kaapse kerrievis fertig in Dosen im Supermarkt kaufen, aber wozu? Die Zubereitung ist einfach, und erfahrene Köche/Köchinnen können diesem Basisrezept durch Beigabe von Gewürzen wie Koriander einen persönlichen Touch geben. Dieses Rezept reicht für eine Großfamilie, man kann die Mengenangaben nach Belieben halbieren oder vierteln. Wichtig ist nur: Das Fischfleisch muss wirklich fest sein!

ZUBEREITUNG

Den Fisch mit Öl (oder Schmalz) in einer großen Pfanne gut anbraten, herausnehmen und beiseitestellen. Im heißen Öl nun die Zwiebeln dünsten aber darauf achten, dass sie nicht braun werden. Sobald sie glasig sind, die Zwiebeln mit einem Schaumlöffel aus der Pfanne nehmen und zur Seite stellen. Nun für die Marinade die restlichen Zutaten im Öl erhitzen und auf großer Flamme ca. 6 Minuten kochen. Danach die Marinade abkühlen lassen. Den Boden einer großen Schale mit etwas Marinade bedecken und eine Lage Fisch darauflegen. Den Fisch mit Marinade bedecken, darauf einer Lage Zwiebeln und erneut Marinade geben. Den Vorgang Lage für Lage wiederholen. Die letzte Lage sollten aus Zwiebeln bestehen. Die Schale gut abgedecken für zwei bis drei Tage in den Kühlschrank stellen. Gegessen wird *Kaapse kerrievis* am besten zu frischem Brot.

ESSEN GEHEN MIT DEM BESONDEREN FLAIR

Höchster Genuss im Buitenverwachting Wine Estate

Wo sonst stehen Ihnen nicht nur alle Küchen Afrikas, sondern dazu auch noch des indischen Subkontinents und Südostasiens offen, gewürzt mit französischen Esprit, englischer Etikette und burischer Bodenständigkeit? Essen gehen in Südafrika ist wie eine Reise durch die Kochtöpfe der ganzen Welt! Und diese einmalige Chance sollte man sich auf gar keinen Fall entgehen lassen!

DIE UNGEWÖHNLICHSTEN RESTAURANTS

Im **Africa Café** in der Shortmarket Street in Kapstadt sind viele Kulturen Afrikas mit ihren typischen Gerichten vertreten. Starten Sie mit einem Potpourri von Vorspeisen aus Zimbabwe, Marokko, Kenia und Mozambique – und natürlichen den frittierten Brotbällchen *Vetkoek* aus Südafrika. Dazu heizt afrikanische Live-Musik die Stimmung an. › S. 231

Biesmiellah serviert seit über 40 Jahren kapmalaiische Gerichte in Kapstadts Trendviertel Bo Kaap. Da war ein gründliches Facelifting fällig – äußerlich und auch was Textur und Würze von Currys, *Denningvleis* und *Boboties* angeht. Seither noch delikater und sehr fancy! › S. 231

Im Restaurant des Weinguts **Buitenverwachting** inmitten der Constantia-Berge umgibt den Gast die Nostalgie eines kapholländischen Herrenhauses. Der Küchenchef präsentiert traditionelle afrikaanse Wildgerichte mit österreichischer Nonchalance. Exzellente Küche und wunderbare Weine! › S. 232

Wo sonst als am Hafen sollte man frischen Fisch bestellen? Der **Mariners Wharfside Grill** in Hout Bay ist urgemütlich, mit maritim dekoriert und sehr lässig. Er gilt als eines der besten Fisch- und Seafood-Restaurants Südafrikas. › S. 235

Das Hotel Grande Roche im Paarl Valley hat mit dem Küchenchef des **Bosman's** einen Koch der Extraklasse an das Haus gebunden. Virtuos verwandelt er regionale Basics wie *Springbok* oder *Linefish* in explosive Geschmackserlebnisse – das Ganze auf einer Hügelkuppe mit Fernsicht übers Weinland. › S. 237

Das **Moyo** am Melrose Arch ist Treffpunkt der schwarz-weißen Yuppie-Szene in Johannesburg und zelebriert das Südafrika von morgen mit schicker urbaner Küche. › S. 139

Bei der kulinarischen Reise durch Südafrika steht ein Halt in Nordindien auf dem Programm: In Durbans Vorort Umhlanga Rocks serviert das **Kashmir** indische Köstlichkeiten mit Blick aufs Meer. › S. 279

Wer sich nach authentischer französisch-belgischer Küche sehnt – natürlich mit südafrikanischen Ingredienzien –, ist bei **La Madeleine** in Pretoria richtig. › S. 292

Lust auf Goldgräberstimmung? Im originellen **Digger's Den** in Pilgrim's Rest wird schnörkellose Burenkost aus Emailpfannen und Eisentöpfen gelöffelt. › S. 295

Durchblick in Sea Point, Kapstadt

Ein Könner auf dem Ponit Break in Noordhoek

AKTIV SEIN IST ALLES

Es muss ja nicht gleich ein Bungeesprung von der Bloukrans-Bridge, ein Tauchgang mit Haien oder adrenalinlastiges Whitewater-Rafting im Blyde River Canyon sein – Südafrika-Besuchern bieten sich so viele andere Möglichkeiten, das Land aktiv zu erfahren. Guided Bush Walks in den Nationalparks, Wandern am Tafelberg, Mountainbiken durch ein Township, Surfen am Pazifik, Golfspielen auf fantastischsten Fairways, Reiten auf einem Vogel Strauß, Safaris auf Elefantenrücken – ein Regenbogen von Aktivitäten erwarten den Gast in so gut wie jeder Region des Landes. Deshalb gehören stabile (Wander-)Schuhe unbedingt ins Reisegepäck. Bleibt nur die Qual der Wahl! Unbedingt ausprobieren sollte man eine Safari zu Fuß – näher kommt man der Wildnis nicht. Und Golf-Enthusiasten sei dringend empfohlen, ihrem Sport auch in Südafrika zu frönen – Einputten zwischen Wildtieren ist ein besonderes Erlebnis.

AUF ZUR SAFARI!

Der Begriff »Safari« fällt in Südafrika nur selten. Man geht nicht auf Safari, sondern zum *Game Drive*. Darunter verstehen die Südafrikaner die Fahrt auf einem zumeist offenen Geländewagen durch ein Naturschutzgebiet, um möglichst vielen verschiedenen Wildarten zu begegnen. Dafür startet man morgens meist sehr früh, manchmal noch vor Sonnenaufgang, oder alternativ am späten Nachmittag. Neben dem Fahrer ist fast immer ein erfahrener Fährtenleser dabei, der Wildspuren identifiziert und interpretiert sowie nach Wild Ausschau hält. War das Löwenmännchen gestern Abend an der Wasserstelle oder ist es vor zehn Minuten vorbeigekommen? Dann nämlich könnte es noch irgendwo fast unsichtbar unter einer Akazie lagern. Auf den Instinkt und das scharfe Auge der erfahrenen Einheimischen kommt es an, ob ein Game Drive erfolgreich ist. Für die zahlenden Passagiere bedeutet Erfolg natürlich die Begegnung mit einigen der Big Five, möglichst mit Elefanten, Löwen und Nashörnern. Wichtig ist, dass man bei einem Game Drive strikt alle Anweisungen der Guides befolgt und sich leise verhält. Das Aussteigen aus dem Fahrzeug ist streng verboten. Game Drives bieten sowohl so gut wie alle Nationalparks als auch die privaten Schutzgebiete an. Auch auf vielen Gästefarmen kann man einen Game Drive (oder besser eine Farmrundfahrt) unternehmen.

Bei einer **Pirschwanderung** oder *Guided Bush Walk* ist das Naturerleben ungleich intensiver. Zu Fuß pirscht man unter Führung eines oder zweier erfahrener Guides durch den Busch und kann sich dem Wild so weitaus besser nähern. Geschick der Guides und absolute Disziplin der Gruppe sind dabei unabdingbar. Für den Notfall sind die Guides bewaffnet. Ein- und mehrtägige Wandersafaris im Krüger-Nationalpark organisiert beispielsweise Tsakane Walking Safaris [J3] (Tel. 015/793 0719, www.transfrontiers.com).

Pirschwanderungen mit San kombinieren Naturerleben mit der faszinierenden Kultur und dem Wissen dieses uralten Jäger- und Sammlervolkes. Die Guides führen vor, wie ihre Vorfahren (und teils auch sie) Wild aufspüren, den Spuren folgen, es in die Enge treiben und sodann mit Pfeil und Bogen erlegen – letzteres natürlich symbolisch. Daneben präsentieren sie essbare Pflanzen und Wurzeln und berichten, wie sie diese nützen. San-Wanderungen organisiert beispielsweise die !Xaus Lodge im Kgalagadi Transfrontier Park (91st Dune, off the Auob River Rd., Tel. 021/701 7860, www.xauslodge.co.za).

Wer auch im Krüger-Nationalpark nicht auf das geliebte **Mountainbiken** verzichten möchte, wähle Olifants Camp im nördlichen Teil als Standort. Von hier führen mehrere gut ausgebaute Trails zu verschiedenen Beobachtungsstationen, an denen man Wild sehen kann. Die Teilnehmer werden von zwei bewaffneten Field Guides begleitet, Bikes und Ausrüstung stellt der Nationalpark. Eine Anmeldung zwei Tage im Voraus ist erforderlich (Tel. 013/735 6606, www.krugerpark.co.za/Kruger_National_Park_Lodging_&_Camping_Guide-travel/#Guided_Safari).

Die Begegnung von Pferden mit Elefanten oder anderen Wildtieren verläuft erstaunlich entspannt. Eine mehrtägige **Horseback Safari** beispielsweise durch die Karongwe Private Game Reserve, die an den Krüger-Nationalpark grenzt, ist ein besonders naturnahes Erlebnis (www.pferdesafari.de/waitalittle).

Giraffen bewahren immer den Überblick

ÜBER STOCK UND STEIN UND DURCH BERG UND TAL

Die schönsten Landschaften am Südende des afrikanischen Kontinents locken mit mehr als 300 km markierter Wanderwege. Manche eignen sich für eine kleine Tagesexkursion, andere erschließen als Hikingtour in mehreren Tagen unberührte Naturreservate. Die meisten der Weitwanderwege sind sehr gut ausgezeichnet und in Tagesetappen organisiert, an deren Ende jeweils eine einfache oder komfortablere Unterkunft auf den Wanderer wartet. Generelle Informationen zum Wandern finden sich auf den Webseiten der Hiking Federation, www.linx.co.za/trails, und des Mountain Club of South Africa, www.mcsa.org.za.

Von Kapstadt aus bietet sich eine Wanderung auf den **Tafelberg** an, doch Vorsicht, die Tour ist nicht ohne. Denn das tückische am Tafelberg ist das Wetter, das sehr schnell umschlagen kann. Mehrere Wege führen auf das Plateau; der beliebteste ist der sehr aussichtsreiche, malerische Skeleton Gorge Hiking Trail (6,2 km), der ausgehend von den Kirstenbosch Nat. Botanical Gardens auf dem ersten Stück durch Wald und später mit Blick auf Kapstadt und die Küste bergauf mäandert. Rund 8 Stunden sollte man für den Hin- und Rückweg rechnen (www.tablemountainwalks.co.za/walks.html)

Ein Klassiker ist der **Otter Trail** an der Garden Route. Für die rund 45 km von Storms River Mouth nach Nature's Valley kalkuliert die Naturschutzbehörde 5 Tage mit Übernachtungen in einfachen Hütten. Die Wanderer folgen der wild zerklüfteten Küstenlinie, erklettern bis zu 150 m hohe Felsklippen und steigen wieder ab, um die sandigen Flussmündungen zu durchqueren. Einfacher als diese sehr anspruchsvolle Tour ist der 17 km lange **Dolphin Trail**, der den landschaftlich schönsten Teil des Tsitsikamma National Park in drei Tagen durchquert und die Tagesetappen mit Übernachtungen in komfortablen Bed & Breakfasts krönt.

Rund um die **Magoebaskloof** oberhalb des Städtchens Tzaneen in der Provinz Limpopo erwarten den Wanderer mehrere zwei- bis sechstägige Wanderungen durch subtropischen Wald, zu Wasserfällen und Gumpen. Mit etwa 100 km ist die längste Strecke sehr anspruchsvoll, aber die zweitägigen Touren sind auch gut für Familien geeignet. Neben einer Vielzahl von Vögeln begegnet man auch Buschschweinen, Buschböckchen und Meerkatzen (www.magoebasklooftourism.co.za/hiking.php)

Sport & Aktivitäten

Ein Muss für Bergsteiger sind die **Drakensberge;** für Einsteiger empfiehlt sich hier der **Amphitheatre Heritage Hike,** der bequem in drei Tagen die 1200 m Höhenunterschied auf die Felskante des Amphitheaters bewältigt. Als geführte Tour lässt er sich bei Drakensberg Hikes (www.drakensberghikes.co.za) buchen.

Eine Tour zu den Naturwundern rund um den **Blyde Canyon** in Mpumalanga ist der 60 km lange Blyderivierspoort Hiking Trail, der spektakulär am God's Window startet und je nach Lust und Laune drei bis fünf Tage dauert (60 km max. Länge). Organisiert wird dieser Hike u.a. von Thaba Tsweni Lodge & Safaris (Tel. 013/767 1380).

Einladung zur Badepause auf dem Otter Trail

ÜBER WELLEN FLIEGEN ODER ABTAUCHEN

2500 km Küste am Atlantischen und Indischen Ozean, dazu wild rauschende Flüsse – an Wassersportgelegenheiten herrscht in Südafrika kein Mangel. Als Surfparadies ist das Land am Kap ja weltberühmt, und dass man hier mit Haien tauchen kann, hat sich auch herumgesprochen. Aber vielleicht haben Sie ja Lust, mit dem Seekajak die Bucht von Paternoster zu erkunden?

Wenn es um **Strand und Baden** geht, fällt die Wahl nicht schwer: Am beliebtesten zum Schwimmen ist die Ostküste am warmen Indischen Ozean. Im subtropischen Norden von Kwa-Zulu-Natal ist das ganze Jahr Badesaison (durchschnittl. 24 °C Wassertemperatur), an der Garden Route und am Kap von Oktober bis April, wobei die Wassertemperaturen dort auch in dieser Zeit eine Herausforderung darstellen. Zwischen Port Edward und East London und um Port Elizabeth findet man einsame Strände, doch werden an Flussmündungen ab und an Haie gesichtet. Die Strände um Durban sind mit Hainetzen gesichert.

Surfer, vor allem Anfänger, mögen die geschützte Algoa Bay bei Port Elizabeth und die Plettenberg Bay an der Garden Route; Jeffrey's Bay, Nahoon Point (East London) und das Kap sind bei Profis beliebt. Beste Bedingungen herrschen von Oktober bis April; der Dezember ist für Windaussetzer bekannt (www.wavescape.co.za). **Wind-** und **Kitesurfer** finden in Langebaan 125 km nördlich von Kapstadt ein

Sport & Aktivitäten

Riesen-Seestern im Visier

topmodernes Wassersportzentrum mit bester Ausrüstung und erfahrenen Instruktoren. Und an Wind mangelt es hier an der Westküste selten (www.capesports.co.za).

Taucher kommen vor allem im iSimangaliso Wetland Park 300 km nördlich von Durban auf ihre Kosten; in der dortigen Sodwana Bay locken Korallengärten mit Höhlen und Überhängen. Wer Glück hat, wird im Sommer von Delfinen, im Winter von Walen begleitet. Gansbaai ist das Zentrum für **Cage Diving,** bei dem der Taucher sicher durch einen Käfig geschützt den gefürchteten Weißen Haien ganz nahe kommt (www.sharkcagediving.net).

Die stille Bucht von Paternoster an der West Coast ist ein ideales Übungsareal für alle, die das erste Mal mit einem **Seekajak** unterwegs sein möchten. Langweilig wird es garantiert nicht, denn häufig halten sich Wale, Delfine und Seelöwen in der Bucht auf (Kontakt über Louise Malherbe, Tel.083/795 4198). Weniger besinnlich, dafür aber ein richtig nasses Vergnügen ist **Wildwasserfahren** in den Drakensbergen rund um den Cathedral Peak. Anfänger dürfen in ruhigen Gewässern einen Schnupperkurs machen; erfahrene Kanuten testen ihr Geschick am Mlambonja River bei einer Wildwasserfahrt im Schwierigkeitsgrad 2–3 (www.adventurecentre.co.za).

Die Garden Route von oben wäre auch eine sportliche Alternative. Im **Tandem** mit einem erfahrenen Piloten am **Gleitschirm** hängend schwebt man über der wilden Küste und den tief eingeschnittenen Schluchten. Wilderness ist ein Zentrum der **Paraglider,** in dem mehrere Agenturen Wagemutige sicher vom hoch gelegenen Startpunkt zurück auf den Boden bringen (www.cloudbase-paragliding.co.za).

Kajakfahrer im Schatten des Lion's Head

AUF ZWEI RÄDERN UND MIT MUSKELKRAFT

Südafrika per Rennrad oder Mountainbike zu bereisen ist ein Abenteuer für Radspezialisten, die große Entfernungen, teils heftigen Verkehr oder entlegene Gegenden nicht scheuen. Da man so gut wie überall Räder leihen kann, bieten sich für Hobbyradler als Alternative kürzere Touren an.

Eine der schönsten Strecken führt von Kapstadt ans **Kap der Guten Hoffnung** (ca. 62 km), dem südwestlichsten Punkt Afrikas. Empfehlenswert ist es, an der Ostseite der Kap-Halbinsel, vorbei an Muizenberg und Simon's Town, nach Süden zu fahren und für den Rückweg die Westküste (weitere 75 km) zu wählen. Strände, dramatische Natur und hübsche Ferienstädtchen liegen auf dem Weg. Organisierte Touren veranstaltet Cape Town Safaris (www.capetownsafaris.com).

Aufgrund ihres sanft hügeligen Charakters eignen sich die **Cape Winelands** zum ganz entspannten Radeln von Weingut zu Weingut. Bikes n' Wines organisiert hier Ganztagestouren mit Transfer von Kapstadt aus. Die Route ist nur 10 km lang, verläuft aber zumeist auf Schotterstraßen, weshalb mit Mountainbikes gefahren wird. Weinverkostungen auf drei Weingütern sorgen zusätzlich für den richtigen Schwung (www.bikesnwines.com).

Um bei Kapstadt zu bleiben: Wie wäre es mit einer Fahrradtour durch das **Township Khayelitsha**? Die Teilnehmer erleben die besondere Atmosphäre viel intensiver und kommen auch leichter in Kontakt mit den Bewohnern. Verschiedene Anbieter haben Township-Touren im Programm; empfehlenswert ist u. a. Ubuntu (www.townshipbiketour.com/).

Im Tsitsikamma National Park an der Garden Route lockt Mountain Biker das 22 km lange Abenteuer der **Storms River Village Mountain Biking Route**. Sie führt von Storms River Village über den Storms River Pass, entlang der alten Nationalstraße, die 1955 durch den Bau der Brücke überflüssig wurde. Auf 5 km geht's durch dichte Waldwildnis steil 150 Höhenmeter bergab zum Fluss mit Bademöglichkeit und dann in einem Bogen ein Stück am Fluss entlang und wieder hinauf zum Plateau (www.tsitsikamma.info/listing/storms_river_village_mountain_biking).

Auch in vielen anderen Regionen wie etwa den Drakensbergen besteht die Möglichkeit, an geführten Rad- oder Mountainbike-Touren teilzunehmen (z. B. bei www.alloutadventures.co.za/mountain-biking/). Selbst in einigen Nationalparks werden Mountainbike-Touren veranstaltet (z. B. Krüger Nationalpark, › **S. 297**).

Nur für Trainierte:
Radtour am Tafelberg

EASY RIDER

Ein Land mit so vielen Bergpässen und Panoramastraßen ist wie gemacht für passionierte Motorradfahrer. Die wenigsten werden ihre Maschine nach Kapstadt verschiffen oder gar den ganzen schwarzen Kontinent durchqueren, folglich bleiben nur zwei Möglichkeiten: Ein Motorrad leihen, was bei mehreren Verleihfirmen möglich ist, oder sich einer organisierten Motorradtour anschließen. Achtung: Die Einfahrt mit dem Motorrad ist in vielen Nationalparks nicht erlaubt (u. a. in Krüger).

Die sicherlich beliebteste und bekannteste Serpentinenstraße **Chapman's Peak Drive** reizt nicht nur Autofahrer. Auch für Biker ist die 9 km kurze Route auf der Kap-Halbinsel ein Muss!

Durch den **Golden Gate National Park** mit seinen Felsbildern und bizarren Graniterosionsformen führt die R712 zwischen Harrismith und Clarens; die 90 km lange Strecke ist asphaltiert, aber Vorsicht vor Schlaglöchern!

Eine der spektakulärsten, jedoch weniger bekannten Motorradrouten ist die 126 km lange Strecke von Oudtshoorn über den **Swartberg Pass** mit dem 40 km langen Abstecher in die Gamaskloof (The Hell). Eine grandiose einsame Berglandschaft, Schotterstraßen, Flussquerungen und fantastische Panoramen sind die Highlights der zweitägigen Off-Road-Tour.

Nördlich der Hauptstraße R617 von Howick nach Underberg, etwa 140 km landeinwärts von Durban am Fuß der Drakensberge verläuft die alte, nicht asphaltierte Landstraße **Lotheni Road** zwischen den Dörfern Nottingham Road und Himeville. Rechts steigt die Wand der Drakensberge zum Königreich Lesotho in den Himmel und nach links senkt sich die Hügellandschaft dem Indischen Ozean zu. Rund 100 km und etwa 2 Stunden reinstes Fahrvergnügen!

Motorradverleih:

Karoo Biking
Loft 4, Five Howe St.
7925 Observatory, Cape Town
Tel. 082/533 6655 | www.karoo-biking.de
Niederlassungen in Kapstadt, Johannesburg, Durban, Port Elizabeth (BMW)

GS Africa City Centre
506 The Studios
112 Buitengracht St., Cape Town
Tel. 082 904 8228 | www.gsafrica.com
Niederlassungen in Kapstadt, Johannesburg, Durban (BMW und Harley Davidson)

Motorradrundreisen durch Südafrika bieten verschiedene Unternehmen an. Hier zwei empfehlenswerte Adressen:
South African Motorcycle Tours [C8]
Constantia/Kapstadt
Tel. 05231/58 02 62 (in D)
www.sa-motorcycle-tours.com

Sama Tours
59 Charles Jackson St.
Weavind Park, Pretoria
Tel. 012/804 3805 | www.samatours.co.za

Südafrika ist Bikerparadies

Der erste Golfplatz wurde 1882 in Wynberg eingeweiht; inzwischen gibt es mehr als 500. Einen geographischen Schwerpunkt bilden Western Cape und die Garden Route, doch auch im Osten und Norden des Landes sind faszinierende Golfanlagen zu entdecken. Viele ähneln mittlerweile kleinen Städten, weil so gut wie jedes neue Golfresort mit Eigentumswohnanlagen und Ferienvillen erschlossen wird. Dank des milden Wetters eignet sich Südafrika nahezu das ganze Jahr über als Destination für Golfspieler. Durch den günstigen Wechselkurs für den Rand sind die Greenfees durchwegs niedriger als in Mitteleuropa und bewegen sich um 120 R für eine 9-Loch-Runde. Die meisten Clubs empfangen auch Nicht-Mitglieder; die Ausrüstung kann man überall leihen.

DIE TOP-GREENS

Zu den Top-Favoriten der Golfszene in Südafrika zählen die beiden 18-Loch-Courses in **Sun City** (www.sun-city-south-africa.com/golf/), die drei **Fancourt**-Plätze in George an der Garden Route (www.fancourt.com) und **Zimbali Estate** nördlich von Durban (http://zimbali.com). Einige dieser Plätze sind Mitgliedern vorbehalten, reservieren in spielschwachen Zeiten aber auch für Nichtmitglieder Teetimes, in denen diese spielen können. Von Jahr zu Jahr finden in Südafrika mehr internationale Golfwettbewerbe statt. In Sun City, wo sich am 13. Loch Krokodile tummeln, wird jedes Jahr das »Million-Dollar-Tournament« ausgetragen.

GOLF UND SAFARI

Golf und Safari lassen sich in Südafrika wunderbar verbinden, denn viele Golfplätze liegen entweder direkt angrenzend an Wildparks oder gar mittendrin. So beispielsweise der 9-Loch-Platz **Skukuza** im Krüger-Nationalpark beim gleichnamigen *Rest Camp*. Der Platz ist nicht eingezäunt, deshalb wundert es auch nicht, wenn ein Elefant vorbeitrottet (Tel. 013/735 5543, www.

sanparks.org). Angrenzend an den Krüger-Nationalpark bietet der 18-Loch-Course **Leopard Creek** gepflegtes Golfvergnügen am Rande der Wildnis (Tel. 013/791 2000, http://leopardcreek.co.za). Ein Wildparadies erwartet den Golfer auf dem 18-Loch-Platz des **Hans Merensky Hotel & Spa** in Phalaborwa (Tel. 015/781 3931, www.hansmerensky.com). Man muss sich allerdings erst einmal daran gewöhnen, die Wasserhindernisse mit Nilpferden und die Fairways mit Giraffen oder Impalas zu teilen.

GOLF MIT AUSSICHT

Die meisten Plätze sind mit traumhaft schöner Panoramalage gesegnet: In **Milnerton** bei Kapstadt spielt man mit Blick auf Kapstadt und den Tafelberg (Tel. 021/552 1047, www.

Sport & Aktivitäten

AUF DEM FAIRWAY

Einputten am Südzipfel Afrikas ist ein besonderes Vergnügen

milnertongolf.co.za). Der **Oubaai Golf Club** bei George an der Garden Route (Tel. 044/851 1234, http://theoubaaigolfer.greensidegolfer.com/) stellt Spieler vor eine schwierige Entscheidung: Was ist dramatischer, der Blick auf die Outeniqua Mountains oder auf den Indischen Ozean oder gar auf die Wale, die vorbeiziehen? Beim **Wild Coast Sun Country Club** 170 km südlich von Durban sind Dünen und Meer im Blickfeld (Tel. 039/305 9111, www.suninternational.com).

GOLF EXTREM

Wenn Sie schon immer auf einem Platz spielen wollten, der sogar Profis in die Verzweiflung treibt, ist **The Legend Golf and Safari Resort** zwischen Pretoria und Polokwane der richtige Ort (Tel. 012/443 6700, www.legendhospitality.co.za): Hier findet sich das längste (587 m Luftlinie) und höchste (430 m Höhenunterschied) Par-3 der Welt. Angesteuert wird der Abschlag per Hubschrauber, denn er befindet sich auf einer steilen Klippe des Hangklip Mountain. Das Green darunter hat übrigens die Umrisse des afrikanischen Kontinents. Noch ist es niemandem gelungen, hier ein Hole-in-One zu schlagen. Wer es als erster schafft, erhält die stolze Summe von 1 000 000 $.

(Aktuelle Golfinformationen: South African Golf Association, www.saga.co.za, www.suedafrika-golf.de)

Im Vogelflug über den West Coast National Park

ZWISCHEN HIMMELBETT UND SAFARIZELT

Heute in einem reizvollen Bed & Breakfast aufwachen, morgen in einem durchgestylten kapholländischen Weingut absteigen, übermorgen das Zelt in einem einfachen Nationalpark-Camp aufschlagen und den Tag darauf in einer Fünf-Sterne-Luxuslodge mit Blick auf Elefanten und Giraffen nächtigen – alles ist möglich in Südafrika. Die Auswahl an Hotels, Lodges, Gästehäusern, Hostels und Zeltplätzen ist groß, und die Preise liegen bis zu einem Drittel unter denen vergleichbarer Häuser in Europa.

Auch wenn es verlockend erscheint, mal hier abzusteigen oder dort eine Nacht länger zu bleiben, ist dringend angeraten, die Übernachtungen zumindest an den großen touristischen Highlights vorab zu reservieren. Denn auch die Südafrikaner reisen gerne. Zu den Ferienterminen und in der Hochsaison (Ostern, Juli, Oktober bis Februar) sind die Unterkünfte besonders an der Küste und in den Wildreservaten schnell ausgebucht.

Mit Dachzelt findet man überall Unterkunft

Luxus im Busch: Makweti Private Lodge

Unterkünfte

HOTELS, HOSTELS UND LODGES

Neben internationalen **Hotelketten** wie z. B. Hilton (www.hiltonhotels.de/suedafrika) sind auch nationale wie etwa City Lodge (https://clhg.com) oder die Protea-Hotels (protea.marriott.com) in allen großen Städten und auch in zahlreichen kleineren touristischen Orten vertreten. Individueller und mit weitaus mehr landestypischem Flair übernachtet man in **Boutiquehotels.** Die Zimmer kosten zwar meist etwas mehr als in den Standardhotels, dafür sind sie aber außerordentlich liebevoll oder mit besonderem Geschmack eingerichtet. Auch die Verpflegung – vielen dieser Häuser ist ein gutes Restaurant angeschlossen – hat deutlich höheres Niveau. Wer persönlichen Service bevorzugt, ist in einer der vielen **Bed & Breakfast**-Unterkünfte richtig. Der Kontakt zu den Gastgebern vermittelt viel Wissenswertes über das Land (www.bnbfinder.co.za). Einheitlich in die Kategorien Ein- bis Fünfsterne klassifiziert sind die Unterkünfte durch das Tourism Grading Council of South Africa (TGCSA, www.tourismgrading.co.za).

Von Jahr zu Jahr steigt das Angebot günstiger **Hostels** in den größeren Städten. Viele bieten neben Mehrbettzimmern auch günstige Doppelzimmer mit eigenem Bad und stellen so eine preiswerte Alternative zu den Hotels dar. Einige Hostels haben sich in den sichereren Vierteln der Townships angesiedelt und ermöglichen so eine authentischere Begegnung mit dem Leben der schwarzen Südafrikaner. Buchungsportale wie www.hostelworld.com oder www.coastingafrica.com vermitteln die Unterkünfte.

Die meisten **Lodges** liegen häufig etwas außerhalb der Städte in landschaftlich schöner Lage oder in einem privaten Wildpark mit großem Tierbestand. Viele bieten ein Rundumpaket, das nicht nur Übernachtung und Frühstück, sondern Halbpension sowie einen oder zwei Game Drives einschließt. Dies sollte man bei Preisvergleichen berücksichtigen.

In der **Portfolio Collection** sind ausgesuchte Gästehäuser, Landhotels, Lodges und Pensionen aus den unterschiedlichsten Preissegmenten zusammengeschlossen; jeder Betrieb bietet etwas Besonderes (z. B. ausgesprochen schön gelegen oder in der Ausstattung herausragend) und ist deshalb als Unterkunft empfehlenswert (Tel. 021/250 0015, www.portfoliocollection.com).

Den besten Überblick über südafrikanische Unterkünfte bietet die englischsprachige Website www.sa-venues.com. Unter den Menüpunkten »Accomodation« und »Hotels« lässt sich nach Regionen, Interessen, besonderen Voraussetzungen etc. unter allen in Frage kommenden Angeboten auswählen.

ZU GAST AUF DER FARM ODER IM NATIONALPARK

Eine angenehme Einrichtung ländlicher Regionen sind **Gästefarmen**. Meist handelt es sich um richtige landwirtschaftliche Betriebe, die einige Gästezimmer vermieten. Der persönliche Kontakt zum Gastgeber ist hier wichtiger als der Komfort oder die Lage, denn beim gemeinsamen Frühstück oder Abendessen kommt das Gespräch automatisch auf landesspezifische Themen und Probleme. Der Gast lernt so sehr viel über Land und Leute, muss aber auch damit rechnen, mit ideologisch eher konservativen Vorstellungen konfrontiert zu werden. Häufig bieten Gästefarmen verschiedene Aktivitäten wie Wandern, Vogelbeobachtung etc. an. Auf einigen besteht auch die Möglichkeit, sein eigenes Zelt aufzubauen.

Wer europäische **Campingplätze** wegen der drangvollen Enge eher meidet, wird Südafrikas Camps lieben. Die Stellplätze sind sehr großzügig bemessen, und zu jedem gehört ein Grill, denn ohne *braai* geht es auch in den Ferien nicht. Im Winkel, dem Laden des Camps, bekommt man Feuerholz, Grillfleisch und Getränke. Auf vielen der über 800 meist gut ausgestatteten und schön gelegenen Camping- und Caravanplätze stehen auch Holzhütten (*Rondavels*) zur Verfügung. (Infos: www.caravanparks.com).

Jacaranda beschatten die Norwood-Gästefarm

Die Unterkünfte in den **Nationalparks** sind in der Regel günstig und sehr komfortabel. Die Bandbreite reicht von luxuriösen Chalets über einfache Bungalows bis zu rustikalen Selbstversorgercamps und Campingplätzen. In viel besuchten Parks wie dem Krüger-Nationalpark muss man einige Monate im Voraus reservieren. In diesen Camps gelten strenge Verhaltensregeln. Da die meisten im Wildgebiet liegen und deshalb eingezäunt sind, sollte man sich unbedingt an die Öffnungszeiten der Zugangstore halten, um bei der Ankunft nicht vor verschlossenen Türen zu stehen. Auch die Ausfahrt am Morgen ist reglementiert. **South African National Parks** in Pretoria unterstehen 19 Nationalparks, die auf www.sanparks.org vorgestellt werden (Tel. 012/428 9111). **Ezemvelo KZN Wildlife** in Pietermaritzburg verwaltet ca. 80 Wildschutzgebiete in Natal (Tel. 033/845 1000, www.kznwildlife.com).

Im Umfeld der großen Nationalparks wie Krüger liegen zahlreiche **private Schutzgebiete**. In diese darf nur einfahren, wer eine Unterkunft gebucht hat. So gut wie alle Camps und Lodges in privaten *Game Parks* sind sehr luxuriös, der Service und die Verpflegung auf höchstem Niveau, die angebotenen Game Drives von bester Güte und häufig gibt es direkt vor der Terrasse der Suite oder des Luxus-Safarizelts ein Wasserloch, zu dem das Wild kommt. Entsprechend teuer ist eine Übernachtung mit allem Drum und Dran (ca. 400 €/Pers. inkl. Vollpension und Safaris).

Nicht nur die Architektur, auch der Komfort, das Design und der Service spielen eine Rolle bei der Konkurrenz um den begehrten Titel des »schönsten Hotels Südafrikas«. Darüber hinaus ist natürlich die landschaftliche Lage ausschlaggebend.

EINE AUSWAHL DER SÜDAFRIKANISCHEN HOTELLERIE

Das preisgekrönte Hotel **Winchester Mansions** in kapholländischem Stil sticht an der schönen Promenade von Sea Point in Kapstadt weit heraus. › **S. 230**

Das Panorama des **Manna Bay** am Hang des Tafelberges über Kapstadt ist ebenso preiswürdig wie sein modernes Design.
www.mannabay.com

Das 1871 erbaute **Hout Bay Manor** wurde mit viel Gespür für Farben und Details liebevoll restauriert. Wohlfühloase fünf Minuten vom Strand in Kapstadt entfernt. › **S. 235**

Inmitten des Paarl Valley liegt das luxuriöse **Grande Roche** auf einem traumhaft schönen Weingut. Exzellentes Essen mit feinen Tropfen ist garantiert. › **S. 237**

Historische Kap-Architektur kontra modernes Design – im **Babylonstoren** bei Franschhoek verschmelzen diese Gegensätze zu einer faszinierenden Harmonie.
www.babylonstoren.com

Aus den Räumen des alten schlichten Familienhotels **Windsor** direkt an der Küste von Hermanus lassen sich Wale beobachten – absolut spektakulär. › **S. 239**

Durch *Fynbos* und über Klippen geht's zum sehr weißen und sehr schicken **Ocean Eleven Guesthouse,** dessen Zimmer sich in Hermanus alle dem Meer und den Walen zuwenden.
www.oceaneleven.co.za

Eine stimmungsvolle Übernachtung bietet das historische **Royal Hotel** in Pilgrim's Rest. Die viktorianischen Gebäude wurden hierher gebracht und original wieder zusammengebaut. › **S. 295**

In der **Motswari Lodge** inmitten des Timbavati Nature Reserve kommt Buschgefühl der Luxusvariante auf. Da hier Zäune fehlen, können die Tiere bis direkt an die Hütten herankommen. › **S. 297**

Wie in einem Luxus-Zuludorf, fühlt man sich in den mit afrikanischen Antiquitäten eingerichteten »Villas« der **Thanda Safari Lodge** in der Wildnis des Hluhluwe-Nationalparks.
www.thanda.com

Mit Blick auf die Walker Bay, umgeben von Fynbos-Vegetation und mit allem Komfort ist **Grootbos** der perfekte Retreat für ein paar entspannte Tage abseits des Rummels.
www.grootbos.com

Nicht nur die Herzen von Surfen schlagen im **Umzumbe Surf House** nördlich von Durban höher. Mit Surfmotiven dekorierte Zimmer, großer Garten, einsamer Strand und Hainetze.
www.surfumzumbe.co.za

Traumstrand voraus, Tropenwald im Rücken, dazwischen die **Thonga Beach Lodge** im iSimangaliso Wetland Park mit hübschen Bungalows und ganz großem Öko-Konzept.
www.thongabeachlodge.co.za

Luxus und Löwen satt bietet die **Singita Lebombo Lodge** beim Krüger-Nationalpark an der Grenze zu Moçambique.
www.thongabeachlodge.co.za

LUXUS UND ORIGINALITÄT UNTER DEM KREUZ DES SÜDENS

Sonnenuntergang auf der Grootbos-Lodge

Surferspaß vor Durban

SÜDAFRIKA ZUM MITNEHMEN

Zwei Meter hohe Holzgiraffen, mehrere Kilogramm schwere *Potjie*-Töpfe aus Eisenguss, kunstvoll geschnitztes Mobiliar – das alles wären tolle Souvenirs. Fragt sich nur, wie transportieren? Zum Glück gibt's genug kleinteiligeres Kunsthandwerk und schicke Designerstücke, die genauso dekorativ, nützlich oder exotisch sind und im Fluggepäck noch Platz finden. Hier ein paar Einkaufsadressen:

Kapstadt selbst ist ein einziges Shoppingparadies. So präsentieren sich rund um die Long Street kleine Boutiquen, Möbelläden und Antiquariate. Der **Pan African Market** bietet das umfangreichste Angebot afrikanischer Kunst. › S. 227. In die historische **Victoria & Alfred Waterfront** eingebettet ist das gleichnamige Einkaufszentrum am alten Hafen. Vor allem qualitativ hochwertiges Kunsthandwerk wartet hier auf den Kenner. › S. 228. Keramikdesigner, Kunsthandwerker, Fotografen, aber auch Delikatessenläden und Restaurants sind in der **Old Biscuit Mill [C8]** in Woodstock/Kapstadt versammelt (www.theoldbiscuitmill.co.za). Im **The African Music Store [b5]** wartet eine Riesenauswahl an südafrikanischer Musik, darunter natürlich Kwela (134 Long St., www.facebook.com/TheAfricanMusic Store). Und dass die Afrikaner das Recycling erfunden haben, wird spätestens am **Greenmarket Square** deutlich, wo allerlei Kunstvolles aus Dosen, Kronkorken, Draht, Plastikteilen und anderen Dingen, die normalerweise im Mülleimer landen, auf Käufer wartet.

Johannesburg boomt und damit auch das Shopangebot: Nahezu mediterran geht es rund um den **Mandela Square** im feinen Stadtteil Sandton › S. 272 zu. Hier lassen sich an Antiquitätenständen ganz individuelle Souvenirs entdecken. Ein multikulturelles Erlebnis bietet die **Oriental Plaza** in Downtown Johannesburg mit über 360 Geschäften mit feinen Stoffen und Düften asiatischer Gewürze. › S. 272. Ein bisschen unheimlich ist er schon, der **KwaZulu Muti Shop** › S. 270 in der Diagonal Street. Doch er verkauft nicht nur Heilkräuter und diverse magische Hilfsmittel, sondern auch Trommeln in jeder Größe.

Über Land: Die Ndebele sind nicht nur für die Malereien an ihren Häusern bekannt, sie stellen ebenso bunten Schmuck aus Perlen her. Im **Ndebele Cultural Village [G3]** von Mapoch 40 km westlich von Pretoria wird man fündig (www.ndebelevillage.co.za). Taschen und Jacken aus Leder sind in Südafrika wesentlich billiger als in Europa, groß ist die Auswahl an **Produkten aus Straußenleder** vor allem in Oudtshoorn › S. 257. **Aloe Cosmetics [D8]** stellt Kosmetikprodukte auf Basis der Kap-Aloe (Aloe ferox) her – fantastisch gegen Hautalterung und Sonnenbrand (7 Heidelberg Rd., Riversdale, zwischen Mossel Bay und Swellendam, Tel. 082/461 9071). Und last but not least: Holzarbeiten findet man auf den **Märkten** im ganzen Land. Gut ins Reisegepäck passen kleinen Tierfiguren, z. B. die *Big Five*.

Im Lesedi Cultural Village weben Zulu-Frauen traditionelle Strohteppiche

MARKTTAG

Märkte bieten die einmalige Gelegenheit, durch das Angebot an Produkten einer Region, ganz gleich ob Kunsthandwerk oder Kulinaria, zu stöbern und ausgefallene Mitbringsel zu entdecken. Einige Märkte finden täglich statt, andere an bestimmten Wochentagen. Neben den rechts aufgeführten großen und regelmäßig veranstalteten Events gibt es vielerorts lokale Märkte, über die Webseiten oder Regionalzeitungen informieren. Fragen Sie ruhig in Ihrer Unterkunft nach, ob etwas ansteht. Oft sind solche Märkte sehr atmosphärisch und reizvoll. Weniger authentisch sind Straßenmärkte an von Touristen häufig besuchten Orten. Dort ist zumeist eine relativ einheitliche Auswahl an Holzfiguren, Schnitzmasken etc. ausgestellt. Fast alle Verkäufer werden von Großhändlern beliefert, selten ist etwas Originelles dabei.

Märkte bieten ein Potpourri an Düften und Farben

Auf dem **African Craft Market** in Rosebank/Johannesburg findet man Kunsthandwerk aus ganz Afrika – Handeln ist Pflicht (Cradock Ave., tgl. geöffnet › **S. 272**).

Täglich ist auch Durbans **Victoria Street Market** geöffnet – dort umfangen Sie die Aromen hunderter Gewürze, der Duft von Räucherstäbchen und die leuchtenden Farben Indiens in Tüchern, Kleidung und Schmuck (› **S. 277**).

Im Blumenrausch werden Sie sich auf Kapstadts **Adderley Street** fühlen, wo die schönsten und farbenprächtigsten Blüten um Käufer konkurrieren (tgl., › **S. 226**).

Der **Country Craft Market** in Sommerset West nahe Kapstadt bietet hochwertiges Kunsthandwerk weit jenseits des Üblichen (186 Main Rd., www.countrycraftmarket.org, in der Sommerzeit 2–4-mal im Monat).

Die **Neighbourgoods Markets** in Kapstadt (Old Biscuit Mill, 373 Albert Rd., Woodstock) und Johannesburg (73 Juta St., Braamfontein) jeden Samstag dienen als Treffpunkt und reger Umschlagplatz für frische Farmprodukte und Waren aus der Region (www.neighbourgoodsmarket.co.za).

Sonntags geht's in Johannesburg zum Einkaufsbummel auf den **Market on Main** im Kulturkomplex Arts on Main. Kunsthandwerk, afrikanische Designerkleidung, Bilder, Musik und Bio-Gemüse sprechen die junge urbane Elite an (264 Fox St., Ecke Berea Rd, Maboneng, marketonmain.co.za, So 10–15 Uhr).

Auch **Bauernmärkte** haben ihren Reiz: In Johannesburg bauen Farmer sonntags ihre Stände auf, (**Fourways Farmers Market**, Monte Casino Blvd., www.ffmarket.co.za), in Pretoria jeden Samstag (**Pretoria Boeremark**, Pioneer Park Museum, www.pretoriaboeremark.co.za).

Alles von hausgemachter Marmelade über kunstvollen Schmuck bis hin zu herrlichen Bonsai-Bäumchen steht an der **Garden Route** im Städtchen Sedgefield im **Scarab Village** zum Verkauf (scarabvillage.co.za, jeden Samstag).

Treffen sich zwei Breitmaulnashörner ...

REISE-INFORMATIONEN

Weitblick von Kapstadts Waterfront

Grandiose Landschaften, säumen den Tradouw Pass am Langeberg

ANREISE & REISEN IM LAND

ANREISE

Die Flughäfen von Johannesburg und Kapstadt werden täglich von Europa aus angeflogen.

SAA (South African Airways, www.flysaa.com) verkehrt tgl. u. a. ab Frankfurt/M., München, Zürich nonstop nach Johannesburg, ab London tgl. nach Kapstadt (etwa 10 Std.). Lufthansa (www.lufthansa.de) verbindet tgl. Frankfurt/M. nonstop mit Johannesburg bzw. mit Umsteigen mit Kapstadt. Condor fliegt zweimal die Woche von Frankfurt/M. nach Kapstadt, Johannesburg bzw. Durban, jeweils mit Umsteigen in Windhuk/Namibia oder auf den Seychellen. SWISS fliegt von Zürich, British Airways von London und KLM via Amsterdam nach Johannesburg und Kapstadt, Etihad via Abu Dhabi, Emirates via Dubai und Qatar via Doha nach Johannesburg.

Informieren Sie sich bei einschlägigen Buchungsportalen über aktuelle Verbindungen, da sich Flugfrequenzen, An- und Abflughäfen sowie Umsteigeverbindung ständig ändern können.

REISEN IM LAND
Mit dem Mietwagen

Ein Mietwagen ist für selbst organisierte Rundreisen mehr oder weniger unabdingbar. Wer mit Bahn oder Bus unterwegs ist, hat kaum Möglichkeiten, in die Nationalparks zu gelangen oder in den Parks unterwegs zu sein, es sei, er schließt sich einer organisierten Rundfahrt oder einem *Game Drive* an. Mit dem eigenen Fahrzeug haben sie den Vorteil, die Wildparks im eigenen Tempo zu besichtigen, und stehenzubleiben, wo es Ihnen vielversprechend erscheint.

Fahrer unter 23 Jahren müssen eine extra Gebühr bezahlen. Zusätzlich zum internationalen Führerschein sollte man die Mitgliedskarte seines Automobilklubs mitbringen; der angeschlossene südafrikanische AA berät und leistet Pannenhilfe (Tel. 0861 000 234, www.aa.co.za). Oft ist es günstiger, schon vor der Abreise einen Mietwagen zu buchen – am besten mit unbegrenzter Kilometerzahl (ab 150 € pro Woche in der kleinsten Kategorie). Eine Kreditkarte erspart die Hinterlegung einer Kaution. Die Vergleichsplattform www.billiger-mietwagen.de erleichtert die Auswahl eines Autovermieters. Wohnmobile vermietet u. a. Maui, Tel. 011/230 5200, www.maui.co.za.

Die Straßen sind meist in gutem Zustand, die wichtigsten Strecken sind asphaltiert. An den Linksverkehr gewöhnt man sich schnell. Die Höchstgeschwindigkeit beträgt in Ortschaften 60–80 km/h, auf Landstraßen 100 km/h, auf Schnellstraßen und Autobahnen 120 km/h (z. T. Gebühr), in Naturparks 20–50 km/h. An Tankstellen (meist 24 Std. geöffnet) kann nicht immer mit Kreditkarte bezahlt werden.

Fahren Sie auf jeden Fall defensiv und sehr umsichtig, denn die meisten Südafrikaner pflegen einen eher unkonventionellen Fahrstil und beachten nicht immer die herrschenden Vorfahrtsregeln oder andere Bestimmungen. Vermeiden Sie unbedingt Nachtfahrten! Die Gefahr, auf der Straße auf unbeleuchtet abgestellte Fahrzeuge, auf Fußgänger, Radfahrer oder gar querendes Vieh oder Wild zu treffen und einen Unfall zu verursachen ist in der Dunkelheit besonders hoch.

Mit dem Flugzeug
Etwa 20 Flughäfen in Südafrika werden täglich angeflogen. Neben SAA (www.flysaa.com), SA-Airlink (www.saairlink.co.za) und SA-Express (www.flyexpress.aero) verkehren private Airlines. Wochenendflüge und Flüge nach Mitternacht sind meist preiswerter. Eine Vorausbuchung ist empfehlenswert. Zu südafrikanischen Ferienterminen sollte man lange im Voraus reservieren.

O. R. Tambo Int. Airport [H3]
Inlandsflüge Terminal B, internationale Flüge Terminal A. Minibusse und Taxis in die City.
24 km nordöstlich von Johannesburgs City
www.johannesburg-airport.com

Cape Town Int. Airport [C8]
Regelmäßige Shuttlebusse in die Stadt.
20 km östlich von Kapstadt
www.capetown-airport.com

King Shaka Int. Airport [J5]
Shuttlebusse und Taxis in die Stadt.
35 km südlich von Durban
www.kingshakainternational.co.za

Port Elizabeth International Airport [F8]
Taxis oder Hotelbusse in die Stadt.
6 km südlich von Port Elizabeth
www.airports.co.za/airports/port-elizabeth

Mit dem Bus
Komfortable Busse von Greyhound (www.greyhound.co.za), Intercape (www.intercape.co.za) und Translux (www.translux.co.za) verbinden, oft auch über Nacht, die wichtigsten Großstädte. In den größeren Städten kann man sich über die Computicket-Büros einen Platz reservieren (zentral unter Tel. 0861/915 4000, www.computicket.com, Link Travel, Bus Tickets). Die Tarife sind günstig. Direkt von Tür zu Tür der Hostels in ca. 40 Orten zwischen Kapstadt und Johannesburg fährt der preiswerte und beliebte BAZ-Bus, Tel. 0861/229 287, www.bazbus.com.

Mit der Eisenbahn
Die Eisenbahngesellschaft PRASA (www.shosholozameyl.co.za) verbindet alle wichtigen Städte miteinander, ist aber außerordentlich langsam. Plätze im Liegewagen sind begehrt und sollten unbedingt lange im Voraus reserviert werden. Einen Speisewagen gibt es nicht, nur ambulante Stände mit recht einfachem Fastfood. Eine Alternative zu dieser sehr zeitraubenden und leider auch nicht besonders sicheren Art des Reisens bietet die gleiche Zuggesellschaft mit »Premier-classe-Zügen« (www.premierclasse.co.za). Sie verkehren zwischen Johannesburg und Kapstadt (25 Stunden), Johannesburg und Durban (14 Stunden) sowie Kapstadt und Port Elizabeth (25,5 Stunden). Die Züge sind wesentlich komfortabler und sicherer und besitzen einen Speisewagen. Der Ticketpreis schließt Vollpension ein.

PRASA betreibt auch den Luxuszug Blue Train (Tel. 012/334 8459, www.bluetrain.co.za) zwischen Pretoria und Kapstadt sowie zwischen Pretoria und Hoedspruit am Krüger-Nationalpark, der schon Monate im Voraus ausgebucht ist (ab ca. 1100 €/Person; Reservierung über Reisebüros). Am luxuriösesten ist der Rovos Rail. Der Nostalgiezug (Reservierung!) verkehrt auf den Strecken Pretoria–Kapstadt, Pretoria–Durban und nach Victoria Falls. Tel. 012/315 8242, www.rovos.com. Afrikanisches Flair und Ausflüge bietet der Shongololo Safari Express (Johannesburg, Krüger-N. P., Durban, Kapstadt). Infos und Buchung über deutsche Reisebüros (www.shongololo.com).

Anreise & Reisen im Land

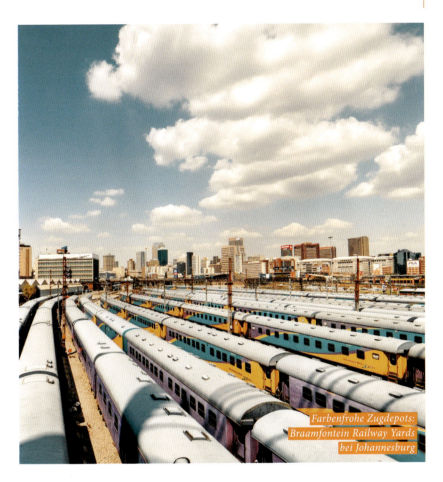

Farbenfrohe Zugdepots: Braamfontein Railway Yards bei Johannesburg

Unbedingt zu meiden sind die Züge zwischen einigen Metropolen wie Pretoria, Johannesburg, Kapstadt oder Durban und deren Vororten bzw. *Townships*. Die Gefahr von Raub und Überfällen ist auf diesen Strecken sehr hoch.

Mit dem Minibus

Sammeltaxis und Minibusse sind das Verkehrsmittel der Wahl für die meisten schwarzen und farbigen Südafrikaner. Touristen sollten unbedingt davon absehen. Die Fahrzeuge sind meist sehr schlecht gewartet und rasen mit überhöhter Geschwindigkeit und riskanten Manövern. Die Unfallgefahr ist extrem hoch. Zudem besteht auch hier das Risiko, bei der Fahrt bestohlen oder beraubt zu werden.

Mit dem Taxi

In den Großstädten sind Taxis das ideale Verkehrsmittel für größere Entfernungen oder nach Einbruch der Dunkelheit. Man sollte sich allerdings nicht darauf verlassen, einfach am Straßenrand eines anhalten zu können. Am besten bittet man das Hotel oder das Restaurant, in dem man sich befindet, ein Taxi zu rufen. Dies auch aus Sicherheitsgründen, denn nicht jedes als Taxi fungierende Fahrzeug ist tatsächlich eines.

Gar nicht gemütlich wirken die Hauer des Nilpferds

KLIMA & REISEZEIT

Auf der Südhalbkugel verlaufen die Jahreszeiten gegenläufig; aus dem europäischen Winter kommend landen Sie im südafrikanischen Sommer, und wenn bei uns die Herbstwinde die Blätter von den Bäumen wehen, überziehen sich im Südfrühjahr die Ebenen Südafrikas mit einem Blütenmeer. Im Juli und August, also im Südwinter, fällt in den Drakensbergen manchmal sogar Schnee; die Temperaturen im Hochland sinken dann nachts bis auf −10 °C, steigen aber tagsüber auch im Winter auf rund 20 °C an. Im südafrikanischen Sommer können die Temperaturen im Tiefland auf über 35 °C im Schatten klettern; an der Küste Natals ist es dann recht schwül – ideales Badewetter also.

Außerdem beeinflussen zwei Meeresströmungen das Klima in Südafrika stark: Der kalte Benguela-Strom aus der Antarktis kühlt die westliche Atlantikküste kräftig ab, während der Indische Ozean durch den Agulhas-Strom erwärmt wird. Die feuchte Luft sorgt von Durban nach Norden für subtropisches Klima mit den meisten Niederschlägen im Sommer (Dezember/Januar). Wegen der warmen Strömung haben die Badeorte bei Durban ganzjährig Saison. Am Kap treffen die beiden Ozeane aufeinander; hier ist das Klima fast mediterran, und die höheren Niederschläge fallen im Winter (Juli/August). Die Regenhäufigkeit an der Küste sollte allerdings nicht darüber hinwegtäuschen, dass Südafrika ein recht arides Land ist: 65 % der Landesfläche erhalten weniger als 500 mm Regen im Jahresdurchschnitt.

REISEPLANUNG

Südafrika hat das ganze Jahr über Saison. Entscheidend ist, welche Regionen Sie bereisen möchten und welche Aktivitäten Sie planen. Im südafrikanischen Winter regnet es öfter am Kap, nicht gerade ideale Bedingungen für Sightseeing in Kapstadt oder Touren auf der Garden Route – dafür sind Südfrühjahr und -sommer besser geeignet. Dafür erfreut sich das Highveld im Südwinter eines strahlend blauen Himmels und kühler Temperaturen, die zum Wandern oder Radfahren einladen. Der Winter eignet sich wegen der lichten, trockenen Vegetation auch besonders gut zum Besuch von Nationalparks, die fern der Küste liegen, zum Beispiel des Kgalagadi- und des Krüger-Nationalparks. Wenn das Grün nicht so üppig sprießt, lässt sich das Wild besser erkennen und beobachten. Die sommerliche Vegetation hingegen gibt den Tieren Deckung. Gut eignen sich dafür auch die Übergangszeiten Herbst (April bis Mai) und Frühling (September bis Oktober).

Bei der Planung sollte ein besonderes Augenmerk auch auf den südafrikanischen Ferienterminen liegen. Für eine Reise während der Schulferien (Sommerferien Anfang Dez. bis Mitte Jan., Osterferien März/April, Winterferien Juni/Juli, Frühlingsferien Sept./Okt.) sollte man Unterkünfte unbedingt vorab reservieren, im Krüger-Nationalpark mindestens ein halbes Jahr vorher.

Camps Bay im Abendlicht

TOP 12 HIGHLIGHTS

DIE KAP-HALBINSEL

Ein felsiges Kap südlich von Kapstadt teilt zwei Weltmeere: Die Kap-Halbinsel umspülen Atlantischer und Indischer Ozean, und meist brausen auch heftige Böen über sie hinweg. Unwirtlich? Vielleicht ein bisschen, doch auch sehr faszinierend. Vielen erscheint dieser Landfinger Südafrikas, der am Cape Point und dem berühmten Kap der Guten Hoffnung › **S. 235** ausläuft, als schönstes Ende der Welt. Da wären Strandbäder wie Clifton, Camps und Hout Bay mit ihren nostalgisch-bunten Badehäuschen, feinen Fischrestaurants und einer unermüdlichen Surferszene, die selbst winterliche Temperaturen nicht schrecken. In der ehemaligen Fischersiedlung Simon's Town mit dem berühmten Boulders Beach teilen Sonnenanbeter ihren Platz mit einer Pinguinkolonie. Und die dem Wind trotzenden Weiten des Table Mountain National Parks, dessen Pavian-Population mit allerlei Kapriolen am Straßenrand auf sich aufmerksam macht, schmücken sich im Frühjahr mit einem Blütenmeer. Das älteste Weingut des Landes, Groot Constantia, liegt auf dem Weg und eine atemberaubende Serpentinenstraße, der Chapman's Peak Drive. Höhepunkt ist schließlich Cape Point am Kap der Guten Hoffnung. Hätten Sie gerne in Bartolomeu Diaz' Haut gesteckt, als er das Kap 1488 als erster Europäer umrundete? Angesichts des meist sehr aufgebrachten Ozeans hier am südwestlichsten Punkt Afrikas wohl eher nicht! › **S. 220**

Wo geht's lang?
Pinguine am Boulders Beach

ROBBEN ISLAND

Moses, der gut gelaunte Guide, der am Pier von Robben Island Besucher empfängt, um sie über die Gefängnisinsel zu führen, war – davon kann man ausgehen – ziemlich sicher selbst viele Jahre auf Robben Island interniert. Allein diese Authentizität macht die Insel vor Kapstadt zu einem sehr ungewöhnlichen Highlight einer Südafrika-Reise. Abseits der Fotojagd nach den *Big Five* und der bizarrer Schönheit jahrmillionenalter Granitformationen, abseits des urbanen Champagnerprickelns in Kapstadts In-Restaurants, abseits des Luxus eines Blue Trains stehen die Besucher hier vor einem der grausamsten Zeugnisse der Apartheitspolitik, die die heutige Regenbogennation in Schwarz und Weiß zerriss und deren Wunden immer noch nicht ganz verheilt sind. Moses wird durch von Gittern gesäumte Gänge führen, Sicherheitssysteme vorführen sowie Zellen öffnen und schließen, in denen rund 3000 politische Aktivisten ihr Dasein in 60- bis 70-Mann-Unterkünften und drangvoller Enge fristeten, und beim Einschnappen des Schlosses unwillkürlich immer noch zusammenzucken. Schließlich auch jene Zelle, die 18 Jahre lang, von 1964 bis 1982, als Verbannungsort des ANC-Führers Nelson Mandela diente und den späteren Präsidenten Südafrikas doch nicht zu brechen vermochte. Kein entspanntes Sightseeing, sondern ein tiefer Blick in die Seele Südafrikas. Auch das muss sein. › **S. 231**

Begegnung mit der Apartheid: Robben Island

Tischdecke, *Table cloth*, nennen die Kapstädter eine Wetterlage, die ihren 1087 m hohen Hausberg mit niedrig stehenden Wolken wie ein weißes, über das Plateau geworfenes Tischtuch verhüllt, und das fast zuverlässig an den meisten Tagen im Sommer. Der Legende nach schmauchten der Teufel und der Pirat Jan van Hunks, jeder auf seinem Berg sitzend (der Pirat auf Devil's Peak) so lange im Wettstreit an ihren Pfeifchen, bis der Teufel verlor. Die Tischdecke erinnert ihn nun an seine Schmach. Die Erklärung der Meteorologen für dieses Phänomen ist einfacher: Der kühle, von Südost wehende Cape Doctor, bringt zwar dem sommerheißen Kapstadt Abkühlung, sorgt aber zugleich für die Wolkenbildung. Doch keine Sorge: Am frühen Morgen und häufig auch abends ist der Teufelsspuk meist verschwunden, und Kapstadt, die Kap-Halbinsel und die beiden Ozeane liegen dem Betrachter zu Füßen wie eine silbrig glitzernde Muschel. Selbst die vielen auf dem Plateau lebenden *Dassies*, Klippschliefer, fiepen dann ganz andächtig. Eine topmoderne Seilbahn sorgt dafür, dass man schnell oben ist, wenn das Wetter umschlägt und der Berg sich öffnet. › S. 231

Tafelberg – hier mit »Tischtuch«

TAFELBERG

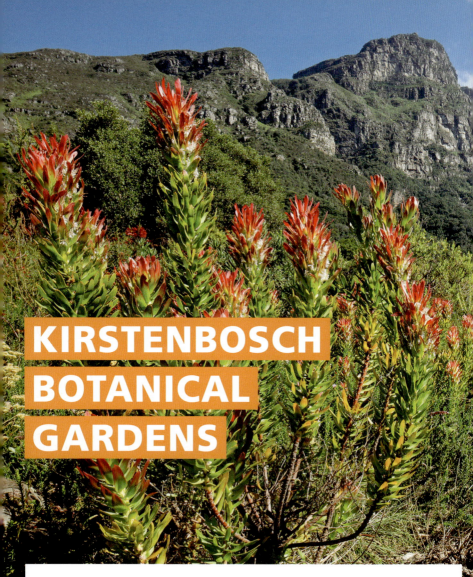

KIRSTENBOSCH BOTANICAL GARDENS

Wozu ein Botanischer Garten in einem Land, das insgesamt wie eine immense Arche Noah der Natur erscheint? Als Kirstenbosch 1913 gegründet wurde, war er nicht nur einer der ersten Botanischen Gärten weltweit, sondern hatte ein Anliegen, das ihn deutlich von anderen Anlagen unterschied: Hier sollten nicht Exoten aus aller Herren Länder ausgestellt werden. Man wollte die einheimische Flora schützen und präsentieren. Folgerichtig ist Kirstenbosch Teil eines größeren Naturschutzgebiets an den östlichen Hängen des Tafelbergs. Dass die gestaltete, gepflanzte Natur unmerklich in die wilde des Tafelbergs übergeht, macht seinen besonderen Reiz aus. Die UNESCO, die 2004 das Cape Flora Kingdom, die ungemein arten- und einfallsreiche Flora der Kap-Halbinsel, zum Weltnaturerbe erklärte, schloss deshalb den Botanischen Garten mit ein. Dann nichts wie eintauchen mit wachen Sinnen in dieses Kunstwerk

4

von Mensch und Natur! Streifen Sie durch uralte Zykadenhaine, bewundern Sie die aufbrechenden Blüten von Strelitzien und Königsproteen, folgen Sie gewundenen Pfaden durch die Fynbos-Vegetation, rasten Sie zwischen den dottergelben Blüten der Nadelkissen und kraulen Sie vorsichtig das Afrikanische Löwenohr. Man sagt, Kirstenbosch sei im Frühjahr am schönsten – aber ganz ehrlich, es versprüht seine Reize zu jeder Jahreszeit. › **S. 232**

Die Natur zeigt sich in Kirstenbosch von ihrer schönsten Seite

Seitdem die Hugenotten die ersten Reben in südafrikanischen Boden pflanzten, hat die Weinkultur in Südafrika einen unaufhaltsamen Aufstieg erlebt. Den nahezu weltweiten, wirtschaftlichen Boykott während der Apartheit überstand sie mit Blessuren und kam danach wie Phönix aus der Asche auf die Weinbühnen der Welt zurück. Mit welch feiner Nase und Gespür für das besondere *Terroir* die nach wie vor hauptsächlich weißen Winzer ihr Geschäft verstehen, erleben Sie bei Weinverkostungen auf der Stellenbosch-Weinroute, und nicht nur das. Viele *Tasting Rooms* sind in reizenden kapholländischen Anwesen untergebracht, sodass sich zum vinologischen der ästhetische Genuss gesellt. Welche Winzer man besucht, bleibt dem Zufall oder der Auswahl von Kennern überlassen – hier nur zwei interessante Namen: Die Villiera Winery (www.villiera.com) keltert mit großem Erfolg Sauvignon Blanc, Chenin Blanc, Merlot und Cabernet Sauvignon unter ihrem Label und bietet ihren Besuchern zudem die Möglichkeit, im privaten Naturschutzgebiet Oryx-Antilopen, Springböcke, Kudus und Giraffen zu beobachten. Und das Weingut Stellekaya (www.stellekaya.com) war 2004 das erste, das einer Schwarzen – der aus KwaZulu-Natal stammende Ntsiki Biyela – den Job des Winemakers zutraute.

Nur eines kann das Vergnügen trüben: Eine Tour auf der Stellenbosch-Weinstraße macht nur Spaß, wenn man kein Fahrzeug steuern muss. Deshalb schließt man sich am besten einer organisierten Gruppe mit Gleichgesinnten an, oder aber man mietet ein Taxi. › **S. 235**

Feinste Weine kommen aus Stellenbosch

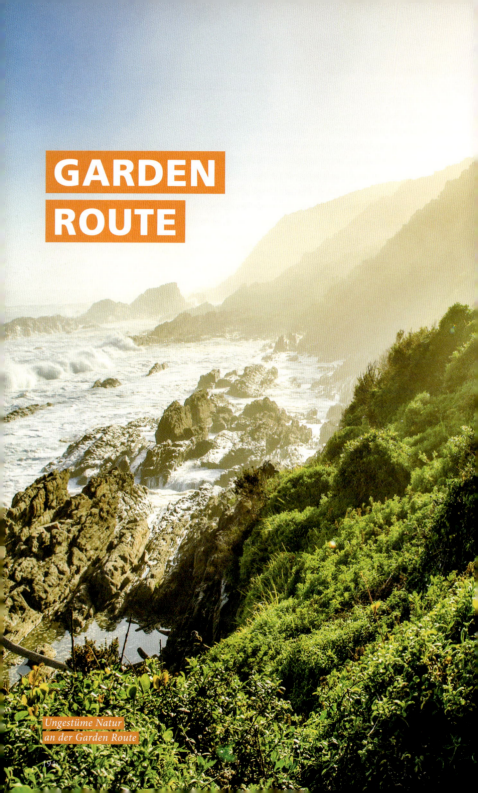

GARDEN ROUTE

Ungestüme Natur an der Garden Route

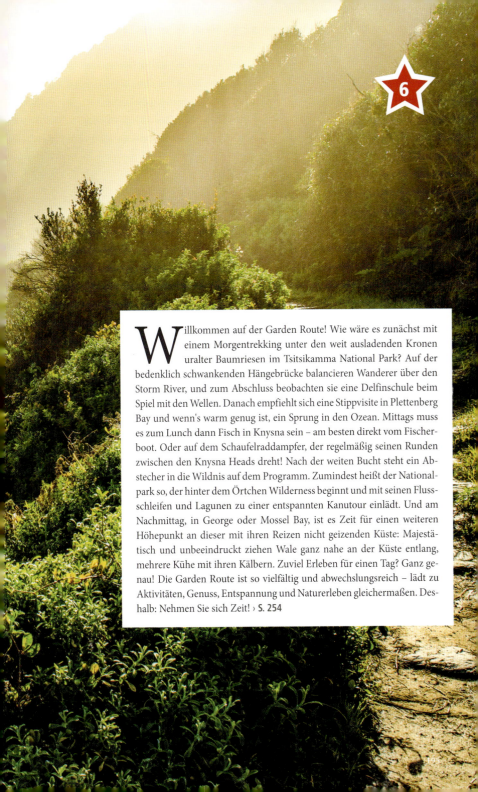

Willkommen auf der Garden Route! Wie wäre es zunächst mit einem Morgentrekking unter den weit ausladenden Kronen uralter Baumriesen im Tsitsikamma National Park? Auf der bedenklich schwankenden Hängebrücke balancieren Wanderer über den Storm River, und zum Abschluss beobachten sie eine Delfinschule beim Spiel mit den Wellen. Danach empfiehlt sich eine Stippvisite in Plettenberg Bay und wenn's warm genug ist, ein Sprung in den Ozean. Mittags muss es zum Lunch dann Fisch in Knysna sein – am besten direkt vom Fischerboot. Oder auf dem Schaufelraddampfer, der regelmäßig seine Runden zwischen den Knysna Heads dreht! Nach der weiten Bucht steht ein Abstecher in die Wildnis auf dem Programm. Zumindest heißt der Nationalpark so, der hinter dem Örtchen Wilderness beginnt und mit seinen Flussschleifen und Lagunen zu einer entspannten Kanutour einlädt. Und am Nachmittag, in George oder Mossel Bay, ist es Zeit für einen weiteren Höhepunkt an dieser mit ihren Reizen nicht geizenden Küste: Majestätisch und unbeeindruckt ziehen Wale ganz nahe an der Küste entlang, mehrere Kühe mit ihren Kälbern. Zuviel Erleben für einen Tag? Ganz genau! Die Garden Route ist so vielfältig und abwechslungsreich – lädt zu Aktivitäten, Genuss, Entspannung und Naturerleben gleichermaßen. Deshalb: Nehmen Sie sich Zeit! › S. 254

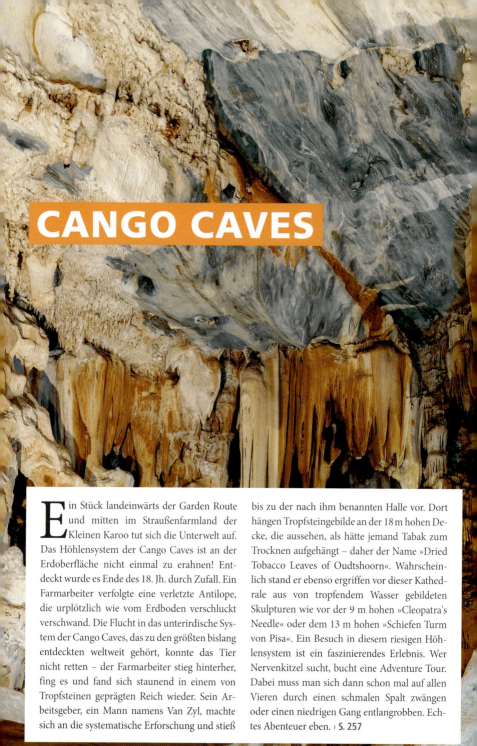

CANGO CAVES

Ein Stück landeinwärts der Garden Route und mitten im Straußenfarmland der Kleinen Karoo tut sich die Unterwelt auf. Das Höhlensystem der Cango Caves ist an der Erdoberfläche nicht einmal zu erahnen! Entdeckt wurde es Ende des 18. Jh. durch Zufall. Ein Farmarbeiter verfolgte eine verletzte Antilope, die urplötzlich wie vom Erdboden verschluckt verschwand. Die Flucht in das unterirdische System der Cango Caves, das zu den größten bislang entdeckten weltweit gehört, konnte das Tier nicht retten – der Farmarbeiter stieg hinterher, fing es und fand sich staunend in einem von Tropfsteinen geprägten Reich wieder. Sein Arbeitsgeber, ein Mann namens Van Zyl, machte sich an die systematische Erforschung und stieß bis zu der nach ihm benannten Halle vor. Dort hängen Tropfsteingebilde an der 18 m hohen Decke, die aussehen, als hätte jemand Tabak zum Trocknen aufgehängt – daher der Name »Dried Tobacco Leaves of Oudtshoorn«. Wahrscheinlich stand er ebenso ergriffen vor dieser Kathedrale aus von tropfendem Wasser gebildeten Skulpturen wie vor der 9 m hohen »Cleopatra's Needle« oder dem 13 m hohen »Schiefen Turm von Pisa«. Ein Besuch in diesem riesigen Höhlensystem ist ein faszinierendes Erlebnis. Wer Nervenkitzel sucht, bucht eine Adventure Tour. Dabei muss man sich dann schon mal auf allen Vieren durch einen schmalen Spalt zwängen oder einen niedrigen Gang entlangrobben. Echtes Abenteuer eben. › S. 257

Skulpturen aus Kalk in den Cango Caves

Die Götter müssen verrückt sein! Da schaffen sie eine Wüste aus rötlichem Sand und räumen die Wildnis mit Riesenrechen auf. Noch auf Satellitenbildern ist diese Struktur – Düne, Tal, Düne – zu erkennen, und die Dünenrücken ziehen sich teils über mehrere Kilometer Länge. Während die Dünen rötlich schimmern, blitzt in den Tälern dazwischen saftiges Grün – auch das eine Besonderheit der Kalahari. Das alleine war allerdings nicht der Grund, diese majestätische Wüstenlandschaft als Kgalagadi Transfrontier Park unter Naturschutz zu stellen. Auch die Tierwelt ist einzigartig: Kalahari-Löwen, Erdmännchen, Oryx-Antilopen, Leoparden, Giraffen ziehen zwischen den uralten Akazien in den Dünentälern umher oder rasten in ihrem Schatten. Nur eines fehlt: das Volk der San, das dieses fragile Paradies seit Jahrtausenden bewohnte, den Wanderungen der Wildherden folgte, essbare Beeren und Wurzeln sammelte aber auch giftige Pflanzen, mit dem es seine tödlichen Pfeile bestrich. Die San mussten dem Naturschutz weichen. Xi, dem Helden aus dem botswanischen Kino-Hit »Die Götter müssen verrückt sein«, der genau hier in der Kalahari spielt, werden Sie im Kgalagadi nicht mehr begegnen. Bestenfalls einem seiner Enkel, die als Guides heute Touristen mit ihrer phänomenalen Naturkenntnis beeindrucken. › S. 316

KGALAGADI TRANSFRONTIER PARK

Elegante Halbwüstenbewohner: Springböcke

DRAKENSBERGE

Sie müssen den ersten Siedlern, die sie sahen, ungemein imponiert haben. Wie eine Festung aus Basaltgestein bauten sich die Drachenberge – die Drakensberge – vor den Voortrekkern auf, und es gehörte eine gehörige Portion Mut dazu, in diese Festung vorzudringen. Der Zulu-Name *uKhahlamba*, Wand der aufgestellten Speere, beschreibt die schroffe Natur dieses Gebirgszuges besonders gut, der als Teil des Great Escarpments vom Tiefland, dem *Lowveld*, zu den Hochebenen des südlichen Afrika überleitet. Teils irrwitzig erscheinende Felsformationen und Strukturen prägen das inzwischen unter Naturschutz gestellte und von der UNESCO mit Weltnaturerbestatus geadelte Gebirge: eine Felswand, die zwei Gipfel miteinander verbindet und tatsächlich so aussieht wie eine Hälfte eines Amphitheaters; ein Gipfel, der an die Burg von Riesen – Giant's Castle – erinnert; ein anderer, der in den Himmel strebt wie eine von der Natur geschaffene Kathedrale. Dass die Voortrekker nicht die ersten Menschen in den Drakensbergen waren, belegen viele Felsbilder der San, deren Bedeutung sich der Wissenschaft nach wie vor nicht erschließt. Im Didima Rock Art Centre dürfen Besucher miträtseln, was es mit den seltsamen Mischwesen aus Mensch und Tier auf sich hat, die so häufig als Motiv an den Felswänden auftauchen. › **S. 274**

9

Urgeschichte auf der Spur in den Drakensbergen

ISIMANGALISO WETLAND PARK

*Hunger oder Langeweile:
Nilpferde im iSimangaliso Wetland Park*

10

Die Flusspferde scheinen sich weniger für den blendend weißen Sandstrand am Indischen Ozean zu interessieren als für die Rosaflamingos, die durch die Lagune staksen. Und ob sich die Krokodile, die ein paar Meter weiter im verzweigten Delta des St. Lucia River auf Beute lauern, durch die Haifischflossen gestört fühlen, die vor ihnen im tieferen Wasser ihre Kreise ziehen? Draußen im Ozean wagt ein Wal einen übermütigen Sprung. Was alles am Korallenriff darunter passiert, bleibt Tauchern vorbehalten. Und die Elefanten stehen ohnehin über allem, im wahrsten Sinne des Wortes. Der ehemalige Greater St. Lucia-Nationalpark, heute um einige Bereiche erweitert und iSimangaliso Wetland Park genannt, ist das sicherlich überraschendste und vielfältigste Naturschutzgebiet Südafrikas. Tauchen an tropischen Riffen, Kajak fahren im Slalom zwischen Haien, Krokodilen und Flusspferden (und ja nicht kentern!), auf *Game Drive* mit dem Boot oder einem Geländewagen, der hoffentlich nicht im Sumpf steckenbleibt, wenn er auf Büffel trifft, im Unterstand und mit Fernrohr bewaffnet auf einen gefiederten Sänger wartend (eine von über 400 Vogelarten, die hier zu beobachten sind) oder einfach nur an Traumstränden baden – alles ist drin. Einmalig fand auch die UNESCO und stellte das Naturparadies an der Nordostküste Südafrikas als Weltnaturerbe unter Schutz. › **S. 282**

BLYDE RIVER CANYON

Paradiesische Natur mit Fernblick

Fluss der Trauer, Fluss der Freude: Der Blyde River, der auf seinem Weg aus den Drakensbergen hinunter ins *Lowveld* die drittgrößte Schlucht der Welt – über 750 m Höhenunterschied – in das Basaltgestein gegraben hat, trug beide Namen. Fluss der Trauer, *Treur*, nannte ihn 1844 eine Gruppe von Voortrekkern, weil sie befürchtete, ihren Anführer Hendrik Potgieter auf einem Erkundungsgang verloren zu haben. Als Potgieter unbeschadet zum Camp am Fluss zurückkehrte, wurde aus der Trauer Freude, *Blyde*. Acht Wasserfälle überwinden Felsstufen in der 26 km langen Schlucht, die übrigens kaum zugänglich ist. Nur von einigen Aussichtspunkten blickt man in die Tiefe, z. B. von God's Window über eine nahezu senkrechte, 300 m tief abfallenden Wand auf das grüne Lowveld. An einer anderen Stelle, bei den Three Rondavels, scheinen sich die traditionellen Rundhütten der Zulu in drei runde Felsburgen mit spitzem Dach verwandelt zu haben, und vom 1703 m hoch gelegenen Wonder View erschließt sich zweierlei: Pinnacle Rock, eine 30 m hohe Felsnadel aus Quarzitgestein, die wie eine Hinterlassenschaft von Außerirdischen aus der farnbewachsenen Schlucht emporwächst, und der höchste der besagten acht Fälle. Wie hübsch das Ergebnis von Abtragungen sein kann zeigen Bourke's Luck Potholes. Wasserwirbel haben eine Reihe von Gumpen in den felsigen Untergrund gewaschen – genau richtig für ein erfrischendes Bad. › S. 296

KRÜGER-NATIONALPARK

Jagd und Naturschutz erscheinen als zwei widerstreitende Pole, und doch stand am Beginn der Schutzbemühungen in der Region um Sabie der Jagdgedanke im Vordergrund: Burenpräsident Paul Krüger hatte keine Lust mehr mitanzusehen, wie Jäger das Wild dezimierten. Dann wäre nämlich für ihn nichts mehr übriggeblieben. So entstand 1898 die Sabie River Game Reserve als privates Jagdgebiet für den Präsidenten. Dass daraus der Krüger-Nationalpark wurde, dafür sorgten 1903 die Briten, die das Schutzgebiet erweiterten. Und die ersten Touristen brachte die Eisenbahn. Reisende auf dem Weg von Pretoria nach Lorenço Marques konnten im Nationalpark aussteigen und mit einheimischen Führern auf Pirsch gehen. Heute ist natürlich alles viel komfortabler in den Camps innerhalb des Parks und erst recht in den Luxuslodges außenherum. Egal wo Sie absteigen und wie exquisit Einrichtung, Küche oder der besondere Ort für den obligatorischen Sundowner gestaltet ist – das Wild sticht alles aus. Große Elefantenherden streifen durch Krüger, die Löwen lassen sich weder durch ganz nah heranfahrende Fahrzeuge noch durch Kameraklicken stören, auf den Pisten herumbummelnde Springbockherden fühlen sich als Könige der Straße und manchmal hält auch ein Gepard ein Nickerchen mitten auf dem Weg. Nicht zu vergessen die *Big Six* von der gefiederten Fraktion: Sattelstorch, Riesentrappe, Kampfadler, Ohrengeier, Bindenfischeule und Südlicher Hornrabe. › **S. 297**

Vorsicht am Steuer: Elefanten von rechts haben Vorfahrt

Unendliche Weite, hier auf dem Weg zur Garden Route

Unbeschwerte Farbenspiele in Kapstadts Malaienviertel Bo Kaap

Einer der teuersten Küstenabschnitte Südafrikas: Llandudno bei Kapstadt

Südafrika entdecken mit dem luxuriösen Pride of Africa von Rovos Rail

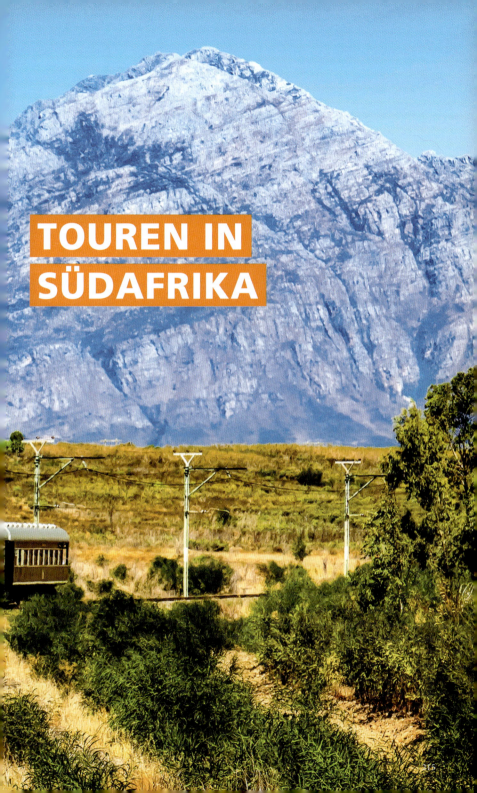

TOUREN IN SÜDAFRIKA

Kapstadts Green Point Stadium mit Signal Hill und Lion's Head

Karte
S. 220

Kapstadt

SÜDAFRIKAS KOSMOPOLITISCHES HERZ

Nicht umsonst heißt Kapstadt *Mother City* – Mutterstadt. Historisch begann hier die (weiße) Besiedelung Südafrikas. Politisch gilt Kapstadt, das im jahreszeitlichen Wechsel mit Pretoria als Hauptstadt fungiert, als liberale, weltoffene Metropole. Alle Volksgruppen des südlichen Afrika sind hier vertreten und tragen durch ihre Kultur, Architektur, Musik und ihren Lebensstil zur Multi-Kulti-Atmosphäre bei. Und nicht zuletzt glänzt Kapstadt durch seine einzigartige Lage: Mit dem majestätischen Tafelberg im Rücken blickt es auf den manchmal tobenden, manchmal sanften Atlantik

Auch die Umgebung hat es in sich: Die Kap-Halbinsel mit ihren schicken Badeorten läuft im unwirtlich-dramatischen Kap der Guten Hoffnung aus. Bei der Rundtour begegnet man passionierten Surfern, trägen Pinguinen und der ungestümen Natur des Table Mountain National Parks. Nach Osten verliert sich alle Schroffheit im malerischen Weinland um die hübschen Winzerstädtchen Stellenbosch und Franschhoek mit ihren Gutshäusern im kapholländischen Stil.

Wem hier die Pfade zu ausgetreten scheinen, dem bietet die Region der Cederberge nördlich von Kapstadt viel ursprüngliche Natur und Einsamkeit. Die Fischer- und Feriendörfer an der rauen Atlantikküste sind nur zur Fangsaison des Crayfishs von November bis Mai mit Leben erfüllt. Besonders schön ist im August/September ein Abstecher zur Wildblumenblüte ins Namaqualand.

Kapholländische Architektur prägt zwar die gesamte Region, Swellendam ist jedoch das Tüpfelchen auf dem i. Eine Tour durch die Kleine Karoo fasziniert mit spektakulären Pässen, und an der Küste versprechen Hermanus und Gaansbai Begegnungen mit Delfinen, Walen oder sogar Haien. Auch der südlichste Punkt Afrikas, Cap Angulhas, ist dann nicht mehr weit.

Nehmen Sie sich ruhig zwei Wochen Zeit für Kapstadt und Umgebung, aber meiden Sie den südafrikanischen Winter (April–August). Dann herrscht am Kap oft Schmuddelwetter.

WAS, WIE, WO IN KAPSTADT

Durch den Atlantik und die Gebirgsbarrieren von Signal Hill und Tafelberg ist Kapstadts Zentrum auf drei Seiten begrenzt; nur gen Osten und Norden konnte sich die Stadt ausbreiten und schließlich an der Südflanke des Tafelbergs weiterwachsen. Der historische Bereich mit den meisten Sehenswürdigkeiten ist deshalb relativ klein und überschaubar.

Er beginnt mit der **Victoria & Alfred Waterfront** im nördlichen Stadtbereich am Atlantik mit dem berühmten Two Oceans Aquarium und dem 2010 für die Fußball-WM errichtete Cape Town Stadium. Neben den beiden Highlights finden sich in dem Komplex, der kapholländischer Architektur nachempfunden ist, zahlreiche Läden, Restaurants und Cafés. Hier starten auch die Schiffe zur Gefängnisinsel **Robben Island,** auf der Nelson Mandela interniert war.

Die Innenstadt erstreckt sich von hier über das City Centre bis nach Oranjezicht am Tafelberg. Im **Zentrum** sind entlang Long und Adderley Street und rund um die Parkanlage Company's Garden die meisten Sehenswürdigkeiten und Museen in fußläufiger Entfernung versammelt. Lebhaft und gesäumt von Geschäften, die von südafrikanischem Design über Safariklamotten bis hin zu Second-Hand-Mode alles Erdenkliche verkaufen präsentiert sich die Long Street als Einkaufsparadies. Rund um Company's Garden reihen sich Parlament, Kathedrale und einige der bekanntesten Museen von Kapstadt aneinander.

Nordwestlich des Zentrums bildet das Kapmalaienviertel **Bo Kaap** am Signal Hill mit seinen niedrigen, in bunten Farben gestrichenen Häuschen, den Moscheen und zahlreichen Restaurants eine architektonisch wie kulturell eigenwillige Enklave. Südöstlich des Zentrums bewacht das **Castle of Good Hope** die Bucht und den direkt unterhalb gelegenen Hauptbahnhof.

Westlich vom Signal Hill reihen sich entlang der Atlantikküste **Villen- und Badeorte** wie Clifton und Camps Bay aneinander. Nach Nordosten fällt in der dichten Wohnbebauung ein Luxusobjekt aus dem Rahmen: der riesige Einkaufskomplex Century City.

Die **Townships**, in denen ein Großteil der schwarzen und farbigen Bevölkerung lebt, schließen im Osten an. Unter den zwischen den 1920er- und 1980er-Jahren errichteten, uniformen Townships ist Khayelitsha das jüngste und mit 400 000 Bewohnern auch das größte. Ein Aufenthalt in Kapstadt sollte unbedingt auch einen geführten Besuch in einem der Townships beinhalten. Nur so kann man verstehen, in welchen Verhältnissen die Bevölkerungsmehrheit unter den Apartheidsgesetzen leben musste und aus wirtschaftlicher Not auch heute noch leben muss. Interessant sind aber auch die positiven Ansätze, mit denen oft kirchlich getragene Initiativen versuchen, die Situation der Menschen zu verbessern.

Kapstadts **Nachtleben** kennt mehrere Brennpunkte – einer ist die Victoria & Alfred Waterfront, ein weiterer das Stadtzentrum rund um die Long Street. Auch in den Townships befinden sich angesagte Treffs der Nachtschwärmer – dort sollte man allerdings nie alleine, sondern stets nur in ortskundiger Begleitung ausgehen.

Karte
S. 229

Kapstadt
Die Stadt und Ihre Viertel

Ein beliebter Ausgehspot ist die Victoria & Alfred Waterfront

EIN BLICK IN DIE GESCHICHTE

Portugals großer Seefahrer Bartholomeu Diaz umschiffte 1488 das Kap. Zehn Jahre später gelang seinem Landsmann Vasco da Gama endlich die Realisierung des lang gehegten Traums: Er segelte um das Kap herum und weiter bis nach Indien. Die Seefahrer gaben der auf halbem Weg gelegenen Landspitze den Namen »Kap der Guten Hoffnung«. 1652 landete der Niederländer Jan van Riebeeck im Auftrag der Holländisch-Ostindischen Gesellschaft in der Tafelbucht und errichtete eine Versorgungsstation. Neben Holländern, Briten und Deutschen wanderten bald auch Hugenotten aus Frankreich ein und begründeten den Weinbau.

1806 eroberten die Briten das Kap, bis zur Gründung der Südafrikanischen Union 1910 blieb *Cape Town* Hauptstadt der britischen Kronkolonie. Die Apartheid erreichte auch die sogenannte *Mother City*: 1936 durften in Kapstadt Schwarze nicht mehr zur Wahlurne, ab 1956 auch Farbige. Seit der politischen Wende erlebte Kapstadt einen Zuwandererboom, sodass die Stadt heute mit über 3,7 Mio. Einwohnern die zweitgrößte des Landes ist. Das Verwaltungszentrum der neuen Western Cape Province ist in der ersten Jahreshälfte auch Sitz der Regierung.

SICHERHEIT

Kapstadt zählt sicher zu den entspanntesten Großstädten Südafrikas, aber auch hier drohen unter bestimmten Umständen Unannehmlichkeiten. Dass Wertgegenstände am besten im Hotelsafe aufgehoben sind, versteht sich von selbst; auf Märkten und im Gedränge sollte man auf Taschendiebe achten. Nach Einbruch der Dunkelheit sind einsame Gegenden unbedingt zu meiden, ebenso gelten Fahrten mit öffentlichen Verkehrsmitteln dann als riskant. Am besten lassen Sie sich für den Nachhauseweg von dem Lokal, in dem sie sich befinden, ein vertrauenswürdiges Taxi rufen. Überfälle werden gelegentlich auch von Wanderern am Tafelberg gemeldet; am besten man geht in einer größeren Gruppe.

TOUREN IN DER REGION

Um die Kap-Halbinsel ★

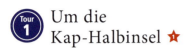

ROUTE: Kapstadt › Tafelberg › False Bay › Table Mountain National Park › Cape Point › Cape of Good Hope › Chapman's Peak Drive › Hout Bay › Kapstadt

KARTE: Seite 220
DAUER UND LÄNGE: 1–2 Tage, ca. 165 km
PRAKTISCHE HINWEISE:
» Fahren Sie mit ihrem Mietwagen früh los, wenn Sie die 165 km von Kapstadt zur Südspitze der Kap-Halbinsel und zurück an einem Tag schaffen möchten. Ansonsten empfiehlt sich eine Übernachtung in einem der Ferienorte mit feinem Fisch-Dinner. Im Sommer Badesachen einpacken!
» Der spektakuläre Chapman's Peak Drive › S. 235 nach Hout Bay ist mautpflichtig und des öfteren gesperrt.

TOUR-START

Die Halbinsel südlich von Kapstadt mit dem **Table Mountain National Park** › S. 234 schiebt sich weit zwischen die beiden Weltmeere Atlantischer und Indischer Ozean; sie endet am Cape Point und dem berühmten **Kap der Guten Hoffnung** › S. 235. Vielen erscheint dieser Landfinger Südafrikas als schönstes Ende der Welt. Badebuchten, Fischerdörfer und Naturreservate laden zu Aufenthalten ein. Im Naturschutzgebiet bietet nicht nur die artenreiche Fynbos-Vegetation Anschauungsmaterial, auch der Wildreichtum an diesem unwirtlichen Ende der Welt ist faszinierend. Bergzebras, Elanantilopen oder Karakals sowie eine Vielzahl von Vögeln können mit etwas Geduld beobachtet werden.

Die **Westküste** der Kap-Halbinsel ist windgeschützter als die Ostseite am Indischen Ozean. Aber der Atlantik wird auch im Sommer wegen des kalten Benguela-Stroms kaum wärmer als 17 °C, und tückische Strömungen sind lebensgefährlich. »Drüben« lockt der Indische Ozean mit

TOUR IN KAPSTADT UND UMGEBUND

 Um die Kap-Halbinsel

KAPSTADT › TAFELBERG › FALSE BAY › TABLE MOUNTAIN NATIONAL PARK › CAPE POINT › CAPE OF GOOD HOPE › CHAPMAN'S PEAK DRIVE › HOUT BAY › KAPSTADT

Karte S. 220

Kapstadt
Touren in der Region

molligen 23 °C oder mehr. Die Strände an der Westküste sind aber ein Paradies für fortgeschrittene Surfer (z. B. Long Beach bei Kommetjie, Big Bay), für FKK-Fans, die sich (offiziell illegal) nahtlos bräunen wollen (Sandy Bay bei Llandudno), oder für Beachboys und Bikinigirls zum Sehen und Gesehenwerden (Camps Bay und Clifton westlich von Kapstadt).

Im Ferienort **Hout Bay** 8 › S. 235 ist Fisch essen angesagt. Am besten bleibt man gleich zum Sundowner und für die Nacht dort. Oder aber man übernachtet nach der Umrundung des Kaps in **Simon's Town** 5 › S. 233 an der Ostküste und lässt sich von den Pinguinen am Boulder's Beach unterhalten. Entlang der **False Bay** erstrecken sich südlich von **Muizenberg** 3 › S. 232 weite Sandstrände – ein weiterer Grund für einen Stopp im Osten. Auf dem Rückweg wartet das älteste Weingut des Landes, **Groot Constantia** 2 › S. 232. Den Abschluss bildet ein Besuch in den **Kirstenbosch Botanical Gardens** 1 › S. 232.

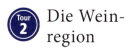

Die Weinregion

ROUTE: Kapstadt › Stellenbosch › Paarl › Franschhoek › Drei-Pässe-Fahrt › Kapstadt

KARTE: Seite 223
DAUER UND LÄNGE: 3 Tage, ca. 210 km
PRAKTISCHE TIPPS:
» Den Besuch von ein bis zwei Weingütern einplanen. Festes Schuhwerk für Wanderungen im Hottentots Holland Nature Reserve mitnehmen.

TOUR-START

Eine Tour durch das Weinland ist einfach ein Muss, in dieser malerischen Landschaft mit majestätischen Bergen, grünen Tälern und unendlichen Weinbergen kann man sich wunderbar verlieren. Dabei sollte man mindestens eine Weinprobe auf einem der vielen Weingüter einplanen, z. B. beim Neethlingshof (www.neethlingshof.co.za) in Stellenbosch oder beim Gut Boschendal (www.boschendal.com) bei Franschhoek; hier locken Restaurants, Cafés und Weinbars sowie auch Picknickmöglichkeiten. Doch Achtung! Darauf folgt eine anspruchsvolle Tour über drei Pässe – der Fahrer oder die Fahrerin sollte das Verkosten besser auslassen. Zum Schluss locken Wale in der False Bay und Geparde in Somerset West.

Von **Kapstadt** geht's auf der N 2 nach Südosten bis zur Abzweigung der R310 nach Nordosten in Richtung Stellenbosch. Zunächst führt die Tour durch flache, eintönige Landschaft, doch schon bald zeigen erste Weinreben die Nähe des Weinstädtchens **Stellenbosch** 9 › S. 235 an. Zeit für einen ersten Stopp, um das schmucke historische Zentrum und sein Museum zu besichtigen und vielleicht auch, um Wein zu verkosten. Im Hintergrund bilden die wild zerklüfteten Hottentots Holland Mountains eine dramatische Kulisse.

An ihnen entlang führt die Tour weiter nach Norden, ein Stück auf der Autobahn N 1 nach Osten und dann erneut nordwärts nach **Paarl** 10 › S. 236. Die in herbe Granitfelsenlandschaft eingebettete, bereits im 17. Jh. gegründete Stadt ist Mittelpunkt einer der bedeutendsten Weinbauregionen Südafrikas. Ein Bummel durch die Altstadt und eine weitere Weinverkostung sind auch hier zu empfehlen, bevor Sie die Tour in Richtung Franschhoek nach Südosten fortsetzen. Links und rechts säumen Weingüter von immensen Ausmaßen die Straße; dazwischen breitet sich das luxuriöse Pearl Valley Golf Estate mit Ferienvillen und Clubhaus vor der Kulisse der Hottentots Holland Mountains aus. Einen scharfen Kontrast zum Luxus der Golfresidenz bilden die Holzhütten des Weilers Wemmershoek, das an einem Stausee liegt. Schließlich fährt man auf das dritte bedeutende Weinzentrum zu, **Franschhoek** 11 › S. 238, das sich sehr malerisch in das gleichnamige Tal schmiegt. Dass Hugenotten den Ort gründeten, lässt sich schon aus dem Ortsnamen »Französisches Eck« und den zumeist französisch benannten Weingütern ablesen. Viele bieten nicht nur in vinologischer, sondern auch in gastronomischer und historischer Hinsicht

Herausragendes; zur Übernachtung laden wunderbar renovierte Herrenhäuser ein. Wer genug hat von Fine Dining und Wein, dem seien zwei Alternativen empfohlen: Pizzas und Sandwiches in informeller Atmosphäre serviert **Lust Bistro & Bakery** im Weingut Vrede & Lust (Rte 45, Tel. 021/874 1456, www.lustbistro.com, €). Schleckermäuler werden **Huguenot Fine Chocolates** (62 Huguenot Rd., Tel. 021/876 40 96, www.hugenotchocolates.com) nicht mehr freiwillig verlassen. Täglich um 11 und 15 Uhr führen die beiden in Belgien zu Chocolatiers ausgebildeten Eigentümer vor, wie Schokolade hergestellt wird, Verkostung inklusive (Anmeldung erbeten, 50 R).

Es ist nicht leicht, sich von Franschhoek zu trennen, aber nun lockt Fahrspaß auf der **Drei-Pässe-Fahrt** › S. 238 am Ostrand der **Hottentots Holland Nature Reserve** › S. 238 nach Südwesten in Richtung Pazifik. Über 1200 botanische Arten zählt die hiesige Berg-Fynbos-Vegetation; mehrere Wanderwege, die man zu mehrtägigen Trails kombinieren kann, erschließen die herbe Gebirgslandschaft mit Gipfeln um 1500 m. Wer hier wandern möchte, muss die Tour bei der Nationalparkverwaltung anmelden.

In **Gordon's Bay** erreichen Sie an der False Bay wieder das Meer – diesmal allerdings den Pazifik. Das hübsche Seebad markiert den Beginn der Garden Route › S. 254, und mit Glück sind im Oktober/November in seiner Bucht Wale mit ihren Kälbern zu beobachten. Etwas weiter, in Somerset West, erwarten andere Säugetiere ihre Bewunderer: Im **Cheetah Outreach** (Paardelvlei, De Beers Ave., Tel. 021/851 6150, www.cheetah.co.za, tgl. 9.30–17 Uhr) dreht sich alles um die pfeilschnellen Geparden, die in Südafrika beinahe ausgerottet worden wären. Die Organisation sieht es als Aufgabe an, die Sensibilität der Südafrikaner für die Bedeutung und die Bedrohung der Geparden zu erhöhen und züchtet zugleich Anatolische Hirtenhunde, die die Viehherden vor wildlebenden Geparden schützen sollen. Beim Besuch kommt man mit Glück ganz nah an die wunderschönen Tiere heran. Danach ist es Zeit für die Rückfahrt nach Kapstadt.

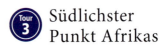

Südlichster Punkt Afrikas

ROUTE: Kapstadt › Hermanus › Cape Agulhas › De Hoop Nature Reserve › Swellendam › Montagu › Worcester › Kapstadt

KARTE: Seite 223
DAUER UND LÄNGE: 4 Tage, ca. 690 km
PRAKTISCHE TIPPS:
» Fernglas zur Beobachtung der Wale (Juli–Nov.) mitnehmen; neben dem touristischen Hermanus gibt es einsame Alternativen zur Walbeobachtung entlang der Strecke, z. B. im De Hoop Nature Reserve.
» In der Hochsaison (Nov.–April) Unterkunft unbedingt vorbuchen.

TOUR-START

Eine Tour für Natur- und Kulturliebhaber gleichermaßen: Von Kapstadt starten wir über Gordon's Bay an der Küstenstraße R 44 entlang der **False Bay** nach Süden und halten die Augen offen: Vielleicht zeigen sich Delfine oder gar Wale in der Bucht. Nahezu unberührt wirken die mit Fynbos bewachsenen Hänge der Kogelberg Nature Reserve zur Linken; kleine Hafenorte wie Roy Els liegen fast verloren an der eisblauen See. Zwischen den wild erodierten Küstenfelsen von **Betty's Bay** hat sich am Stony Point eine Pinguinkolonie niedergelassen – hier ist es ruhiger und natürlicher als am Boulders Beach auf der Kap-Halbinsel, was die rund 3600 Brillenpinguine offensichtlich zu schätzen wissen (tgl. 9–17 Uhr).

Weiter an der Bucht entlang und gelegentlich an fjordähnlichen Einschnitten landeinwärts ausweichend erreicht die Route die **Botrivier-Lagune**, ein Vogelparadies und die Heimat der letzten frei lebenden Wildpferde Südafrikas. Am hübschen, ruhigen Ort gleichen Namens vorbei geht's zurück an die Küste und in die nächste Bucht, die **Walker Bay:** So nah der Küste wie an der Walker Bay tauchen Buckel- und Glattwale kaum irgendwo in Südafrika auf. Berühmt für seine guten Wal- und Del-

Karte
S. 223

Kapstadt
Touren in der Region

finbeobachtungsmöglichkeiten ist vor allem der malerische Ort **Hermanus** 12 › S. 239, den der südafrikanische Schriftsteller Zakes Mda in seinem Roman »Der Walrufer« verewigte. Einen Walrufer gibt es in Hermanus heute noch; nur hat er eher eine folkloristische Funktion. Der Besuch im Walmuseum ist übrigens wirklich empfehlenswert! Nach einem Stadtbummel und einem Snack in Bientang's Cave geht's weiter in Richtung Cape Agulhas. Wer Lust auf Nervenkitzel verspürt, kann auf dem Weg in **Gansbaai** anhalten und dort mit Haien tauchen – geschützt durch einen Käfig versteht sich (www.sharkcagediving.co.za).
Die rauen Gewässer am **Cape Agulhas** 13 › S. 239, dem südlichsten Punkt des schwarzen Konti-

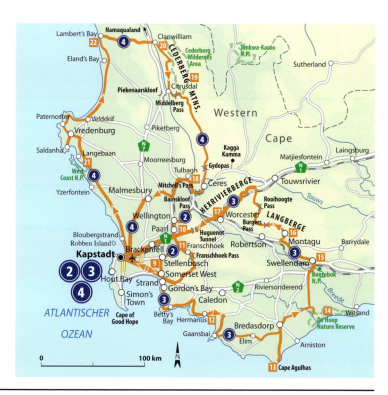

TOUREN IN KAPSTADT UND UMGEBUNG

2 Die Weinregion

KAPSTADT › STELLENBOSCH › PAARL › FRANSCHHOEK ›
DREI-PÄSSE-FAHRT › KAPSTADT

3 Südlichster Punkt Afrikas

KAPSTADT › HERMANUS › CAPE AGULHAS ›
DE HOOP NATURE RESERVE › SWELLENDAM ›
MONTAGU › WORCESTER › KAPSTADT

4 Raue Küste und einsame Berge

KAPSTADT › BLOUBERGSTRAND ›
WEST COAST NATIONAL PARK › LANGEBAAN ›
LAMBERT'S BAY › CLANWILLIAM › CEDERBERGE ›
TULBAGH › KAPSTADT

Kapstadt
Touren in der Region

nents, sind bei Anglern sehr beliebt. Hier treffen ganz offiziell Indischer Ozean und Atlantik aufeinander, wobei sich die Strömungen genaugenommen auch am Cape Point vermischen. Häufig ist die Halbinsel windumtost, manchmal zeigt sie sich aber auch von ihrer lieblicheren Seite. Der gleichnamige Nationalpark ist bekannt für seine Fynbos-Vegetation und seinen Vogelreichtum.

Der Reiz der **De Hoop Nature Reserve** 14 › S. 239 liegt in den spektakulären Landschaftsformen und in der einzigartigen Artenvielfalt von Flora und Fauna – in diesem Fall Reptilien und allen voran Schildkröten. Die Anfahrt auf der Schotterstraße ist ruppig; der Blick über die kreideweißen Stranddünen auf die Bucht, in der man in der Saison oft Wale sieht, ist umso reizvoller.

In einem Bogen entlang der Langeberg Range kehrt die Route nun nach Kapstadt zurück. Wer sich für kapholländische Architektur begeistert, kann in **Swellendam** 15 › S. 239 schwelgen. Der historische Ortskern um die Landvogtei Drostdy ist wunderbar erhalten und vermittelt perfekt die Atmosphäre aus den Tagen der ersten Siedler – immerhin ist Swellendam die drittälteste Stadt in Südafrika. Wie eine mit Zuckerguss überzogene Hochzeitstorte wirkt die Dutch Reformed Church. Ein Kaffee im Rosengarten des Restaurants Zanddrift (32 Swellengrebel St., Tel. 028/ 514 1789) gegenüber der Landvogtei und es geht auf die letzte Etappe: **Montagu** 16 › S. 240 lädt zu einem entspannten, nächtlichen Thermalbad in den Avalon Springs unter dem klaren Sternenhimmel der südlichen Hemisphäre und anschließender Übernachtung ein.

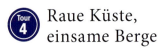

Raue Küste, einsame Berge
Tour 4

ROUTE: Kapstadt › Bloubergstrand › West Coast National Park › Langebaan › Lambert's Bay › Clanwilliam › Cederberge › Tulbagh › Kapstadt

KARTE: Seite 223
DAUER UND LÄNGE: 4 Tage, ca. 685 km

PRAKTISCHE TIPPS:
» Wochenende und zur Hummersaison Unterkunft und Restaurant unbedingt vorher reservieren; Fernglas und Vogelbestimmungsbuch (erhältlich in Buchhandlungen in Kapstadt) einpacken.
» Immer rechtzeitig tanken und Reserverad des Mietwagens kontrollieren, z.T. Schotterpisten.

TOUR-START

Der kühle Atlantik an der Westküste sorgt für besondere Stimmungen: Einsame Strände, ruhige Fischerdörfer, wettergegerbte Angler und im Wind tanzende Kite- und Windsurfer sind die Begleiter auf der Fahrt von Kapstadt nach Norden. Bereits nach 25 km lohnt in **Bloubergstrand** der erste Stopp, denn hier bietet sich die perfekte Fotoperspektive auf Kapstadt und den Tafelberg – vorausgesetzt, er hat nicht sein »Tischtuch« auf. Vor Erreichen von Langebaan durchquert man den West Coast National Park, bekannt für seinen Vogelreichtum, darunter große Schwärme Rosaflamingos. **Langebaan** 21 › S. 242 mit seinen niedrigen Bungalows rund um die Sandbucht ist einer der typischen Ferienorte an der Westküste und besonders beliebt bei Windsurfern. Auch die nachfolgenden Städtchen wie das romantische **Paternoster** mit seinen weiß verputzten Häuschen lohnen einen kurzen Bummel. Eine Spezialität dieser Region ist frischer *Crayfish*, den man hier oder in **Lambert's Bay** 22 › S. 243 unbedingt probieren sollte (Fangsaison ist von Nov. bis Mai). Vor allem die in Paternoster lebenden Khoi gelten als Meister des Crayfish-Fangs.

In Lambert's Bay verlässt die Route die Küste und wendet sich landeinwärts der zerklüfteten Formation der Cederberge zu. Vor der Bergwildnis locken im südafrikanischen Frühling die riesigen bunten Blumenteppiche bei **Clanwilliam** 20 › S. 241. Hier bleibt man am besten für ein oder zwei Nächte, um die ganze Vielfalt der blühenden Wildblumen auf sich wirken zu lassen. Steht nicht gerade die Blüte an, dann lohnt ein Besuch auf den Rooibos-Pflanzungen rund um das Städtchen. Hier entsteht der berühmte

Karte
S. 223

Kapstadt
Hauptbahnhof, City Hall

Rooibos- oder Rotbuschtee, den Sie im Rooibos Teahouse verkosten können wie andernorts Wein. Über 100 Sorten stehen dort zur Auswahl (4 Voortrekker St., Tel. 027/482 1007, www.rooibosteahouse.co.za).

Auch als Ausgangspunkt für erlebnisreiche Wandertouren in die **Cederberg Mountains** 19 › S. 241 ist Clanwilliam bestens geeignet. Geheimnisvolle Felsbilder, bizarre Erosionsskulpturen und Gumpen mit glasklarem Wasser belohnen die Mühe der teils rauen Wanderungen. Wer es weniger anstrengend mag, unternimmt einen Abstecher auf der R346 von Clanwilliam nach Osten bis zur Farm **Traveller's Rest** (36 km). Auf dem Farmgelände führt ein angenehmer am Fluss verlaufender Pfad 5 km zu neun Stellen mit Felsmalereien der San (Tel. 027/482 1824, www.travellersrest.co.za, 40 R).

Über **Citrusdal,** das Zentrum des Obstanbaus in der Region, und das historische **Tulbagh** 18 › S. 240 kehrt man nach Kapstadt zurück.

Verkehrsmittel

Innerhalb von Kapstadt lassen sich alle Ziele zu Fuß, mit dem Minibus oder Taxi erreichen. Für Touren in die Umgebung gibt es ein breites Angebot verschiedener Veranstalter wie auch an Autovermietungen.

UNTERWEGS IN KAPSTADT

Um den Hauptbahnhof A [c5]

Nordöstlich des Hauptbahnhofs erinnert das **Denkmal** an der Heerengracht an den Kappionier und Stadtgründer Jan van Riebeeck und seine Frau Maria.

Am nahen Hertzog Boulevard arbeitet die Stadtverwaltung (Civic Centre), ihr gegenüber hat Kapstadts modernste Bühne ihr Domizil, das **Artscape Theatre Centre** (Theater, Konzerte, Tanz, www.artscape.co.za).

Das sternförmige **Castle of Good Hope** B [d6] mit fünf kanonenbestückten Bastionen, das älteste Gebäude des Landes, erbauten rund 3000 Matrosen 1666 in nur einem Jahr. Einen Angriff musste die Festung, die zeitweise als Residenz der Gouverneure am Kap diente, nie abwehren. Sehenswert sind die Eingangspforte an der Grabenbrücke mit zwei Löwinnen, der **Van-der-Steel-Torweg** – so benannt nach dem ersten Gouverneur – und der **Katzenbalkon** mit Säulen aus Teakholz. Im Festsaal und in den angrenzenden Räumen ist die **Möbel-, Porzellan- und Gemäldesammlung** des 1968 verstorbenen Kunstmäzens William Fehr (tgl. 9.30 bis 15.30 Uhr, www.iziko.org.za) untergebracht. Die Exponate zur frühen Seefahrt und Entdeckung der Weltmeere wurden aus dem Maritime Museum hierher verlegt.

Sehenswert ist die feierliche **Zeremonie der Schlüsselübergabe** (*Key ceremony*) mit anschließendem **Abfeuern der Kanone** (*Firing of the signal cannon*), die werktags im Innenhof stattfindet (Mo–Fr 10, 12, Sa 11, 12 Uhr, www.castleofgoodhope.co.za).

Auf dem Platz vor dem Kastell, der Grand Parade, wird regelmäßig ein bunter Flohmarkt abgehalten. Gute Parkmöglichkeiten sind vorhanden.

City Hall C [c6]

Das Rathaus an der Darling Street wurde 1905 in einer gewagten Mischung aus italienischem Renaissance- und britischem Kolonialstil erbaut. Als Beigabe errichtete man nach dem Vorbild des Londoner Big Ben 1923 noch einen 60 m hohen Glockenturm.

Kapstadt
Adderley Street, Government Avenue

Im District Six Museum

Adderley Street

Mit ihren Straßenhändlern und Blumenverkäuferinnen zählt die Adderley Street zu den wichtigsten Geschäftsstraßen Kapstadts. Der schöne Bau der **Groote Kerk** D [b6], der Niederländisch-Reformierten Kirche aus dem Jahr 1836, ist das dritte Gotteshaus an dieser Stelle und basiert auf dem Fundament der ersten Kirche des Landes von 1678. Der Glockenturm stammt aus dem Jahr 1703. Sehenswert ist die mit Schnitzereien geschmückte Kanzel.

Die **Slave Lodge** E [b6], das ehemalige Kulturhistorische Museum, widmet sich heute besonders der Geschichte der Sklaverei. Die permanente Sammlung und die Sonderausstellungen entwickelten sich zu Besuchermagneten. Schon 1679 als Sklavenunterkunft erbaut, diente das Haus 1809 nach einem Umbau als Postamt, später war es Sitz des Obersten Gerichtshofs. Seit 1966 wird es als Museum genutzt.

Über dem Eingang prangt ein schöner Stuckgiebel. Archäologen brachten in den letzten Jahren Funde zur Hausgeschichte und zum Alltagsleben seiner Bewohner ans Tageslicht. Sehenswert sind auch die permanenten Sammlungen von der Antike bis zur Neuzeit, darunter zur Geschichte der Niederländischen Ostindien-Gesellschaft, die historische Porzellan- oder die Silbersammlung (Mo–Sa 10–17 Uhr, www.iziko.org.za).

Government Avenue

Als Fußgängerzone bietet sie Spaziergängern besonderen Genuss, mächtige Eichen spenden Schatten. In den eindrucksvollen weißen **Houses of Parliament** F [b6] tagte das Parlament erstmals 1814. Seit Gründung der Südafrikanischen Union (1910) ist Kapstadt im ersten Halbjahr, Pretoria im zweiten Halbjahr Sitz der Regierung.

Seit 1934 dient die **St. George's Cathedral** G [b6] der anglikanischen Gemeinde als Hauptkirche. Der jetzige Sakralbau aus dem Jahr 1901 war bis 1996 Sitz des emeritierten Erzbischofs Desmond Tutu. In die Mauern sind Originalsteine aus den Kathedralen von Glastonbury, Westminster Abbey und Winchester eingearbeitet.

Karte S. 229

Kapstadt
Museen, Long Street

Eine der größten Bibliotheken der südlichen Hemisphäre, die **National Library of South Africa** ❿ [b6] hütet 400 000 Bücher: neben allen in Südafrika je veröffentlichten Werken auch lateinische Manuskripte aus dem 10. Jh. sowie Werke von Shakespeare (5 Queen Victoria St., Mo–Sa 8–18 Uhr, www.nlsa.ac.za).

Nach so viel Kultur bietet sich eine Rast im **Company's Garden** ❿ [b6] an. Hier legte Jan van Riebeeck die ersten Gemüsegärten an. Spazierwege führen vorbei an seltenen Bäumen und Sträuchern zu schönen Rosengärten. Weitere Attraktionen sind eine Sonnenuhr (1782) und zwei Denkmäler: Eines erinnert an Sir George Grey, Gouverneur am Kap von 1845–1862, ein zweites zeigt seinen Nachfolger, den Diamantenkönig Cecil John Rhodes (1853–1902). Der Park ist eine Oase im Herzen der Stadt mit zahmen Eichhörnchen und etwas lästigen Tauben.

Am südlichen Ende des Parks zeigt das 1825 gegründete **South African Museum** ❿ [a7] seine umfangreiche naturgeschichtliche Sammlung. Informativ sind die Ausstellungen über das Leben der San und die Nachbildungen prähistorischer Tiere (tgl. 10–17 Uhr, www.iziko.org.za).

Sehenswerte Museen

Schwerpunkte der **South African National Gallery** ❿ [b7] bilden Werke südafrikanischer Künstler sowie diejenigen europäischer Meister (tgl. 10 bis 17 Uhr, www.iziko.org.za). Sehr lohnend ist ein Besuch im Patrizierhaus **Rust en Vreugd** ❿ [b7]. Das Herrenhaus »Rast und Freude« wurde 1778 für die Holländisch-Ostindische Gesellschaft gebaut. Schnitzereien aus Teakholz und verzierte Säulen schmücken das Gebäude, zu sehen sind Gemälde aus der Sammlung William Fehr (Buitenkant/Roeland St., Mo–Fr 10 bis 17 Uhr, www.iziko.org.za). In einer profanisierten Kirche dokumentiert das **District Six Museum** ❿ [c7] die tragische Geschichte des gleichnamigen, einst multikulturellen Stadtviertels (25a Buitenkant St., Mo–Sa 9–16 Uhr, www.districtsix.org.za). Das **Heart of Cape Town Museum** ❿ [d6] erinnert an die weltweite erste Herztransplantation an einem Menschen im Jahr 1967 (Main Rd., Groote Schuur Hospital, Mo–So 9–17 Uhr, www.heartofcapetown.co.za).

Entlang der Long Street

Am nördlichen Ende beeinträchtigen zwar moderne Zweckbauten das Bild, in Richtung Süden aber verleihen viktorianische Häuser der meistfotografierten Straße Kapstadts bezauberndes Flair. Die sorgfältig restaurierten Gebäude mit ihren schmiedeeisernen Balkonen und Türmchen leuchten in Gelb, Rosa und Hellblau.

Auf dem **Greenmarket Square** ❿ [b5], einem alten Marktplatz (1710) mit historischem Kopfsteinpflaster, kann man werktags auf einem interessanten Flohmarkt stöbern. Die Westseite des Platzes schmückt das ehemalige Rathaus, das **Old Town House** von 1775. In dem schönen kapholländischen Gebäude ist eine Sammlung holländischer und flämischer Maler des 17. Jhs. untergebracht (tgl. 10–17 Uhr, www.iziko.org.za).

Das **Koopmans de Wet House** ❿ [b5], ein Bürgerhaus von 1701, beherbergt eine Möbelsammlung im holländischen Stil (Mo–Fr 10–17 Uhr, www.iziko.org.za).

Shopping

Die Long Street ist das »Quartier Latin« von Kapstadt. Man kann in schummrigen Läden nach alten Büchern stöbern, die Antiquitätengeschäfte sind voll mit Trödel. Kunsthandwerk aus vielen Ländern Afrikas findet man im **Pan African Market**, 76 Long St., Mo–Fr 9–17, Sa bis 15 Uhr und günstiger auf dem Kunsthandwerksmarkt am **Greenmarket Square**. Wunderschöne Objekte aus Draht und Perlen gibt es bei **Streetwires**, 77 Shortmarket St., www.streetwires.co.za, Mo–Fr 8.30–17, Sa 9 bis 13 Uhr. Viel Auswahl an Literatur zum südlichen Afrika – auch deutschsprachig – bietet die **Buchhandlung Naumann**, 91 Kloof Nek Rd. (1.St.), Tel. 021/423 7732.

Kapstadt
Victoria & Alfred Waterfront

Victoria & Alfred Waterfront ○ [b1] ★

Aus der einst düsteren Hafengegend entwickelt sich ein lebhaftes Vergnügungsviertel, heute eine Top-Attraktion der Stadt (www.waterfront.co.za). Namengebend waren Queen Victoria und ihr Sohn, der 1860 den Startschuss zum Beginn des Hafenbaus gab. Ab 1938 wurden dem Meer 146 ha Land abgerungen: Kapstadts Foreshore. Hier stehen Hochhäuser wie das **Sanlam-Zentrum** mit 26 Stockwerken, das ab 1950 entstand. Heute prägen viele moderne Geschäftshäuser die City. Die Waterfront ist das innerstädtische Einkaufsparadies von Kapstadt schlechthin. Zur Fußball-WM 2010 ging ein 50 m hohes **Riesenrad** an der Canal Site in Betrieb – von oben hat man einen herrlichen Ausblick (www.capewheel.co.za).

VICTORIA WHARF

Bis zum Ende der 1980er-Jahre sahen die abbruchreifen Häuser und Lagerhallen im Hafen wie eine gespenstische Filmkulisse aus. Das Hafenflair ist geblieben, ebenso Trockendocks, Frachter, Fischkutter und Segelboote. Ab 1990 wurden die alten Gebäude jedoch restauriert, neue in passendem Stil hinzugefügt – so die zentrale Victoria Wharf, ein Komplex mit Gaststätten und Boutiquen. Das Einkaufs- und Ausgehparadies umfasst etwa 260 Geschäfte, Galerien, Kinos, Hotels, Restaurants, Cafés und Kneipen. Beliebte Treffs sind der **Nobel Square** mit den Statuen der vier Friedensnobelpreisträger Albert Luthuli, Desmond Tutu, Nelson Mandela, Frederik de Klerk, der **Clock Tower** sowie die **Market Plaza** mit dem **Maritime Museum** (Fotografien und Schiffsmodelle, tgl. 10–17 Uhr).

TWO OCEANS AQUARIUM ★

Die Haifütterung (tgl. 12 und 14 Uhr) gehört zu den besonderen Attraktionen des riesigen, modernen Aquariums. Neben Meeresschildkröten und Pinguinen kann man viele Fischarten des Kaps in bis zu 11 m hohen Becken be-

Innenstadt

Ⓐ Hauptbahnhof
Ⓑ Castle of Good Hope
Ⓒ City Hall
Ⓓ Groote Kerk
Ⓔ Slave Lodge
Ⓕ Houses of Parliament
Ⓖ St. George's Cathedral
Ⓗ National Library of South Africa
Ⓘ Company's Garden
Ⓙ South African Museum
Ⓚ South African National Gallery
Ⓛ Rust en Vreugd
Ⓜ District Six Museum
Ⓝ Heart of Cape Town Museum
Ⓞ Greenmarket Square
Ⓟ Koopmans de Wet House
Ⓠ Victoria & Alfred Waterfront
Ⓡ Tafelberg

obachten und faszinierende Einblicke in die Unterwasserwelt gewinnen (tgl. 9.30–18 Uhr, Tel. 021/418 3823, www.aquarium.co.za).

BO KAAP UND SIGNAL HILL

Westlich der lebhaften Buitengracht ducken sich am Abhang des **Signal Hill** kleine farbige Häuser; steile Straßen ziehen sich hügelan. Hier im Bo Kaap leben etwa 40 000 Kapmalaien, die Nachfahren der einst aus Malaysia verschleppten Sklaven. Die meisten Häuser entstanden Anfang des 19. Jahrhunderts. Das **Bo Kaap Museum** in der Wale Street informiert über das Leben der Kapmalaien (Mo–Sa 10–17 Uhr, www.iziko.org.za).

Auf den 350 m hohen **Signal Hill** fahren nicht nur Liebespaare gern und genießen den Sonnenuntergang und das nächtliche Lichtermeer von Kapstadt. Täglich außer sonntags knallt um Punkt 12 Uhr mittags auf dem Gipfel die »Noon Gun« früher ein echter Kanonenschuss, heute ein elektronisch gesteuertes Signal – eine Tradition, die es seit 1806 gibt.

Kapstadt
Unterwegs in Kapstadt

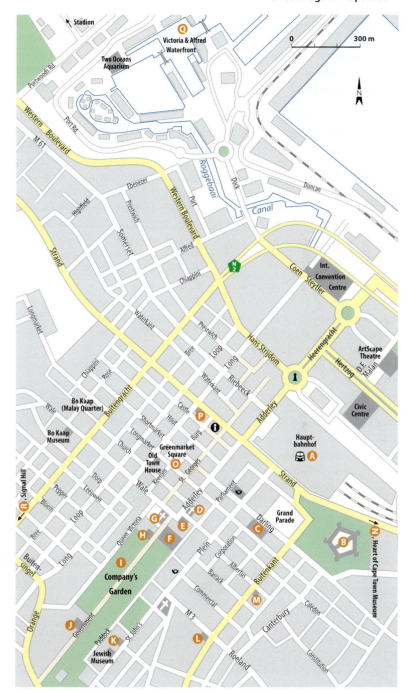

Kapstadt
Info, Verkehrsmittel, Hotels

Info
City Centre
Gute Infos, auch Hotel-, Mietwagen- und Nationalparkbuchungen. Stadtführungen zu Fuß oder mit dem Doppeldeckerbus Cape Town Explorer. Mo–Fr 8–18, Sa 8.30–14, So 9–13 Uhr, im Winter bis 17.30, Sa bis 13 Uhr.
Pinnacle Building | Burg/Castle St.
Tel. 021/487 6800 | www.capetown.travel

V&A Waterfront
Tgl. 9–18 Uhr
Beim Riesenrad | Tel. 021/408 7600

Die **Go Cape Town Card** bietet freien Eintritt u. a. für: Aquarium, Riesenrad, City Sightseeing Bussen und einige Museen außerhalb. Rabatt in vielen Restaurants. Sie ist bei den Touristinfos und online unter www.gocards.co.za erhältlich.

Awol Tours
Townshiptouren auf Rädern, die dort vermietet werden und so die Bevölkerung unterstützen.
Tel. 021/418 3803 | www.awoltours.co.za

Verkehrsmittel
Die günstigen Rikki-Taxis (Tel. 0861/745 547, www.rikkis.co.za), fahren überall in der Stadt und sammeln Fahrgäste auf. Regelmäßige Busse zwischen der Waterfront und Adderley Street bzw. Sea Point (Peninsula Hotel). Stadtrundfahrten im offenen Doppeldeckerbus über City Sightseeing Cape Town (Zustieg z. B. am Clock Tower an der Waterfront, www.citysightseeing.co.za, Tel. 0861/733 287).

Hotels
Villa Lutzi €€€
Sehr angenehmes Gästehaus unter deutscher Leitung in der Verlängerung der Long Street, Pool.
6 Rosemead Ave.
Tel. 021/423 4614 | www.villalutzi.com

Winchester Mansions €€€
Preisgekrönt im kapholländischen Landhausstil in herrlicher Lage, mit Pool und »Gingko«-Wellness-Spa. Sonntags-Brunch mit Live-Jazz.
221 Beach Rd. | Sea Point
Tel. 021/ 434 2351 | www.winchester.co.za

Bunte Bauklötzchenhäuser im Malaienviertel Bo Kaap

Karte
S. 229

Kapstadt
Restaurants, Nightlife, Ausflüge

Dunkley House €€
Geschmackvolles Haus mit Pool und Apartments; Restaurants und Museen in Gehweite.
3 b Gordon St., Gardens
Tel. 021/462 7650 | www.dunkleyhouse.com

iKhaya Guest Lodge €€
Kleines Hotel mit afrikanischem Touch in zentraler Lage. Tolles Frühstücksbüfett.
4–5 Dunkley Square, Gardens
Tel. 021/461 8880
www.ikhayalodge.co.za

Restaurants
Quay Four €€€
Beliebtes Restaurant mit Blick auf den Hafen. Fangfrischer Fisch, exzellente Weinkarte.
Victoria & Alfred Waterfront
Tel. 021/419 2008
www.quay4.co.za

La Mouette €€
Kleine Karte mit bester französischer Küche.
78 Regent Rd., Seapoint
Tel. 021/433 0856
www.lamouette-restaurant.co.za

Biesmiellah €
Traditionelle kapmalaische Küche mit Esprit und modernem Touch – einfach köstlich!
2 Wale St.
Tel. 021/423 0850
biesmiellah.co.za

The Africa Café €
Gerichte aus ganz Afrika in verschieden dekorierten Räumen. Reservieren!
108 Shortmarket St.
Tel. 021/422 0221
www.africacafe.co.za

Nightlife
An der Victoria & Alfred Waterfront z. B. in der **Tavern** des **Quay Four** (häufig ab 20 Uhr Livebands unterschiedlicher Musikrichtungen, s. l.). Das **Arcade** ist eine coole Bar mit Restaurantbetrieb (152 Bree St., http://arcadecafe.co.za, Mo–Sa ab 11.30 Uhr). In der **Blah Blah Bar** gibt's Livemusik, Poetry Slams und Kunst (Kloof Stret, www.blahblahbar.co.za).

Ausflüge

ROBBEN ISLAND ⭐
18 Jahre lang war das Hochsicherheitsgefängnis dort Verbannungsort des ANC-Führers Nelson Mandela und anderer politischer Gefangener. Wegen der historischen Bedeutung nahm die UNESCO die Insel in die Weltkulturerbeliste auf (von ehemaligen Gefangenen geführte Touren, Tickets Tel. 021/413 4200, www.robben-island.org.za, Boote mehrmals täglich ab Nelson Mandela Gateway am Clock Tower Centre an der Waterfront).

TAFELBERG ⓡ ⭐
Einen herrlichen Rundblick über die Kap-Halbinsel bietet an klaren Tagen der 1087 m hohe Tafelberg im Süden von Kapstadt. Viele Wanderwege führen auf das Plateau; für den einfachsten Aufstieg, den man keinesfalls bei unbeständigem Wetter wagen sollte, benötigt man drei Stunden. Der Tafelberg ist Teil des Table Mountain National Parks › **S. 234**. Hinauf fährt auch eine Panorama-Drehkabinen-Seilbahn, die 704 Höhenmeter überwindet. In den witterungsunbeständigen Monaten Juni bis August sollte man möglichst früh hinauffahren, denn der Himmel kann zu dieser Jahreszeit schnell eintrüben (tgl. 8/8.30–16.30/20.30 Uhr je nach Jahreszeit, bei Sturm keine Fahrten, Tel. 021/424 8181, www.tablemountain.net).

Der Devil's Peak östlich des Tafelbergs ist mit 1001 m nur wenig niedriger; im Westen erhebt sich der Lion's Head (669 m) › **S. 234**.

Restaurant
Das **Table Mountain Café** (€) bietet Frühstück, Snacks und Hauptgerichte.

UNTERWEGS IN DER UMGEBUNG

Canal Walk Shopping Centre

Entertainment pur bietet das riesige Canal Walk Shopping Centre: Hier kann man auf künstlichen Flussarmen Boot fahren, gut essen und shoppen bis zum Umfallen – in über 400 Läden. Das Einkaufsparadies liegt nordöstlich von Kapstadt an der N 1 Richtung Goodwood, 10 Min. Autofahrt, Bus T01 vom Stadtzentrum (myCiTi Bus Service, https://myciti.org.za, www.canalwalk.co.za, tgl. 9–21 Uhr).

Kirstenbosch Botanical Gardens 1 ★ [C8]

Der Gründer der Diamantenfirma De Beers, Sir Cecil John Rhodes, schenkte dem Staat 1902 das Gelände der wunderschönen Botanischen Gärten. Auf gut 500 ha lernt man am Osthang des Tafelbergs fast 90 % der rund 25 000 Pflanzenarten des Landes kennen, so z. B. die Proteen. Besonders beeindruckt diese Vielfalt zur Blütezeit der meisten Gewächse zwischen Mitte August und Ende Oktober; in den Monaten vorher regnet es hier besonders viel.

Beliebt sind die Summer Sunset Concerts zwischen November und April, bei denen Klassikorchester und Popgrößen auftreten. Traditionell packen die Zuschauer dafür einen Picknickkorb und lassen sich am Hang vor der Bühne häuslich nieder (Sept.–März tgl. 8–19, sonst bis 18 Uhr, www.sanbi.org).

Constantia 2 [C8]

Der Vorort beherbergt das älteste Weingut des Landes, **Groot Constantia**. Das von Simon van der Stel Ende des 17. Jhs. erbaute Herrenhaus ist eines der schönsten Beispiele für kapholländische Architektur und birgt heute ein sehenswertes Museum mit historischen Möbeln und Gemälden (tgl. 10–17 Uhr; Besichtigungen mit Kellerführung und Weinprobe tgl. 10–16 Uhr zu jeder vollen Stunde, zwei Restaurants, Tel. 021/794 5128, www.grootconstantia.co.za).

Östlich der vornehmen Villenviertel beginnen die Cape Flats. Hier lebt die schwarze Bevölkerung des Kaps unter recht ärmlichen Bedingungen. In Mitchells Plain wurden ab 1975 Reihenhäuser für 300 000 Farbige gebaut.

Restaurant
Buitenverwachting €€, abends €€€
Für viele das beste Restaurant im Land, meist ausgebucht. Der österreichische Chefkoch versteht sich bestens darauf, europäische und südafrikanische Produkte und Kochtraditionen harmonisch zu vereinen. Rechtzeitig reservieren! Klein Constantia Rd.
Tel. 021/794 3522
www.buitenverwachting.co.za

False Bay

Den nördlichen Beginn der False Bay markiert der beliebte Bade- und Surferort **Muizenberg** 3 [C8]. Neben der zum Museum umfunktionierten Post aus dem 18. Jh. ist vor allem das einstige Sommerhaus von Cecil John Rhodes einen Besuch wert. Der Diamantmagnat, Kapgouverneur und Rhodesien-Eroberer erwarb das Häuschen 1899 und starb darin 1902. Schwerpunkt der Ausstellung im **Rhodes Cottage Museum** ist die Biografie dieses außergewöhnlichen Menschen, die untrennbar mit der Geschichte am Kap verbunden ist (Main Rd., Sommer Mo–Fr 10–14 Uhr, im Winter eingeschränkt).

Ornithologisch Interessierte sollten sich das Vogelschutzgebiet **Rondevlei** in False Bay Nature

Karte S. 220

Kapstadts Umgebung
False Bay

Typische Strandkabinen in Muizenberg

Reserve ansehen. Hier leben rund 200 Vogelarten am Brackwassersee Sandvlei, der von Dünen umgeben ist; die Besonderheiten hier sind eine Brutkolonie Heiliger Ibisse – und Hippos (Beobachtungssitze; tgl. 7.30–17 Uhr, Dez.–Febr. Sa/So bis 19 Uhr, www.capetown.gov.za).

Die bunten Umkleidehäuschen aus viktorianischer Zeit am **Strand von Muizenberg** und an dem von von **St. James** gleich südlich sehen aus, als hätte sie jemand für Werbefilmaufnahmen aufgestellt. Sie geben tatsächlich ein tolles Fotomotiv ab.

Im kleinen Hafen von **Kalk Bay** 4 [C8] fahren morgens bunte Fischerboote aufs Meer hinaus. Im Sommer werden auch Bootsausflüge zur **Seal Island** angeboten. Rund 75 000 Robben leben auf der Insel, die deshalb ein sehr intensiver Duft umweht. In den Wintermonaten sind die Chancen am größten, im Umfeld des Eilands einen Weißen Hai zu sichten. Bei Kalk Bay führt eine schmale Straße in das **Silvermine Nature Reserve**. Auf 2100 ha gebirgiger Landschaft gedeiht eine große Pflanzenvielfalt; auch Antilopen und Gazellen leben hier. Wanderwege erschließen das schöne Naturreservat.

Simon's Town 5 [C8] war einst britischer Militärstützpunkt und wurde erst 1957 an Südafrika übergeben. Im Städtchen bietet die St. George's Street ein einheitliches Bild mit hübschen Häusern aus der viktorianischen Epoche. In die Residenz des Kapgouverneurs von 1777 ist das **Simon's Town Museum** eingezogen. Interessant sind nicht nur die Exponate zur Stadtgeschichte, sondern auch der Überblick über die Kultur der San (Mo–Fr 10–16, Sa 10–13 Uhr).

Südlich der Stadt erstreckt sich der sichere, mit großen Granitfelsen übersäte **Boulders Beach**, den sich Badende häufig mit kleinen Brillenpinguinen teilen. Daneben befindet sich das Schutzgebiet für heute etwa 2500 Brillenpinguine. Die Population ist von ursprünglich zwei Paaren (1983) auf ihre heutige Größe herangewachsen! Von Holzstegen aus kann man die Kolonie gut beobachten (Okt.–März 6–18, April–Sept. 7–17, Feb/März, Okt/Nov. 8–18.30, Dez./Jan. 7 bis 19.30 Uhr, www.sanparks.org).

Kapstadts Umgebung
Table Mountain National Park

Restaurant
The Lighthouse Café €€
Pizza, Pasta und Salate in nostalgischer Atmosphäre, umgeben von Bildern und Nippes. 90 St Georges St.
Tel. 021/786 9000 | www.thelighthousecafe.co.za

Table Mountain National Park 6 [C8]

Der 22 000 ha große Table Mountain National Park erstreckt sich entlang der Westküste vom Tafelberg bis hin zum südlichsten Punkt der Kap-Halbinsel. Hier leben u. a. Antilopen, Strauße, Bergzebras und Paviane. Die vielfältige Pflanzenwelt des Reservats ist zur Blütezeit im September/Oktober besonders schön (www.sanparks.org).

LION'S HEAD
Der auffällig geformte Gipfel mit dem an einen »Löwenkopf« erinnernden Felsen befindet sich nordwestlich des Tafelbergs und ist mit 669 m Höhe in einer guten Stunde zu besteigen. Trotz der steilen Flanken ist es eine angenehme Tour, denn der Pfad steigt nur allmählich an und umrundet den Berg deshalb zweimal. Man genießt dabei immer neue Ausblicke über Kapstadt, den Tafelberg und die See. Kapstädter finden es übrigens trendy, den Berg bei Vollmond zu erobern – dies sollte man aber nur mit einer größeren Gruppe und unter kundiger Führung unternehmen.

CAPE POINT ★
Wer vom Parkplatz aus nicht eine Viertelstunde zu Fuß gehen will, kann mit der Drahtseilbahn bis zum eindrucksvollen Cape Point gelangen (Okt.–März tgl. 9–17.30, sonst bis 17 Uhr, http://capepoint.co.za). Donnernd schlägt die Brandung gegen die über 200 m fast senkrecht abfallenden Felsen. Vielleicht sehen Sie ja irgendwo draußen in der Dünung den *Flying Dutchman*: Der Fliegenden Holländer Hendrik van der Decken hatte im 17. Jh. geschworen, er würde das Kap der Guten Hoffnung umrunden, obwohl seine Segel bereits zerrissen waren. Seitdem irrt er hier umher.

Der Tafelberg setzt sein »Tischtuch« auf

Karte
S. 220

Kapstadts Umgebung
Chapman's Peak Drive, Hout Bay, In der Weinregion

CAPE OF GOOD HOPE
Das Kap der Guten Hoffnung, einige Kilometer westlich, ist wesentlich unspektakulärer als Cape Point. Straße und Wanderweg führen zu dieser magischen Schnittstelle zwischen den Meeren: dem Atlantik im Westen und dem Indischen Ozean im Osten. Hier steht ein Gedenkkreuz für den Portugiesen Bartholomeu Diaz, der 1488 als Erster dieses »Kap der Stürme« umschiffte und schließlich in Mossel Bay an Land ging (Okt.–März 6–18, sonst 7–17 Uhr).

Hotel
Hout Bay Manor €€€
Luxushotel in einem historischen Anwesen, nahe am Strand; Restaurant.
Main Rd. | Tel. 021/790 0116
www.houtbaymanor.com

Restaurant
Mariners Wharfside Grill €€
Eines der besten Seafood-Restaurants Südafrikas.
Direkt am Hafen | Tel. 021/790 1100
www.marinerswharf.com

Chapman's Peak Drive 7 [C8]

Hinter Noordhoek beginnt diese grandiose 10 km lange Küstenstraße mit ihren 114 Kurven, etwa 150 m hoch über dem Atlantik bis Hout Bay. Viele Stellen der zu den schönsten Panoramastraßen der Welt zählenden Strecke wurden in den letzten Jahren durch kurze Tunnels oder mit Stahlnetzen gegen Steinschlag gesichert. Dennoch unbedingt vorsichtig und langsam fahren! Halteplätze gewähren die beste und sicherste Aussicht (Maut, www.chapmanspeakdrive.co.za).

Hout Bay 8 [C8]

In Hout Bay wurde zur Zeit der Holländer Holz, *Hout*, geschlagen; inzwischen sind die Wälder längst verschwunden. Der bunte, belebte Hafen ist ein wichtiges Zentrum für den Langustenfang. Nicht versäumen sollte man einen halbstündigen Bootsausflug nach **Duiker Island**, zwischen Dezember und April drängen sich dort bis zu 5000 Robben (tgl. vier Abfahrten vormittags, www.circelaunches.co.za, Tel. 021/790 1040).

World of Birds nördlich von Hout Bay gelegen ist eine riesige Parkanlage, in der über 3000 Vögel, einige Affenarten und viele Meerkatzen beobachtet werden können (tgl. 9–17 Uhr, www.worldofbirds.org.za).

In der Weinregion

STELLENBOSCH 9 ★ [C8]

In der 1679 gegründeten Stadt sind zahlreiche historische Gebäude erhalten geblieben. Um den Stadtplatz **De Braak** gruppieren sich das Bürgerhaus (1797) mit Museum, das Alte Kutscherhaus (1790) und die Rheinische Missionskirche (1823). In der **Dorp Straat** ist die älteste und am besten erhaltene Häuserzeile der Stadt zu bewundern – heute sind hier Galerien, Souvenirshops und gemütliche Cafés zu finden. Einen Besuch lohnt das **Village Museum** in der angrenzenden Ryneveld Street: Vier Häuser sind originalgetreu eingerichtet und wurden im Stil des 18. Jhs. restauriert; ein hübscher Garten lädt zum Verweilen (Mo bis Sa 9–17, So 10–13, Sept.–März bis 16 Uhr, www.stelmus.co.za).

In der berühmten Universität, dem »Oxford der Buren«, gegründet 1918, sind heute auch Schwarze als Studenten zugelassen.

Zahlreiche Weingüter und -kooperativen haben sich zur **Stellenbosch Wine Route** ★, zusammengeschlossen und bieten Weinproben sowie Führungen an (Tel. 021/886 4310, www.wineroute.co.za).

Info
Stellenbosch Tourism & Information
36 Market St. | Tel. 021/883 3584
www.stellenbosch.travel

Hotels

River Manor Hotel & Spa €€€
Das zentral gelegene Boutiquehotel verwöhnt seine Gäste mit sehr britischer Atmosphäre und einem herrlichem Garten mit Pool.
6 The Ave. | Tel. 021/887 9944
www.rivermanor.co.za

Hunneyball House €€
Das sympathisch geführte Gästehaus liegt zentral und dennoch ruhig. Die acht geräumigen Gästezimmer sind elegant eingerichtet. Zum Anwesen gehören ein schöner Garten und eine Snack-Bar.
32 Herold St. | Tel. 021/882 8083
http://hunneyballhouse.com

Restaurants

Lord Neethling €€–€€€
Top-Restaurant mit südafrikanischer und internationaler Küche auf einem Spitzenweingut. Neethlingshof (an der M 12, 6 km vom Zentrum)
Tel. 021/883 8966 | www.neethlingshof.co.za
So abends geschl.

Wijnhuis €€–€€€
Italienische Küche mit Anpassungen an den südafrikanischen Geschmack, mittags und abends fast immer voll, am beliebtesten sind die Tische auf der Straße und in der ersten Etage an den Fenstern. 20 der über 500 auf der Karte gelisteten Weine gibt's auch glasweise.
Andringa St.
Tel. 021/887 5844
www.wijnhuis.co.za

Root44 Market €–€€
Neben Klamotten-, Souvenir- und Schmuckverkäufern haben auch verschiedene Weingüter einen Stand auf diesem »Markt«; zu den glasweise ausgeschenkten edlen Tropfen schmecken multikulturelle Snacks von Thai-Burgern bis tunesischen Baklava.
Ecke R44 & Annandale Rd.
Tel. 021/881 3052, www.root44.co.za
Sa/So 10–16 Uhr

PAARL 10 [C8]

In einer wild zerklüfteten Berglandschaft liegt Paarl (112 000 Einw.), das Zentrum des größten Weinbaugebietes am Kap. Der Name geht auf die Granitkuppen zurück, die den Ort überragen – nach Regen glänzen sie im Sonnenlicht wie Perlen. An der Main Street in Richtung Stadtzentrum liegt das ehemalige Pfarrhaus, die **Oude Pastorie**, von 1714. Es beherbergt jetzt das **Paarl Museum** mit Möbeln und Antiquitäten aus kapholländischer Zeit (Mo–Fr 9–16, Sa 9–13 Uhr).

Der 600 m hohe **Paarlberg** mit seinen Granitdomen ist Teil eines Schutzgebiets. Hier wurde 1975 das nadelförmige **Afrikaans Language Monument** *(Afrikaanse Taalmonument)* errichtet, als Symbol für Entwicklung und Verbreitung der Sprache Afrikaans (tgl. 8–17, Sommer 8–20 Uhr, www.taalmuseum.co.za). An klaren Tagen bietet sich von hier obenein wunderbarer Panoramablick.

Paarl ist auch Sitz der 1918 zur Stabilisierung der Weinindustrie gegründeten **KWV**, der größten Winzergenossenschaft des Landes. Die Fläche der Weinkeller beträgt mehr als 22 ha, das entspricht einem kleinen Weingut. Über 90 % der Winzer Südafrikas gehören der KWV an (Kohler St., Tel. 021/807 3007, www.kwvwineemporium.co.za, Mo–Sa 9–16.30 Uhr, Führungen auf Deutsch Mo–Sa 10.15 Uhr).

Die meisten Weingüter der Umgebung kann man besichtigen. **Gut Nederburg** in Paarl (Tel. 021/ 862 3104, www.nederburg.co.za) ist ein wahrer Wein- und Sektgigant mit etwa 650 ha Anbaufläche, auf der unter anderem sehr guter Cabernet Sauvignon gedeiht. **Rhebokskloof** ist wesentlich kleiner, bietet aber das exzellente Victorian Restaurant (www.rhebokskloof.co.za, Tel. 021/869 8386, tgl. 9–17 Uhr). Auf **Fairview** weiden Kühe und Schafe; neben gutem Wein wird hier auch köstlicher Käse hergestellt (Tel. 021/863 2550, www.fairview.co.za). Das **Backsberg Estate** (Tel. 021/875 5141, www.backsberg.co.za) produziert feinen Merlot, Chardonnay und Cabernet, Restaurant im Freien.

Karte
S. 223

Kapstadts Umgebung
In der Weinregion

In der KWV Winery, Paarl

Info
Paarl Tourism
Mo–Fr 8.30–17, Sa, So 10–13 Uhr
216 Main St.
Tel. 021/872 4842
www.paarlonline.com

Hotels
Grande Roche €€€
Tophotel auf einem Weingut mit Schwimmbad, Fitnesscenter und Tenniscourts; besondere Spezialitäten im Edel-Restaurant Bosman's sind Lamm- und Fischgerichte, erlesene Weine.
1 Plantasie St.
Tel. 021/863 5100
www.granderoche.com

Oak Tree Lodge €–€€
Die Pension an der Hauptstraße ist gepflegt und besitzt einen angenehmen Garten. Ruhiger und angenehmer sind die Zimmer nach hinten.
32 Main St.
Tel. 021/863 2606
www.oaktreelodge.co.za

Restaurants
Noop €€€
Junge moderne crossover-Küche, vom Burger bis zu Kürbis-Ravioli.
127 Main Rd.
Tel. 021/863 3925 | www.noop.co.za

Terra Mare €€
Gemütlich eingerichtetes Lokal mit mediterraner Fischküche im Fusion-Stil und den feinen Standardgerichten der Kap-Küche.
90 A Main St. | Tel. 021/863 4805
So geschl.

Shopping
SPICE ROUTE DESTINATION
In dem kleinen »Kunstdorf« finden Sie von Biltong über exotische Marmeladen, Weine und Craft-Bier auch Raritäten wie mundgeblasenes Glas. Außerdem zwei Bistros für den großen oder kleinen Hunger.
Suid Agter Paarl Rd.
Tel. 021/863 5200
www.spiceroute.co.za, tgl. 10–17 Uhr

Kapstadts Umgebung
In der Weinregion

FRANSCHHOEK 11 [C8]

Der kleine Ort ist eine Gründung von Hugenotten. Durch ihre Kenntnisse im Weinbau trugen sie zum guten Ruf der südafrikanischen Weine bei. Franschhoek wird von schroffen Bergen überragt; die meisten Weingüter tragen französische Namen: Dieu Donné, La Provence oder Mont Rochelle. Der in Südafrika geborene Deutsche Achim von Arnim produziert auf La Cabrière hervorragenden Sekt in Flaschengärung (Tel. 021/876 2630, www.cabriere.co.za).

Hotel

Le Quartier Français €€€
Schickes Boutiquehotel mit einem wirklich exquisiten Restaurant.
16 Huguenot Rd.
Tel. 021/492 2222
www.leeucollection.com

DREI-PÄSSE-FAHRT

Die knapp 100 km lange Strecke durch die Gebirgsriegel der Franschhoek Mountains und der Hottentots Holland Nature Reserve verbindet **Franschhoek** auf einer sehr malerischen und aussichtsreichen Strecke mit **Somerset West** an der **False Bay**. Den Pfad über den **Franschhoek Pass** trampelten einst angeblich Elefanten auf ihren Wanderungen zwischen den Weidegebieten aus, ehe 1819 der Weg bis zur 701 m hohen Anhöhe ausgebaut wurde. Von Aussichtspunkten unterwegs und von der Passhöhe bieten sich wunderschöne Ausblicke über die Berge und auf das Weinanbaugebiet der namensgebenden Stadt. Weiter geht es nach Südwesten in Richtung **Grabouw** über den 525 m hohen **Viljoen Pass**, der nach dem politisch engagierten Farmer Sir Anthony Viljoen benannt wurde. Hier sind Sie im Zentrum des südafrikanischen Apfelanbaus – besonders reizvoll wirkt die Landschaft zur Baumblüte im Frühjahr. Für die ersten Siedler wurde 1838 der **Sir Lowry's Pass** befestigt, der von Grabouw nach Somerset West überleitet. Während der Talfahrt genießt man einen wunderbaren Überblick über die False Bay und die Kap-Halbinsel. Gleich nach dem Pass gelangt man zum Tor des **Hottentots Holland Nature Reserve**, bekannt für seine einzigartige Fynbos-Vegetation (www.capenature.co.za/reserves).

Blüten, Zackenberge und Meer unweit von Somerset West

Karte S. 223

Kapstadts Umgebung
Hermanus, Cape Agulhas, De Hoop NR, Swellendam

Hermanus 12 ★ [C8]

In der Hauptstadt der Walroute an der Walker Bay verkündet im südafrikanischen Winter ein Ausrufer am Strand, wo gerade Buckel- oder Glattwale in Ufernähe aufgetaucht sind. Walsaison ist von Juli bis Ende November. Das kleine **Old Harbour Museum** erläutert alles Wissenswerte zum Thema Wale und Walfang und bietet mit seinem Teleskop eine gute Beobachtungsmöglichkeit (www.old-harbour-museum.co.za, Mo bis Sa 9–16.30, So 12–16 Uhr).

Die Berge reichen hier bis an die felsige Küste, an der sich die Wellen brechen. Die meisten Besucher kommen wegen der Sandstrände und Wassersportmöglichkeiten oder zum Angeln. Etwas nordöstlich erkundet man im **Fernkloof Nature Reserve** die Kapflora (Tel. 028/313 0819, www.fernkloof.com).

Info
Hermanus Tourism
Old Station Building
Tel. 028/312 2629
www.hermanustourism.info
Infos zum Wal-Festival Ende September:
www.hermanuswhalefestival.co.za.

Hotels
Windsor Hotel €€€
Historisches Familienhotel direkt am Meer; Wale beobachtet man vom Zimmer aus.
49 Marine Drive | Tel. 028/312 3727
www.windsorhotel.co.za

Abalone Guesthouse €€
Modern-elegantes Gästehaus mit viel Glas in der ersten Reihe am Cliffpath.
306 Main Rd. | Tel. 044/533 1345
www.abalonelodge.co.za

Restaurant
Bientang's Cave €–€€
Das Höhlenrestaurant serviert beste Pasta, frischen Fisch und feinen Wein.

Beim alten Hafen
Tel. 028/312 3454
www.bientangscave.com

Cape Agulhas 13 [D8]

Der südlichste Punkt Afrikas erhielt den Namen *Nadelkap* von den portugiesischen Seefahrern, die im 15. Jh. den gefährlichen Punkt umschifften. In den rauen Gewässern am Zusammentreffen von Atlantischem und Indischem Ozean liefen viele Schiffe auf Grund, auch der alte Leuchtturm von 1848 konnte dies nicht verhindern. Im ihm ist ein kleines Museum untergebracht, von oben bietet sich ein schöner Ausblick. 1999 wurde das eher unspektakuläre Cape zum Nationalpark erklärt – es ist vor allem bei Anglern beliebt (www.sanparks.org/parks/agulhas).

De Hoop Nature Reserve 14 [D8]

Nur wenige Reisende besuchen das Reservat, das seit 2004 zum UNESCO-Weltnaturerbe gehört. Ein Grund dafür mag die Anfahrt über eine teilweise nur geschotterte Piste sein. An der kilometerlangen Küste mit Sanddünen lassen sich von Juli bis November Wale und Delfine beobachten. An Land kann man insgesamt über 80 Säugetierarten entdecken, darunter die seltenen Buntbock-Antilopen, Bergzebras und Strauße. Mehrere interessante Wanderwege führen durch das 35 000 ha große Reservat, als Unterkünfte dienen hübsche Häuschen in kapholländischer Architektur für Selbstversorger (Tel. 021/422 4522, www.dehoopcollection.co.za).

Swellendam 15 [D8]

Das interessanteste historische Gebäude in der drittältesten Stadt Südafrikas ist die alte Landvogtei, die **Drostdy**, 1746 in klassischer U-Form er-

Kapstadts Umgebung
Montagu, Worcester, Tulbagh

baut und strohgedeckt. Innen sind historische Möbel und Gemälde zu sehen. Sogar ein Gefängnis ist vorhanden (Mo–Fr 9–17, Sa, So 10 bis 15 Uhr, www.drostdy.com). Den von kapholländischer Architektur geprägten Ort überragen die vier wild zerklüfteten Gipfel der Langeberge. Seit Ankunft der Niederländer sind sie nur als 10, 11, 12 und 13 Uhr bekannt, weil sie – zumindest um die Mittagszeit – eine gigantische natürliche Sonnenuhr bilden.

Südlich von Swellendam leben im **Bontebok-Nationalpark** die seltenen Buntböcke, Bergzebras und über 200 Vogelarten; im Breede kann man angeln (www.sanparks.org/parks/bontebok).

Hotel
Aan de Oever Guest House €€
Das gemütliche kleine Gästehaus bietet geschmackvolle Unterkunft in sieben eleganten Zimmern. Im Garten erfrischt ein kleiner Pool.
21 Faure St.
Tel. 028/514 1066
www.aandeoever.com

Restaurant
Old Goal on Church Square €€
Zumindest ein Stück Kuchen sollten Sie in diesem Gartenrestaurant unter schattigen Bäumen verzehren. Neben Süßem gibt es aber auch leckere kapmalaische Küche.
8A Voortrek St.
Tel. 028/514 3847
www.oldgaolrestaurant.co.za

Montagu 16 [D8]

Historische Häuser und britischer Charme kennzeichnen den kleinen Ort am westlichen Rand der Kleinen Karoo – berühmt für den vorzüglichen Muscadel-Wein und die 43 °C warmen Thermalquellen Avalon Springs (3 km außerhalb, tgl. geöffnet). Schöne Wanderwege erschließen die reizvolle Umgebung des Ortes.

Hotels
Kingna Lodge €€€
Viktorianisches Gebäude mit vielen Antiquitäten. Exquisites Essen in schönem Speisezimmer.
11 Bath St.
Tel. 023/614 1066
www.kingnalodge.co.za

Avalon Springs Hotel €€
Das moderne Resorthotel liegt 3 km außerhalb direkt bei den warmen Mineralquellen in einer Schlucht. Die Pools sind auch abends geöffnet.
Uitvlucht St. | Tel. 023/614 1150
www.avalonsprings.co.za

Worcester 17 [C8]

Die Industrie- und Handelsstadt ist der zentrale Versorgungsort der Region rund um den Hex River und das Breede-Tal. Weinabfüllungen, Obstmärkte und die großen Brandy-Fabriken bestimmen das wirtschaftliche Leben. Der südafrikanische Brandy galt schon immer als hervorragender Tropfen, der es durchaus mit spanischen Erzeugnissen aufnehmen kann. Das **KWV House of Brandy** in der Church Street ist der Stammsitz der Firma für die Herstellung von Branntwein (http://campaigns.kwv.co.za).

Im Freilichtmuseum **Kleinplasie Farm** hat man die verschiedenen Hütten und Häuser der Völker Südafrikas aufgebaut. Nicht nur Kinder finden die Vorführungen von typischem Handwerk wie Brot backen, Schafschur oder Seifenherstellung informativ (www.worcestermuseum.org.za, Mo–Fr 8–16.30, Sa 8–13 Uhr).

Tulbagh 18 [C7]

Ein Erdbeben zerstörte 1969 viele alte Häuser in dem 1700 gegründeten Städtchen. In der **Church Street** hat man etliche Bauten wieder restauriert. Die Niederländisch-Reformierte Kirche (1743) und drei benachbarte Häuser dienen heute als

Karte
S. 223

Kapstadts Umgebung
Cederberge

Volkskundemuseum (Mo–Fr 9–17, Sa 9–15, So 11–15 Uhr, www.tulbagh.net). Etwas außerhalb liegt der elegante Bau **Oude Drostdy** von 1806, heute das Weingut **Drostdy-Hof** mit Weinverkostung (Tel. 023/230 0203, www.drostdyhof.co.za). Im Keller lagern die edlen Tropfen des nahen Drostdy-Weinguts. Der Weinkeller **Twee Jong Gezellen** bei Tulbagh ist auf Sekt spezialisiert (Tel. 023/230 0680, www.houseofkrone.co.za, Verkostung Mo–Fr 10–16, Sa 10–14 Uhr).

Restaurant
The Olive Terrace €€
Südafrikanische Küche auf hohem Niveau zu erschwinglichen Preisen.
22 Van der Stel St.
Tel. 023/230 0071 | www.tulbaghhotel.co.za

In den Cederbergen [19] [C7]

Etwa 70 000 ha einmalige Berglandschaft zwischen Ceres und Clanwilliam stehen in der **Cederberg Wilderness Area** unter Naturschutz. Bis auf 2028 m (Sneuberg) erheben sich die zerklüfteten Cederberge. Die hier in Höhen zwischen 1000 und 1500 m wachsende Clanwilliam-Zeder gab dem Gebiet ihren Namen. Vielerorts sind rätselhafte Felsbilder der San unter Felsvorsprüngen erhalten. Gute Wanderwege erschließen die Bergwelt mit Schluchten, Wasserfällen und bizarr erodierten Felsen wie z. B. dem Maltheserkreuz. Bei der Algeria Forest Station kann man herrlich zelten (Tel. 021/483 0190, www.capenature.co.za).

Clanwilliam [20] [C7] am Olifants River wurde 1820 gegründet und besitzt schöne Häuser aus

In den Cederbergen warten zahlreiche Höhlen auf ihre Entdeckung

Kapstadts Umgebung
Westküste

Über den Tafelberg fliegen – dem Kitesurfer gelingt es fast

jener Zeit. Im Old Goal von 1808 ist heute das Stadtmuseum untergebracht (Mo–Fr 8–12.30, Sa 9–12 Uhr). Die Gegend ist bekannt für Zitrusfrüchte, Tabak, Gemüse und den aus den Zweigen des Rotbuschs erzeugten Rooibostee.

Hotel
Blommenberg Guest House €€
12 Zimmer, z. T. mit Kochgelegenheit, gruppieren sich um den Innenhof eines alten Farmhauses am Ortseingang; Pool.
1 Graafwater Rd. | Clanwilliam
Tel. 027/482 1851 | www.blommenberg.co.za

Restaurant
Nancy's Tearoom €
Hier dreht sich alles um Rooibos, der selbst als Cappuccino serviert wird. Dazu Kuchen oder Snacks wie Toast oder Bobotie.
33 Main St. | Clanwilliam | Tel. 027/482 2661

Die Westküste

Die Küste zwischen Bloubergstrand im Süden und Lambert's Bay im Norden ist geprägt von langen Sandstränden aber auch von harschen Klimakapriolen. Über den meist heftigen Wind freuen sich Wind- und Kitesurfer.

Ein tolles Fotomotiv bietet der Blick vom **Bloubergstrand** über die Bucht von Kapstadt und den Tafelberg. Das Fischer- und Feriendorf **Langebaan** 21 [C7] zieht vor allem Surfer, Segler und Angler an.

Der nahe **West Coast National Park** [C7] erstreckt sich als Vogelparadies auf beiden Seiten einer 25 km langen Lagune (www.sanparks.org/parks/west_coast).

Vor dem **Geelbek Hide** zeigen sich verschiedene Zug- und Wasservögel, darunter Flamingos und Pelikane; darüber ziehen Fischadler ihre Kreise.

Karte S. 10/11

Kapstadts Umgebung
Namaqualand

Hotel

The Farmhouse €€
Das hübsche, aufmerksam geführte Hotel liegt direkt am Meer.
5 Egret St. | Langebaan
Tel. 022/772 2062
www.thefarmhousehotel.com

Restaurant

Die Strandloper €€
Im improvisierten Openair-Restaurant direkt am Strand gibt es acht Gänge Fisch und Meeresfrüchte direkt vom Grill – zum fairen Festpreis. Reservieren!
Langebaan | Tel. 022/772 2490
www.strandloper.com
Öffnungstage s. Website

Im Fischer- und Ferienort **Lambert's Bay** 22 [C7] ist ebenfalls Fisch essen angesagt. Die durch einen Pier mit dem Festland verbundene **Bird Island** ist Nistplatz für ca. 14 000 Kaptölpel; man kann sie vom Aussichtsturm beobachten.

Namaqualand [B5]

Von Mitte August bis Ende September verwandelt sich das Hinterland der nördlichen Westküste, das Namaqualand, in ein Blütenmeer – v. a. im Gebiet zwischen Garies und Springbok. Nach den seltenen Regenfällen brechen Mittagsblumen und Namaqua-Daisies, sog. Kapmargeriten, aus der Erde und überziehen weite Flächen mit einem orangefarbenen, gelben und blauen Teppich. Die Wildblumenblüte beginnt schon bei Clanwilliam; dort werden in der ersten Septemberhälfte Blumenausstellungen organisiert. In den kleinen Ort Kamieskroon strömen während der Wildblumenblüte Besucherscharen, um die einmalige Blumenpracht zu erleben. Natürlich stehen nicht alle Pflanzen gleichzeitig in Blüte: Über den aktuellen Stand informiert die Namaqua Flower Hotline, Tel. 021/418 3705, www.experiencenortherncape.com.

Das lebhafte **Springbok** ist Hauptort des Namaqualandes und Anlaufpunkt für die Farmer der Umgebung sowie die Arbeiter der nahen Diamantenminen. Im nahen **Goegap Nature Reserve** wachsen neben diversen Sukkulenten auch bizarre Köcherbäume, die mit den geringen Niederschlägen der Region auskommen. Im Winter sieht man Antilopen, Gazellen und Bergzebras auf den bunten Blumenwiesen.

Der **Oranje River**, Grenzfluss zum nördlichen Nachbarland Namibia, windet sich durch eine grandiose Bergwelt zum Atlantik. Hier schützt der südafrikanische Teil des grenzübergreifenden Schutzgebietes, der **Richtersveld National Park**, eine wilde, unerschlossene Halbwüste mit endemischen Sukkulentenarten. Den Park kann man nur mit Allradfahrzeugen erkunden (www.sanparks.org/parks/richtersveld). Wegen der langen Distanzen sollte man sich mindestens zwei Tage Zeit nehmen und ausreichend Treibstoff, Wasser und Proviant mitnehmen.

Info

Richtersveld Tours
Organisiert Exkursionen in den Richtersveld National Park mit Geländewagen oder mit dem Mountain Bike.
Tel. 082/335 1599
www.richtersveldtours.com

Hotels

Naries Guest Farm €€€
Luxuriöse Unterkunft in Mountain Suites oder Manor House, feine Küche und Touren zu Wildblumenwiesen auf dem Farmgelände.
27 km westl. von Springbok
Tel. 027/712 2462 | www.naries.co.za

Kamieskroon Hotel €€
Das familiär geführte, angenehme Hotel organisiert Fotokurse in der Blumensaison März/April und Aug./Sept.
Old National Rd. | Kamieskroon
Tel. 027/672 1614
www.kamieskroonhotel.com

Begegnung entlang der Garden Route

Traumbucht unweit Plettenberg Bay an der Garden Route

Karte
S. 248/249

DER SÜDEN

Garden Route – dieser Name weckt wohl bei jedem Südafrikareisenden Bilder von Lagunen, Stränden und üppig-grünen Urwäldern, macht Lust auf Walbeobachtung, Trekkingtouren sowie feine Fisch- und Austern-Diners. Im Hinterland locken die Straußenfarmen der Halbwüste Kleine Karoo. Wildreiche Naturparks erwarten Besucher bei Port Elizabeth.

Von Mossel Bay bis zum Tsitsikamma National Park mäandert die legendäre Garden Route entlang der N 2 an dichten Wäldern, steilen Küsten, endlosen Sandstränden und magischen Lagunenlandschaften entlang. Der Name *Garden* – Garten – ist etwas irreführend, denn nicht gestaltete, sondern wilde, ungezähmte Natur ist charakteristisch für diesen Küstenabschnitt. Unterwegs bieten sich zahlreiche Möglichkeiten für Abstecher ins Landesinnere. Hinter den »Blauen Bergen« öffnet sich die unendliche Weite der trockenen, einsamen Halbwüste der Kleinen Karoo, eine Landschaft von herbem, fast schon archaischem Zauber. Um den Hauptort Oudtshoorn kann man sich auf einer der zahlreichen Farmen mit der Straußenzucht vertraut machen und viele Produkte der großen Laufvögel – vom Staubwedel bis zur edlen Handtasche – kaufen. Unter die Erde geht's im riesigen Höhlensystem der nahen Cango Caves. Unvergesslich bleiben die Ausblicke von der spektakulären Swartberg-Passstraße auf die bizarre Berglandschaft oder die Fahrt durch die enge Schlucht bei De Rust mit beeindruckenden Felsformationen. Im Hinterland der Hafenstadt Port Elizabeth locken zwei Naturparks zur Wildbeobachtung: Im Addo Elephant Park begegnet man den grauen Riesen, während der Mountain Zebra Park die seltenen Bergzebras schützt. Geschichte satt zeigen im Osten die historischen Schlachtfelder entlang des Great Fish Rivers. Baden oder Surfen – an den Sandstränden wie z. B. Kei Mouth oder Port Alfred haben sie die Qual der Wahl.

TOUREN IN DER REGION

 Garden Route und Kleine Karoo ✪

ROUTE: Port Elizabeth › Tsitsikamma N. P. › Plettenberg Bay › Knysna › Wilderness National Park › Mossel Bay › Oudtshoorn › Cango Caves › Swartberg Pass › Prince Albert › Karoo National Park › Port Elizabeth

KARTE: Seite 248
DAUER UND LÄNGE: 6 Tage, ca. 1030 km
PRAKTISCHE HINWEISE:
» Übernachtungen in kleineren Orten, Campingplätze und Hotels an der Garden Route reservieren.
» Bei Regen ist die Schotterstraße über den Swartberg Pass nicht mit dem Pkw befahrbar.

TOUREN IM SÜDEN

5 Garden Route und Kleine Karoo

PORT ELIZABETH › TSITSIKAMMA NATIONAL PARK › PLETTENBERG BAY › KNYSNA › MOSSEL BAY › OUDTSHOORN › SWARTBERG PASS › PRINCE ALBERT › PRINCE ALFRED'S PASS › PORT ELIZABETH

6 Elefanten und Bergzebras

PORT ELIZABETH › ADDO ELEPHANT NATIONAL PARK › GRAHAMSTOWN › PORT ALFRED › EAST LONDON › KEI MOUTH › MOUNTAIN ZEBRA NATIONAL PARK › GRAAFF-REINET › PORT ELIZABETH

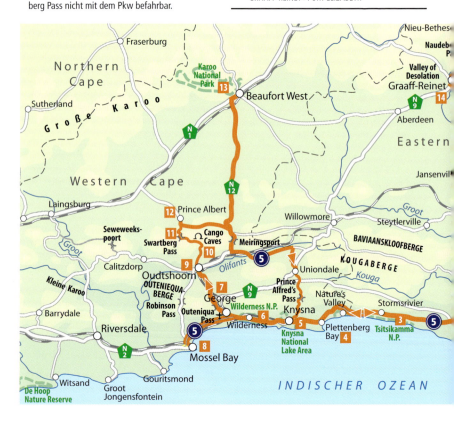

Karte
S. 248/249

Der Süden
Touren in der Region

TOUR-START:
Zwischen **Port Elizabeth/Nelson Mandela Bay** 1 › S. 252 und **Mossel Bay** 8 › S. 256 verläuft die malerische Garden Route. Nach einem sonnigen Badetag an den sicheren Stadtstränden von **Port Elizabeth** geht es in westlicher Richtung in die wilde, stürmische Landschaft im **Tsitsikamma National Park** 3 › S. 254 mit seinen dichten Wäldern aus mächtigen Gelb- und Stinkholzbäumen. Hier kann man gut und gern einen Tag in einer der gemütlichen Holzhütten direkt hinter der Felsenküste verbringen oder einen sehr adrenalinlastigen Bungee-Sprung von der 216 m hohen Bloukrans-Brücke unternehmen (www.faceadrenalin.com). *Plett*, wie **Plettenberg Bay** 4 › S. 255 kurz genannt wird, besticht mit einer breiten, lang gezogenen Sandbucht. Häufig sind hier Wale zu beobachten.

Wunderschön unterhalb der Küstenbergkette liegt **Knysna** 5 › S. 255 an einer Lagune mit zwei hohen Sandsteinkliffs am Eingang. Nicht nur Austernliebhaber sollten hier einen Stopp einlegen, denn die Hotellerie bietet viel Auswahl. Zahlreiche Wanderwege durch Strand-, Dünen- und Flusslandschaften oder eine Kanutour locken im **Wilderness National Park** 6 › S. 256.

George 7 › S. 256 zu Füßen der Outeniqua-Berge ist der Hauptort der Garden Route und Pilgerziel aller Eisenbahnliebhaber, die im Outeniqua Transport Museum historische Dampflokomotiven bewundern. Wer einmal in einer der typischen Strohhütten schlafen möchte, sollte in **Mossel Bay** 8 › S. 256 Station machen. Hier liegt auch die Karavelle von Bartholomeu Diaz, der als erster Europäer Afrikas Südküste betrat.

Oudtshoorn 9 › S. 257 in der wüstenhaften Kleinen Karoo lebt seit über hundert Jahren von der Straußenzucht. Um eine dieser Farmen zu besuchen, legt man am besten einen Stopp ein. Die **Cango Caves** 10 › S. 257 gehören zu den größten und ausgedehntesten Tropfsteinhöhlen der Welt. Nach der Fahrt über den spektakulären **Swartberg Pass** 11 › S. 258 ist eine Pause mit Übernachtung in der Oase **Prince Albert** 12 › S. 258 willkommen. Anhänger wilder und einsamer Berglandschaften sollten noch einen Ausflug in den **Karoo National Park** 13 › S. 258 einplanen, bevor sie wieder in die Zivilisation an der Küste zurückkehren. Oder sie wählen die östlich gelegene Alternativroute zwischen De Rust und Klaarstrom, die auf 20 km durch die von bizarren Sandsteinmassen flankierte **Schlucht von Meiringspoort** führt.

Elefanten und Bergzebras

ROUTE: Port Elizabeth › Addo Elephant N. P. › Grahamstown › Port Alfred › East London › Kei Mouth › Mountain Zebra N. P. › Graaff-Reinet › Port Elizabeth

KARTE: Seite 249
DAUER UND LÄNGE: 5–6 Tage, ca. 1270 km
PRAKTISCHE TIPPS:
» Unterkünfte im vielbesuchten Addo Elephant Park reservieren, v. a. für die Wochenenden und die Schulferien. Während des National Festival of Arts im Juni/Juli ist in Grahamstown alles ausgebucht!
» Die Entfernungen zwischen den einzelnen Orten sind z. T. recht groß, deshalb sollte man rechtzeitig nach einer Unterkunft schauen.
» Mietwagenfirmen sind am Flughafen Port Elizabeth vertreten.

TOUR-START:
Der **Addo Elephant National Park** 2 › S. 253 liegt nordöstlich nur knapp 70 km von **Port Elizabeth** entfernt. Nächste Zufahrten sind Colchester im Süden oder das Main Gate bei Addo im Nord-

westen. Selbstfahrer können den Park auf eigene Faust erkunden, dürfen das Fahrzeug aber nur an den fünf eigens eingerichteten **Lookout Points** verlassen. Elefanten wird man hier ziemlich sicher zu Gesicht bekommen – neben vielen anderen Tieren, darunter auch die restlichen vier der *Big Five*. Auf alle Fälle sollte man eine Nacht in einem der vier Restcamps im Park verbringen, um das Wild an den abends beleuchteten Wasserlöchern zu erleben. Übrigens: Zitrusfrüchte sind in Addo verboten! Die Elefanten wittern sie auf große Entfernung und kennen dann kein Halten mehr, sie sind regelrecht süchtig danach. Wer sich für viktorianische Architektur interessiert, kommt an **Grahamstown** 16 › S. 260 nicht vorbei. Bei **Port Alfred** 17 › S. 260 oder **Kei Mouth** 19 › S. 261 laden weite Sandstrände zu Wassersport und Spaziergängen ein, in beiden Orten lohnt es sich zu bleiben. Bergzebras im gebirgigen **Mountain Zebra National Park** 15 › S. 259 zu beobachten ist nicht einfach; die Tarnung der Tiere in ihrer Umgebung ist perfekt. Als besonderes Abenteuer empfiehlt sich hier das Cheetah Tracking. Zu Fuß folgt man unter der Führung eines erfahrenen Guides den Signalen, die das Halsband eines Geparden aussendet und kann sich so dem Tier auf wenige Meter nähern – ein fantastisches Erlebnis! Dazu sollte man mindestens eine Übernachtung im nahen Ort Cradock buchen!

Das Schatzkästchen der Karoo, **Graaff-Reinet** 14 › S. 258, schmückt sich mit vielen architektonischen Perlen. In der Innenstadt stehen 200 denkmalgeschützte Gebäude im kapholländischen Stil, Grund genug für einen Aufenthalt mit Übernachtung. Vielleicht reizt auch der Abstecher ins nahe **Valley of Desolation** mit seinen bizarren Felsskulpturen! Zum Abschluss kann man an den Stadtstränden von **Port Elizabeth** 1 › S. 252 noch einmal schwimmen und surfen.

Wichtige Adresse

Regionales Touristeninformationszentrum
Garden Route & Kleine Karoo
124 York St. | George
Tel. 044/801 9299 | www.georgetourism.org.za

Karte
S. 248/249

Der Süden
Touren in der Region

Einsames Bergzebra im Mountain Zebra National Park

UNTERWEGS IM SÜDEN

Port Elizabeth/ Nelson Mandela Bay **1** [F8]

Das »Detroit Südafrikas« ist Zentrum der Autoindustrie. Dank schöner Strände verdienen die fast 1 Mio. Einwohner auch am Tourismus gut, **Pollock Beach** z. B. ist ein Surfer-Paradies. Schon 1799 errichteten die Briten das Fort Frederick. 1820 siedelten sich 4000 britische Siedler an.

Im Zentrum hat die *friendly city* ihr historisches Gesicht bewahrt. Ein guter Ausgangspunkt für eine Stadtbesichtigung ist der 52 m hohe **Campanile** am Hafen, 1923 zu Ehren der ersten Siedler erbaut. Von oben bietet sich ein toller Rundblick über Stadt und Küste (wg. Renovierung bis auf Weiteres geschl.). Den **Market Square**, auf dem Sonntag morgens ein Flohmarkt stattfindet, dominiert das prächtige **Rathaus** (1858).

Am Hang eines Hügels oberhalb der Algoa Bay ließ der Vizegouverneur am Kap, Sir Donkin, 1820 den Botanischen Garten **Donkin Reserve** anlegen. In dessen **Leuchtturm** (1861) befindet sich das Büro der Tourismusinformation. Nördlich des Botanischen Gartens schließt sich die **Donkin Street** mit schönen Gebäuden an, die zwischen 1860 und 1870 erbaut wurden.

Den Erlebniskomplex **Bayworld** mit **Oceanarium, Snake Park** und **Museum** an der Beach Road, 3 km südlich des Zentrums, sollte man sich nicht entgehen lassen. Das Oceanarium zeigt die Unterwasserwelt der Algo Bay, außerdem Delfine, Seehunde und den gefährdeten Afrikanischen Pinguin. Nebenan sind Schlangen und exotische Vögel zu sehen, im Kindermuseum darf alles angefasst werden (tgl. 9–16.30 Uhr, www.bayworld.co.za).

Das Leben der ersten Siedler dokumentiert anschaulich **No 7 Castle Hill,** ein Cottage aus dem Jahr 1825, das als Museum gestaltet wurde. Die Einrichtung, Küchenausstattung und Spielsachen vermitteln, wie eine Mittelstandsfamilie in der Mitte des 19. Jhs. in Port Elizabeth lebte (7 Castle Hill, Tel. 041/582 2515, Mo–Do 10–13, 14–16.30, Fr 10–13, 14–16 Uhr).

Im **Nelson Mandela Metropolitan Art Museum** werden Kunstwerke aus dem 19. und 20. Jh. ausgestellt, darunter fantastische Perlenarbeiten der Ndebele, romantische Malerei des 19. Jhs. aber auch zeitgenössische Werke und Installationen von Künstlern, die in Eastern Cape leben (1 Park Drive, Mo–Fr 9–17 Uhr, Tel. 041/506 2000, www.artmuseum.co.za).

Info

Port Elizabeth Visitor Info Center
Mo–Fr 8–16.30, Sa, So 9.30–15.30 Uhr
Donkin Reserve
Tel. 041/585 8884 | www.nmbt.co.za

Verkehr

Flughafen › S. 178: Verbindungen nach George und East London.
Bus und Bahn: Vom Bahn- und Busbahnhof (Settlersway) starten Züge und Überlandbusse entlang der Garden Route. Minibusse starten an der Strand Street unter der M4.
Schiffstouren: Ab Tug Jetty Hafenrundfahrten, Sunset Cruises und Ausflüge zur Insel Santa Cruz.

Hotels

The Humewood €€
Angenehmes Haus mit 70 Zimmern nahe dem King's Beach.
33 Beach Rd.
Tel. 041/585 8961 | www.humewoodhotel.co.za

Summerstrand €€
Großes modernes Haus am Strand, gute Küche, ein großzügiger Pool und Tennisplätze.
Marine Drive | Summerstrand
Tel. 041/583 3131 | www.summerstrandhotel.com

Karte
S. 248/249

Unterwegs im Süden | Addo Elephant National Park

Restaurant
Sandpiper €€
Beliebtes Strandrestaurant mit üppigem Büfett, So Lunch.
33 Beach Rd. (im Humewood Hotel)
Humewood | Tel. 041/585 8961
Tgl. 18.30–21.30 Uhr

Something Good Roadhouse €€
Ideal für den Sundowner am Pollock Beach oder einen deftigen Snack wie beispielsweise Burger in lässiger Surfer-Atmosphäre.
Marine Drive, Summerstrand
Tel. 041/583 6986

Aktivitäten
Gugu's Authentic Township Tour
Die Halbtagestour durch die Townships gibt den Teilnehmern nicht nur einen Einblick in den Alltag der schwarzen Bevölkerungsmehrheit, sondern macht auch mit sozialen Projekten bekannt.
2362 Brookes Hill Drive | Tel. 087/357 3871, www.gugustownshiptours.co.za

Ausflug: Addo Elephant National Park 2 ★ [F7]

In dem 164 000 ha großen malariafreien Nationalpark (www.sanparks.org/parks/addo), etwa 70 km nördlich von Port Elizabeth, lassen sich außer den berühmten Kapelefanten auch Spitzmaulnashörner, Büffel, Elanantilopen, Kudus, Löwen, Geparde, Flusspferde und Leoparden beobachten. Der Park ist in verschiedene Bereiche wie Darlington, Kabouga, Zuurberg Section und Main Game Area unterteilt. Zusammen mit Colchester und Woody Cape Section an der Küste umfasst er fünf von sieben Ökozonen (Biomen) Südafrikas. Zurzeit wird das Naturschutzgebiet erweitert, die Urwälder und Küstendünen bei Alexandria sowie der vorgelagerte maritime Lebensraum mit den St. Croix und Bird Islands wurden bereits miteinbezogen. Sehenswert sind die einsamen Sanddünenstrände und Wälder in der Woody Cape Section bei Alexandria; hier lassen sich reizvolle Wanderungen unternehmen. Die Geschichte von Addo

Viktorianische Architektur prägt die Donkin Street in Port Elizabeth

Unterwegs im Süden
Addo Elephant National Park

reicht bis Anfang des 20. Jhs. zurück. Um 1900 hatten die weißen Bewohner Südafrikas die Elefanten südlich des Vaal-Flusses beinahe ausgerottet. Einige große Herden zogen sich in die Gegend nördlich von Port Elizabeth zurück, in der aber mittlerweile viele Farmer lebten. Da die Dickhäuter ihre Felder ruinierten, waren die Tiere bald ihres Lebens nicht sicher. Der Großwildjäger Pretorius schoss nach dem Ersten Weltkrieg in einem Jahr an die 130 Elefanten; nur 16 überlebten. Diese letzten Kapelefanten waren Menschen gegenüber höchst aggressiv. Buchstäblich fünf Minuten vor zwölf wurde die »Hölle des Jägers« 1931 zum Addo Elephant National Park erklärt. Es dauerte jedoch Jahrzehnte, bis die Elefanten sich an Menschen gewöhnten. Heute leben auf einer Fläche von 1800 km² rund 600 Elefanten. Seit 2005 sind auch sämtliche *Big Five* zurück, dazu Kapbüffel und viele Antilopenarten.

Besucher können den Nationalpark sowohl mit dem eigenen Fahrzeug erkunden als auch an organisierten *Game Drives* und Pirschwanderungen teilnehmen. Das Verlassen der Fahrzeuge ist nur an den ausgewiesenen Lookout Points gestattet; übernachtet wird in den sechs offiziellen Camps, in denen man zwischen einfachem Zeltplatz und Komfortbungalow die verschiedensten Unterkunftsmöglichkeiten findet. Drei private Luxuslodges komplettieren das Angebot.

An der Garden Route ☆

TSITSIKAMMA NATIONAL PARK 3 [E8]

Über die eindrucksvolle, 190 m lange **Storms River Bridge**, die in 130 m Höhe über dem Fluss zu schweben scheint, gelangt man in den Park, der Teil des Garden Route National Parks ist. Dichte Gelb- und Stinkholzwälder reichen bis zum Meer hinunter. Den intensivsten Eindruck von der wilden Küstenlandschaft erhält man auf dem berühmten **Otter Trail**, der auf 42 km Länge von Storms River bis zum Nature's Valley führt.

Pro Tag sind auf dieser anstrengenden, fünftägigen Wanderung maximal zwölf Wanderer im Alter von 12 bis 65 Jahren zugelassen, eine Genehmigung muss schon lange im Voraus, zu Ferienzeiten bis zu ein Jahr, eingeholt werden (Tel. 012/426 5111, specialisedreservations@sanparks.org).

Die ersten 3 km bis zu einem Wasserfall darf man auch ohne Erlaubnisschein begehen, ebenso den kürzeren Plankenweg zur Mündung des Storms River. Die Hängebrücke über die Schlucht ist zwar an dicken Stahlseilen befestigt, schaukelt aber etwas beängstigend. Unten vermischt sich die Brandung des Meeres mit dem Wasser des Flusses. Geübte Schnorchler können sich auf einem Unterwasserlehrpfad über die Meeresflora und -fauna informieren (www.untouchedadventures.com).

Im Addo Elephant Park sind Elefanten sicher

Karte S. 248/249

Unterwegs im Süden
An der Garden Route

Unterkunft
Selbstversorgerhütten, Ferienwohnungen und Campingplatz im **Storms River Mouth Rest Camp**. Im Park stehen Hütten zur Verfügung. Reservierung über die Parkverwaltung in Storms River Tel. 042/281 1607 | www.sanparks.org.

PLETTENBERG BAY 4 [E8]
»Plett« ist einer der beliebtesten und vornehmsten Badeorte an der Garden Route. Makellose Sandstrände begrenzen die weite Nehrung. Der portugiesische Seefahrer da Perestrelo taufte den Ort mit Recht *Bahia Formosa* – schöne Bucht. Über Weihnachten/Neujahr sind die Hotels hoffnungslos ausgebucht. Von Juli bis November kommen so wie bei Hermanus › **S. 239** Wale nahe an die Küste, **Lookout Beach** ist ein guter Beobachtungspunkt.

17 km westlich des Ortes weist ein Schild den Weg zum **Big Tree**. Dieser »Groote Boom« ist ein gigantischer Gelbholzbaum von 37 m Höhe, der stolze 800 Jahre zählt. Ein kleiner Rundweg führt durch dichten Wald mit Farnen und umgestürzten Bäumen zum Baum-Methusalem.

Hotels
Plettenberg Park Hotel & Spa €€€
Direkt über der Bucht gelegen, luxuriöse Zimmer, Pool, hervorragende Küche. Bootsausflüge, Ausritte und Angeln werden angeboten.
4 Robberg Rd.
Tel. 044/533 9067 | www.plettenbergpark.co.za

Starfish Guestlodge €€
Elegante Lodge mit nur 6 Zimmern (B & B) zwei Gehminuten vom Robberg Strand.
17 Cordovan Crescent
Tel. 044/533 1345 | www.starfishlodge.co.za

KNYSNA 5 ★ [E8]
Die 50 000 Einwohner der reizvollsten Stadt an der Garden Route leben von der Holzindustrie und der Austernzucht. Zwei Felsvorsprünge, die **Heads of Knysna**, überragen den Ort und schützen ihn vor dem stürmischen Ozean – eine herrliche Kulisse, insbesondere bei Sonnenuntergang. Hinter der Lagune erstrecken sich kilometerlange Traumstrände, östlich beginnt der Sandstrand von **Noetzie**. Das Restaurantschiff »John Benn« kreuzt zwischen den Knysna Heads (1,5 Std., Abfahrten 12.30, 18 Uhr, im Winter 17 Uhr ab Waterfront Quays). Spektakulär ist auch eine Lunch- oder Dinnerfahrt in der Lagune auf Südafrikas einzigem **Schaufelraddampfer** (Abfahrt ab Featherbed Ferry Terminus, tgl. 13, 18.15 Uhr (im Winter 17.45 Uhr), beide Tel. 044/382 1693, www.featherbed.co.za).

Info
Knysna Tourist Information
Mo–Fr 8–17, Sa 8.30–13 Uhr
40 Main Rd.
Tel. 044/382 5510 | www.visitknysna.co.za

Hotels
Falcons View Manor €€
Das Boutiquehotel mit Einrichtung in englischem Stil liegt auf einem Hügel mit tollem Blick über die Lagune und besitzt Pool und Restaurant.
2 Thesen Hill
Tel. 044/382 6767 | www.falconsview.com

Brenton-on-Sea-Chalets €–€€
Direkt am Meer, hübsche Holzhäuschen, Chalets (z. T. mit Küche), Zimmer.
Swart Drive
Tel. 044/381 0082 | www.brentononsea.net

Restaurants
Dry Dock Food Co. €€
Täglich Lunch und Dinner mit Seafood, Salaten, Pasta und Vegetarischem.
Knysna Quays
Tel. 044/382 7310 | www.drydock.co.za

Freshline Fisheries €
Fisch direkt vom Boot in entspannt-rustikaler Atmosphäre, kein Wein.
Railway Siding Dockyard
Tel. 044/382 3131 | www.freshlinefisheries.co.za

Unterwegs im Süden
An der Garden Route

Unberührte Wildnis im Wilderness National Park

Shopping

An der Maine Street steht das Woodmill Lane Shopping Centre mit großer Auswahl an Restaurants und Läden von Mode bis Kunsthandwerk (Mo–Fr 8.30–17, Sa–So bis 13 Uhr, www.woodmillane.co.za).

WILDERNESS NATIONAL PARK 6 [E8]

Wilderness ist ein beliebter Bade- und Erholungsort mit feinem Sandstrand. Der gleichnamige, 2 500 ha große Nationalpark erstreckt sich von der Mündung des Trouw River bis nach Sedgefield. An den Flussmündungen und in den Seen hinter der Lagune mit einem Gemisch aus Salz- und Süßwasser hat sich eine artenreiche Flora und Fauna entwickelt. Auf einer Wanderung oder einer Kanutour lassen sich viele Wasservögel beobachten. In Holzbungalows oder auf dem Campingplatz kann man übernachten.

Hotel

Fairy Knowe Hotel €€
Direkt am Fluss mit Pool und Restaurant.
Dumbleton Rd. | Tel. 044/877 1100

GEORGE 7 [E8]

Die Hauptstadt der Garden Route (140 000 Einw.) liegt schön am Rand der bis zu 1590 m hohen Outeniqua Mountains. Einst kettete man zum Verkauf stehende Sklaven an der Eiche von 1812 in der York Street an. Hübsche Holzarbeiten zieren die 1842 erbaute Niederländisch-Reformierte Kirche **St. Peter and St. Paul**.

Das **Outeniqua Transport Museum** (Winter, Mo–Fr 8–16.30, Sa 8–14 Uhr Sommer Mo–Sa 8–17 Uhr, www.outeniquachootjoe.co.za) dokumentiert die Geschichte der südafrikanischen Eisenbahn u. a. mit 13 Dampflokomotiven und vielen Waggons.

MOSSEL BAY 8 [E8]

Das Städtchen gilt als westlichster Punkt der Garden Route. Schon ab 1501 nutzte man den alten **Postbaum**, um Briefe zu hinterlegen. Der heute täglich geleerte Briefkasten hat die Form eines alten Stiefels. Mit diesem Signum wird die Post auch abgestempelt.

Gegenüber liegt der **Bartholomeu Diaz Museum Complex**. Im Maritime Museum kann man das

Karte
S. 248/249

23 m lange Schiff, mit dem Bartolomeu Diaz zum Kap segelte, aus der Nähe betrachten. Es wurde 1988, zum 500. Jahrestag, in Portugal nachgebaut und wiederholte die historische Reise. Zum Museumskomplex gehören das Natural History Museum und das Shell Museum mit einer großen Muschelsammlung (Mo–Fr 9–16.45, Sa, So bis 15.45 Uhr, www.diasmuseum.co.za).

Info
Mossel Bay Tourism
Market/Church St. | Tel. 044/691 2202
www.visitmosselbay.co.za

Hotel
Avenues Guesthouse €€
Ruhiges, familiäres Gästehaus mit sechs Zimmern (ein Familienzimmer), Pool und sicherem Parkplatz.
23 21st Ave. | Tel. 044/691 1097
www.avenues-guesthouse.com

Restaurant
Café Gannet €€
Sehr gute Seafood-Küche mit fantastischem Blick übers Meer.
1 Market St.
Tel. 044/691 3738 | www.oldposttree.co.za

Swartberge und Kleine Karoo

OUDTSHOORN 9 [E8]

Im Weltzentrum der Straußenzucht verdienten die erfolgreichen Züchter bis zum Ersten Weltkrieg ein immenses Vermögen mit Straußenfedern. Ihre viktorianisch inspirierten Villen, die »Federpaläste«, sind noch in der Stadt und auf einigen Farmen zu bewundern. Nach Jahrzehnten der Stagnation ist das Geschäft mit Straußen jetzt wieder in Gang gekommen. Das cholesterinarme rote Fleisch ist mittlerweile weltweit auf den Speisekarten der Feinschmeckerlokale zu finden. Das genarbte Straußenleder steht für

Schuhe und Taschen hoch im Kurs. Im **C. P. Nel Museum** (3 Baron van Rheede St., www.cpnelmuseum.co.za) erfährt man alles über die Geschichte der Straußenzucht (Mo–Fr 8–17 Uhr, Sa 9–13 Uhr).

Einige Straußenfarmen in der Umgebung bieten Führungen an, etwa die **Safari Ostrich Farm**, Tel. 044/272 7312, www.safariostrich.co.za, außerhalb an der R328 Richtung Mossel Bay; 30 km weiter nördlich, am Weg zu den Cango Caves, kann man die **Cango Ostrich Farm**, Tel. 044/272 4623, www.cangoostrich.co.za, besuchen.

Info
Oudtshoorn Tourist Bureau
80 Voortrekker St. | Tel. 044/279 2532
www.oudtshoorn.com

Hotels
Adley House €€
Prächtiges Stadthaus aus der goldenen viktorianischen Zeit, 1905 während des Straußenfeder-Booms gebaut. 14 große Zimmer, zwei Pools im Garten, Dinner auf Wunsch.
209 Jan van Ribeeck Rd.
Tel. 044/272 4533 | www.adleyhouse.co.za

Montana Guest Farm €€
Absolute Ruhe, herrlicher Garten, luxuriöse Zimmer, ausgezeichnete Küche, deutsche Leitung; eine der angenehmsten Farmen des Landes.
Schoemanshoek Valley (14 km Richtung Cangoo Caves) | Tel. 044/272 7774
www.montanaguestfarm.co.za

Restaurant
Jemima's €€
Familiäres Lokal; Strauß, Karoolamm, Forelle.
94 Baron van Reede St. | Tel. 044/272 0808
www.jemimas.com

CANGO CAVES 10 ⭐ [E7]

Die einzigartigen Tropfsteinhöhlen haben sich in Jahrmillionen zu einem Kunstwerk aus Kalkstein entwickelt. Von den drei bisher entdeckten

Unterwegs im Süden
Swartberge und Kleine Karoo, Graaff-Reinet

Höhlensystemen ist nur eines für Touristen zugänglich. Die großen »Hallen« im vorderen Teil sind leicht zu erreichen, im hinteren Teil wird die Luft immer dünner und die Gänge werden immer schmaler. Führungen als Standard- (1 Std., 9–16 Uhr) oder Abenteuertour (1,5 Std., 9.30–15.30 Uhr, www.cango-caves.co.za).

SWARTBERG PASS 11 [D7]
UND PRINCE ALBERT 12 [D7]

In Serpentinen schlängelt sich die Straße durch die schroffen Swartberge. Nach 25 km erreicht die Piste den **Swartberg Pass** (1585 m), der 1888 eröffnet wurde. Diese Strecke zählt zu den spektakulärsten im Land.

In eine andere Welt versetzt fühlt man sich in der grünen Oase **Prince Albert**. In dem charmanten Städtchen mit historischen Häusern laufen noch Hühner und Gänse auf der Straße herum, Aussteiger genießen die ruhige Atmosphäre.

Hotel
De Bergkant Lodge €€
Historisches Gebäude im kapholländischen Stil: acht große Zimmer mit Riesen-Bädern, Pool und Wellness-Service. Außerdem zwei Gartenhäuschen.
5 Church St. | Prince Albert
Tel. 023/541 1088 | www.debergkant.co.za

Restaurant
Café Albert Gallery €
Treffpunkt für Touristen und Locals zum Abendessen in eleganter Atmosphäre.
57 Church St. | Tel. 023/541 1057

AUSFLUG ZUM KAROO
NATIONAL PARK 13 [E7]

Rund 160 km nordöstlich von Prince Albert schützt der Karoo National Park eine teils wilde Berglandschaft samt der typischen Tier- und Pflanzenwelt. Die grasigen Ebenen und bizarren Tafelberge sind Heimat von Springböcken, Kudus, Wildkatzen, Bergzebras, Spitzmaulnashörnern und der geometrischen Schildkröte.

Restcamp mit Chalets und Campingplatz (www.sanparks.org/parks/karoo).

Graaff-Reinet 14 ★ [F7]

Cornelis Jacob van der Graaf, einer der letzten Gouverneure der Holländisch-Ostindischen Gesellschaft, gründete 1786 die Stadt. Die rund 250 restaurierten Häuser im kapholländischen oder viktorianischen Stil und die neugotische **Groote Keerk** prägen das Stadtbild. Das **Reinet House** in einem kapholländischen Haus von 1812 zeigt Alltagsgegenstände aus dem 18. und 19. Jh. Den kopfsteingepflasterten Innenhof begrünt eine Weinrebe, die 1870 gepflanzt wurde (Mo–Do 8–16.30, Fr 8–16, Sa, So 9–13 Uhr, www.graaffreinetmuseums.co.za). Architektonisch interessant ist auch die **Old Residency** gegenüber, ein prächtiger, repräsentativer Bau mit charakteristischem H-Grundriss in strahlendem Weiß.

Gleich hinter Graaff-Reinet beginnt der **Camdeboo National Park**. Auf dem vegetationsarmen, trockenen Hochplateau der Großen Karoo wurden u.a. die seltenen Bergzebras wieder heimisch. Unterkunft finden Besucher in Campingzelten oder einfachen Hütten (www.sanparks.org). Im Westen öffnet sich das **Valley of Desolation** (Tal der Einsamkeit), eingerahmt von eindrucksvollen Felsformationen. Die bizarren Türme und Säulen sind ein Werk der Erosion.

Hotel
Villa Reinet €€
Geräumige Zimmer in einem alten Haus, neue Cottages im Garten, nette Besitzer.
83 Summerset St.
Tel. 049/892 5525 | www.villareinet.co.za

Restaurants
The Coldstream €€
Am Hauptplatz werden feinste Karooküche und Pizza serviert, entweder elegant im Gastraum oder rustikal im Garten.
3 Church St. | Tel. 049/891 1181

Karte
S. 248/249

Unterwegs im Süden
Mountain Zebra National Park

Im Valley of Desolation bei Graaff-Reinet

Polka Café €
Das jugendlich-frische Café mit angeschlossener Bäckerei bedient von Pizza über Burger bis Smoothies den Zeitgeschmack und dies sehr charmant. 52 Somerset St.
Tel. 087/550 1363 | www.polkacafe.co.za

Mountain Zebra National Park 15 [F7]

Nahe des hübschen Städtchens Cradock biegt man zum Mountain Zebra-Nationalpark ab. Er beherbergt etwa 700 der seltenen Bergzebras. Diese Zebraart unterscheidet sich von seinen Artgenossen in den Savannen durch eine kleinere Statur, eine rotbraune Nase, einen weißen Bauch und das Fehlen von Schattenstreifen. Nicht nur in dieser Gebirgsregion, auch in anderen Berggebieten des südlichen Afrika waren die Zebras vom Aussterben bedroht. Der Mountain Zebra Nationalpark Park startete die Wiederaufzucht mit nur sechs Tieren! Sehr lohnend ist eine von erfahrenen Guides geführte Wanderung durch den Park, in dem auch Springböcke, Kudus und Paviane leben. 2007 hat man Geparde im Schutzgebiet ausgewildert, 2008 folgten Hyänen, und seit 2013 sind auch wieder Löwen heimisch. (www.sanparks.org/parks/mountain_zebra).

Unterwegs im Süden
Grahamstown, Port Alfred, East London/Buffalo City

Hotel und Restaurant
Die Tuishuise €€
Ensemble aus 30 restaurierten Cottages an der Market Street mit Veranden, Holzdielen, Möbeln aus dem frühen 19. Jh., ausgezeichnete Küche.
36 Market St. | Cradock
Tel. 048/881 1322 | www.tuishuise.co.za

Restaurant
Calabash €€
Das Restaurant des modernen The Graham Hotel serviert authentische südafrikanische Gerichte, darunter auch Spezialitäten der Xhosa.
123 High St.
Tel. 046/622 2324 | www.grahamhotel.com

Grahamstown 16 [G7]

Mit einer stattlichen Anzahl schöner Gebäude aus viktorianischer Zeit und stolzen 40 Kirchen wartet Grahamstown auf. Mittelpunkt des historischen Ensembles ist der malerische **Church Square** mit der Anglikanischen Kathedrale und farbenfrohen Bauten der viktorianischen Epoche. Das Tor der ehemaligen **Drostdy**, der Residenz des holländischen Landvogts, schmückt jetzt den Eingang zur Rhodes-Universität, die zu den angesehensten Hochschulen des Landes zählt. Die Gegend war einst ein umstrittenes Siedlungsgebiet und Schauplatz etlicher Auseinandersetzungen zwischen den weißen Siedlern und den einheimischen Xhosa. Heute ist Grahamstown vor allem für sein **National Arts Festival** bekannt, zu dem sich im Juli Theatergruppen, Filmemacher, Künstler und Tanzcompagnien zehn Tage lang in der Stadt versammeln und den Zuschauern ein vielseitiges Programm bieten (www.nationalartsfestival.co.za). Da das Unterkunftsangebot beschränkt ist, empfiehlt es sich, für diesen Termin zeitig zu reservieren.

Info
Makana Tourism
63 High St.
Tel. 046/622 3241 | www.grahamstown.co.za

Hotel
Oak Lodge Guesthouse €€
Ein freundliches B&B mit gediegener, moderner Einrichtung, Grillplatz und Pool.
84 Bathurst St. | Tel. 046/622 9122
www.oaklodgeguesthouse.com

Port Alfred 17 [G8]

Der Ferienort an der Sunshine Coast ist wegen der langen Sandstrände beliebt. Schwimmen, Tauchen, Angeln und Kanufahrten stehen hier auf dem Tagesprogramm.

Hotel
The Halyards Hotel €€
Gehobenes Niveau, schöne Architektur und nautischer Look.
Alfred Marina | Port Alfred
Tel. 046/624 8525 | www.riverhotels.co.za

East London/ Buffalo City 18 [G7]

Die Stadt (260 000 Einw.) an der Mündung des Buffalo Rivers besitzt den einzigen Flusshafen des Landes und hat, betrachtet man die renovierungsbedürftigen, historischen Bauten, sicherlich schon bessere Zeiten gesehen. Im **East London Museum**, Oxford St., sind vor allem die Sammlungen zu Seefahrtgeschichte und Meeresbiologie interessant (Mo–Do 8.30–16.30, Fr 9.30–16, Sa 9–13 Uhr). Am Ende der Fleet Street beginnt die Küstenstraße **Esplanade** mit Hotels, Restaurants und Stränden. Im kleinen, aber durchaus liebenswerten **Aquarium** (tgl. 9–17 Uhr) kann man Brillenpinguinen zuschauen und zweimal täglich zeigen Seehunde ihre Künste. Gegenüber erhebt sich das **German Settler's Memorial** zur Erinnerung an die Besiedlung durch deutsche Söldner in den 1850er-Jahren.

Karte
S. 248/249

Unterwegs im Süden
Kei Mouth

In der Nähe liegen viele schöne Sandstrände, z. B. Nahoon Beach/Bacon Bay 5 km nördlich oder Shelly Beach 5 km südlich. Flutlicht beleuchtet abends den Eastern Beach.

Hotels

Hampton Court €€
Charmante und jüngst renovierte Villa aus den 1920er-Jahren mit nur 9 Zimmern, etwas oberhalb vom Strand, freundliche Gastgeber.
2 Marine Drive
Tel. 043/722 7924 | www.thehampton.co.za

Garden Court East London €€
Gutes, großes Hotel, nur 50 m vom Eastern Beach entfernt.
John Baillie/Moore St.
Tel. 043/722 7260 | www.tsogosun.com

Restaurant

Grazia Fine Food & Wine €€
Kühles Ambiente, Meerblick von drinnen und der großen Terrasse, leckere Fischküche und burische Standards.
Upper Esplanade St., Quigney
Tel. 043/722 2009
www.graziafinefood.co.za

Kei Mouth 19 [H7]

Dieser kleine Ort an der Mündung des Great Kei River (*Groot-Keirivier*) markiert das Ende der Wild Coast › **S. 281**. Über den Fluss pendelt – ausreichenden Wasserstand vorausgesetzt – eine kleine nostalgische Ponton-Fähre. Lange Strände locken viele Badeurlauber nach Kei Mouth.

Hotel

Trennerys €€–€€€
Von den Chalets mit jeweils zwei Zimmern bieten einige Meerblick; die Anlage ist kinderfreundlich hat einen Pool und eine tolle Lage nahe des Strandes.
wenig nördlich in Qolora Mouth
Tel. 047/498 0025
www.trennerys.co.za

Ein koloniales Idyll ist Grahamstown entlang der High Street

Nature's Valley an der Lagune des Groot River

Die Metropole Johannesburg will hoch hinaus

Karte
S. 267

Johannesburg und der Osten

JOHANNESBURG UND DER OSTEN

Die aufregende, von harten Kontrasten geprägte Metropole Johannesburg, die sattgrünen Hügel und archaischen Dörfer des geschichtsträchtigen Zululandes, Traumstrände am Indischen Ozean und Nationalparks mit einer faszinierenden Artenvielfalt prägen den Osten Südafrikas.

Vor allem die Kultur des jungen, multikulturellen Südafrika begegnet dem Besucher in der ausufernden Metropole Johannesburg, in ihren spannenden Museen, auf Märkten, in Restaurants mit Spezialitäten aus aller Herren Länder, in den Musikkneipen und Jazzlokalen. Auch ein geführter Besuch in einem der *Townships* sollte nicht fehlen. Er konfrontiert mit den nach wie vor bitteren Lebensumständen der Bevölkerungsmehrheit.

Aufregende Gebirgslandschaften warten im uKhahlamba-Drakensbergpark an der Grenze zum Königreich Lesotho auf Wanderer und Naturliebhaber. Im Land der Zulu erinnern Denkmäler und Museen an die große Epoche dieses Volkes unter seinem Herrscher Shaka Zulu, aber auch an die blutigen Schlachten, die hier zwischen Zulu und Weißen geschlagen wurden. Die Hafenstadt Durban/eThekwini sowie ihre Nord- und Südküste sind besonders bei Einheimischen ein beliebtes Urlaubsziel. Einsamer geht es in Port St. John's und Coffee Bay an der Wild Coast zu, hier sind Angler und Hochseefischer richtig.

Weiter nach Norden liegen die schönsten und spektakulärsten Wildparks Südafrikas: das Ithala Game Reserve oder der Hluhluwe-Umfolozi National Park, in dem man mehr Nashörner als in irgendeinem anderen Park Südafrikas sehen kann. Auch die fast ausgestorbenen Hyänenhunde und seltene Antilopenarten sind hier zuhause. In die tropische Küstenlandschaft eingebettet sind die am Indischen Ozean gelegenen Orte Sodwana Bay und St. Lucia. Hier ist der iSimangaliso Wetland Park, ein Feuchtgebiet mit einmaligem Artenreichtum, ein absoluter Höhepunkt.

TOUREN IN DER REGION

Im Land der Zulu

ROUTE: Johannesburg › Ithala Game Reserve › Hluhluwe-Umfolozi National Park › iSimangaliso Wetland Park › St. Lucia › Battlefield Route › Pietermaritzburg › Weenen Nature Reserve › Johannesburg

KARTE: Seite 267
DAUER UND LÄNGE: 7 Tage (mit Johannesburg 9 Tage), ca. 1600 km
PRAKTISCHE HINWEISE:
» Für die Rundfahrt benötigen Sie einen Mietwagen. Ein Fahrzeug mit Vierradantrieb ist für den Besuch der Schutzgebiete von Vorteil.
» Die Öffnungszeiten der Tore in den Wildschutzgebieten beachten, die Entfernungen sind groß.
» Malaria-Prophylaxe ist meistens erforderlich.

TOUR-START:
Nach zwei Tagen im ebenso hektischen wie faszinierenden **Johannesburg** **1** › S. 269 mit seinem multikulturellen, großstädtischen Flair vermittelt die sanft-hügelige Landschaft des **Ithala Game Reserve** **19** › S. 283 Besinnung und Ruhe. Gleich danach folgt ein weiteres Naturhighlight, der **Hluhluwe-Umfolozi National Park** **18** › S. 283 mit seiner großen Population an Breit- und Spitzmaulnashörnern, die in der weiten, offenen Hügellandschaft hervorragend zu beobachten sind. Im Kontrast zu den Savannen dieser beiden Schutzgebiete steht die dschungelähnliche Tropenwelt des **iSimangaliso Wetland Parks** **17** › S. 282. In **St. Lucia** starten Flussfahrten in das labyrinthische System aus Wasserarmen, Seen, Mangrovensümpfen und Lagunen, in dem u. a. Krokodile, Flusspferde und Flamingos sich den Lebensraum mit Haien teilen. Ein Paradies für Angler sind die Strände von **Cape Vidal**, Taucher geraten am Korallenriff vor **Sodwana Bay** in Verzückung, wo sie mit Glück sogar auf Lederschildkröten treffen. In allen Parks und Reservaten lohnt mindestens eine Übernachtung. Entlang der **Battlefield Route** bei **Dundee** **15** › S. 281 durch das Land der Zulu passiert man die bedeutendsten Schlachtfelder, die an die Kämpfe zwischen Zulu, Briten und Buren erinnern. Zugleich durchquert man eine der »afrikanischsten« Regionen Südafrikas, deren Dörfer mit den charakteristischen Rundhütten dokumentieren, wie traditionsverbunden viele Zulu heute noch leben. Britisches Flair versprüht **Pietermaritzburg/Msunduzi** **8** › S. 276 mit seinen Häusern in Backsteinarchitektur. Eine letzte Übernachtung bietet sich im **Weenen Nature Reserve** **7** › S. 276 an.

Zum »Barrier of the Spears«

ROUTE: Johannesburg › Golden Gate N. P. › Royal Natal N. P. › Cathedral Peak › Giant's Castle Game Reserve › Johannesburg

KARTE: Seite 267
DAUER UND LÄNGE: 5 Tage, ca. 1300 km
PRAKTISCHE HINWEISE:
» Die Anfahrten per Mietwagen von der Küste oder von Johannesburg aus zu den Parks in den Drakensbergen dauern in der Regel länger, als der Blick auf die Karte vermuten lässt.
» Bei schlechtem Wetter vorab beim Automobilclub (0861/000 234, www.aa.co.za) Erkundigungen zum Zustand der Pisten einholen.
» Übernachtungen in den Bergen vorab buchen.

TOUR-START:
Die Drakensberge werden auch als *Barrier of the Spears* (Wall der erhobenen Speere) bezeichnet: Bis knapp 3500 m ragen die Gipfel in den Himmel, und die extreme Verwitterung schuf tiefe Spalten und Schluchten in den steilen Hängen. Mehrere Reservate bewahren heute die eigenwil-

Karte
S. 267

Johannesburg und der Osten
Touren in der Region

TOUREN IM OSTEN

7 Im Land der Zulu

JOHANNESBURG › ITHALA GAME RESERVE ›
HLUHLUWE-UMFOLOZI NAT. PARK › ST. LUCIA ›
BATTLEFIELD ROUTE › PIETERMARITZBURG ›
WEENEN NATURE RESERVE › JOHANNESBURG

9 Rund um die
Raue Küste und einsame Berge

KAPSTADT › BLOUBERGSTRAND ›
WEST COAST NATIONAL PARK › LANGEBAAN ›
LAMBERT'S BAY › CLANWILLIAM › CEDERBERGE ›
TULBAGH › KAPSTADT

8 Zum »Barrier
of the Spears«

JOHANNESBURG › GOLDEN GATE NAT. PARK ›
ROYAL NATAL NAT. PARK › CATHEDRAL PEAK ›
GIANT'S CASTLE GAME RESERVE › JOHANNESBURG

Johannesburg und der Osten
Touren in der Region

lige Natur dieser bizarren Bergwelt: Zahlreiche Wanderwege erschließen die herrliche Landschaft. Von der N 3, die **Johannesburg** 1 › S. 269 mit Durban verbindet, führen immer wieder Stichstraßen zu den einzelnen Schutzgebieten im nördlichen, zentralen und südlichen Teil der uKhahlamba-Drakensberge. Planen Sie in jedem Park mindestens eine Übernachtung ein.

Den nördlichen Auftakt der Tour bildet der **Golden Gate National Park** 2 › S. 274, der seinen Namen von den in der Sonne golden glänzenden Sandsteinfelsen erhielt. Bartgeier, Schwarzstörche und Kampfadler sind nur einige der vielen Vogelarten, die Wanderer hier zu sehen bekommen. Der **Royal Natal National Park** 3 › S. 274 besticht mit einer 5 km langen, steil abfallenden Basaltwand, dem Amphitheater. Hier entspringt der Oranje, dessen Lauf mehr als 2000 km weiter westlich im Atlantik endet. Die Tugela River Cascades zählen zu den höchsten Wasserfällen der Welt. Ein weiterer Abstecher führt zum Schutzgebiet um den Cathedral Peak, dessen charakteristischer Gipfel weithin zu sehen ist. Das Didima Rock Art Centre bietet eine anschauliche Einführung in die Symbolik der Felsbilder. Im **Giant's Castle Game Reserve** 5 › S. 275 nutzen Sie mindestens eine der vielen Wandermöglichkeiten und besuchen eine der zahlreichen Höhlen, an denen Forscher über 5000 Felsbilder der San entdeckt haben.

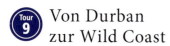

Von Durban zur Wild Coast

ROUTE: Durban › Port Shepstone › Port St. John's › Coffee Bay › Umtata › Oribi Gorge Nature Reserve › Durban

KARTE: Seite 267
DAUER UND LÄNGE: 5 Tage, ca. 850 km
PRAKTISCHE HINWEISE:
» Die gut ausgebaute N2 ermöglicht schnelle Fahrt per Mietwagen von Durban nach Port Edward. Auf der alten Küstenstraße braucht man viel länger.

» An der Wild Coast gilt: Kurven, Hügel und Vieh auf den Straßen verlängern die Fahrtzeiten erheblich.

TOUR-START:
Die stark von der indischen Bevölkerungsgruppe, ihren Tempeln, Märkten und kulinarischen Traditionen geprägte Hafenstadt **Durban/eThekwini** 9 › S. 277 ist nicht nur bei Südafrikabesuchern ein beliebter Zwischenstopp. Auch bei Einheimischen steht die Millionenstadt am Indischen Ozean dank des subtropischen Klimas für einen Badeurlaub das ganze Jahr über hoch im Kurs. Hainetze sorgen dafür, dass man das Bad im Meer hier unbesorgt genießen kann. Zu Weihnachten vergnügen sich indische und schwarzafrikanische Familien an der »Golden Mile«, Durbans 6 km langer Amüsier- und Hotelmeile, mit dem Wasserpark uShaka Marine World.

An der dicht besiedelten South Coast zwischen Durban und Port Edward reiht sich ein Urlaubsort an den anderen, hier mangelt es nicht an Übernachtungsmöglichkeiten. Auch für Attraktionen ist mit der Crocworld, der weltweit größten Krokodilfarm nördlich von Scottburgh, gesorgt. Einen starken Kontrast dazu bietet das bislang kaum erschlossene Gebiet der ehemaligen Transkei weiter südlich mit der **Wild Coast**. Schlagartig ändert sich mit der Provinzgrenze das Landschaftsbild, auch kulturell gibt es neue Facetten Südafrikas zu entdecken. Rundhütten der hier lebenden Xhosa dominieren die Hügellandschaft bis zum Horizont. Nur selten ist es möglich direkt am Meer entlangzufahren; meist umgeht die Straße in landeinwärts gewandten Bögen die zerfurchte Küstenlinie und lange Stichstraßen führen zur Felsküste am oft stürmischen Ozean. **Port St. John's** 11 › S. 281 und **Coffee Bay** 12 › S. 281 eignen sich gut für einen Aufenthalt zum Angeln oder Surfen. Eine sechsstündige Wanderung führt zur markanten Felsformation Hole in the Wall. Zwischen Mai und November halten sich häufig Wale vor diesem wilden Küstenstrich auf.

Einen Halt sollte man auch in **Umtata** 13 › S. 281 einplanen, um das Nelson Mandela Museum zu besichtigen. Von dort werden Füh-

Karte S. 272

Johannesburg

rungen nach Mvezo, dem Heimatort des ehemaligen Präsidenten angeboten.

Eine angenehme Übernachtungsmöglichkeit in der Region ist das Oribi Gorge Hotel beim schönen **Oribi Gorge Nature Reserve** bei **Port Shepstone** 10 › S. 280.

Wichtige Adresse
Alle Unterkünfte in den staatlichen Parks sind über **Ezemvelo KZN Wildlife** zu buchen:
Tel. 033/845 1000
bookings@kznwildlife.com
www.kznwildlife.com

UNTERWEGS IN JOHANNESBURG 1

Manhattan Südafrikas wird Johannesburg wegen seiner glitzernden Wolkenkratzer gerne genannt. Es ist noch gar nicht so lange her, da wirkte die City abends wie eine Geisterstadt – alles Leben schien sie zu verlassen. In den letzten Jahren sind die Menschen zurückgekehrt ins Zentrum. Vor allem Kreative und Künstler haben Jo'burg wiederbelebt. Dennoch ist die Innenstadt nach Einbruch der Dunkelheit besser zu meiden.

Johannesburg war und ist noch eine Stadt der Pendler – die einen ziehen in die wohlsituierten Vororte, die anderen in die *Townships*. Im benachbarten Soweto leben schätzungsweise 1,5 Mio. Schwarze – mehr als doppelt so viele Menschen wie im eigentlichen Johannesburg. Stadtentwicklungspläne gehen von einer Verdopplung der Einwohner bis 2025 aus ... Der Großraum Johannesburg zählt heute etwa 8 Mio. Einwohner.

Südafrika und Johannesburg ernteten viel Lob als Gastgeber der 19. Fußball-WM 2010. Sogar Nelson Mandela kam vor dem Finalspiel ins größte und komplett umgebaute Fußballstadion Afrikas – Soccer City in Johannesburg. Zwar hatte Südafrikas Nationalmannschaft die Vorrunde nicht überstanden, doch auch ohne Bafana Bafana feierten schwarze und weiße Südafrikaner gemeinsam ihre große Fußballparty. Anders als die meisten anderen WM-Stadien in Südafrika wird Soccer City vielfältig genutzt. Auch bei Südafrikanern wesentlich beliebtere Rugby-Turniere werden darin veranstaltet.

MELVILLE UND SANDTON

In Johannesburg schlägt nicht nur das wirtschaftliche Herz Südafrikas. Hier gibt es auch die größte Zahl von Galerien und Museen; von hier gingen Theaterstücke um die Welt. Nachts herrscht Hochbetrieb in den Kneipen, Jazzlokalen und Restaurants der Seventh Street im nördlichen Stadtteil Melville.

Im Großraum Johannesburg leben auch wirtschaftlich bessergestellte Schwarze; junge Leute und Intellektuelle aller Hautfarben übten sich hier schon in Zeiten strenger Apartheid in Zusammenarbeit und Freundschaft. In den letzten Jahren haben sich viele Firmen und Hotels an der innerstädtischen Peripherie angesiedelt. Das nördlich gelegene Viertel Sandton mit seinen Villen, Büros, Kaufhäusern, Kneipen und Hotels liegt direkt neben der riesigen Township Alexandra.

CARLTON CENTER UND JOUBERT PARK

Einen höchst eindrucksvollen Blick auf die Stadt bietet **Top of Africa** A, [c3] der 50. Stock des Carlton Center, mit 220 m Höhe das höchste Gebäude Afrikas. An klaren Tagen reicht der Blick bis zu den Magaliesbergen (Mo–Fr 9–18, Sa bis 17, So bis 14 Uhr, Tel. 011/308 1331).

Im schönen Joubert Park liegt die 1910 gegründete **Johannesburg Art Gallery** B [c1]. Im sorgsam renovierten Gebäude sind Gemälde und Plastiken südafrikanischer, britischer, niederländischer und französischer Künstler ausgestellt, u. a. Werke von Cézanne, van Gogh, Monet, Picasso und Renoir. Im Skulpturengarten stehen u. a. auch Arbeiten von Rodin (Di–So 10–17 Uhr; Tel. 011/725 3130).

ZWISCHEN DIAGONAL STREET UND MUSEUM AFRICA

Die **Diagonal Street** C [b2] durchbricht als einzige Straße die Schachbrettstruktur der Innenstadt. Schon von Weitem ist das **De-Beers-Verwaltungsgebäude** (Architekt: Helmut Jahn) erkennbar. Einen Kontrast dazu bildet der nahe **KwaZulu Muti Shop** samt Museum (Nr. 14 a, Mo bis Fr 8–17, Sa bis 13 Uhr) mit Kräutern und anderen Heilmitteln der Zulu.

1976 gründeten der schwarze Autor Athol Fugard und der weiße Theaterexperte Barney Simon das **Market Theatre** D [a2] in der Brée Street. Das Haus in der alten Markthalle war bald schon viel mehr als nur der erfolgreiche Versuch, Weiße und Schwarze auf den drei Bühnen und im Zuschauerraum zu versammeln. Proteststücke gegen die Apartheid gingen nach London und New York – so die Musicals »Sarafina!« und »Woza Albert!« von Mbongeni Ngema.

Neben dem Market Theatre zieht im alten Obst- und Gemüsemarkt das **Museum Africa** E [a2] Besucher mit interessanten Ausstellungen zur Kulturgeschichte Südafrikas an (Di–So 9–17 Uhr, Tel. 011/833 5624, www.themuseumafrica.org).

ORIGINS CENTRE F

Diese Topattraktion der Stadt präsentiert anschaulich die Geschichte der Menschheitsentwicklung in Südafrika und die Geschichte der San. Fred und Fang, zwei lebensgroße Dinosaurier, sind die Stars der paläontologischen Abteilung (Yale/Enoch Sontonga St., Witwatersrand University, Braamfontein, Mo–Sa 10–17 Uhr, www.origins.org.za).

Johannesburg ist keine Stadt für Spaziergänge. Die Kriminalitätsrate ist wegen der schlechten Lebensverhältnisse besonders in den Townships sehr hoch. Nehmen Sie stets ein Handy mit eingespeicherter Notrufnummer (Tel. 101 11) mit.

Graffiti satt in Newtown, Johannesburg

Karte
S. 272

Johannesburg
Info, Verkehrsmittel, Hotels, Restaurants

WITS ART MUSEUM
Der moderne Bau auf dem Gelände der Witwatersrand Universität beherbergt eine der spektakulärsten Sammlungen historischer und moderner afrikanischer Kunst, die im sachlichen Ambiente wunderbar präsentiert wird (University Corner, Ecke Bertha und Jorissen St., Braamfontein, Tel. 011/717 1365, Mi–So 10–16 Uhr, www.wits.ac.za).

Info
Johannesburg Tourism
Park City Transit Centre (1. Etage)
Rissik/Wolmarans St. (Bahnhof)
Tel. 011/338 5051
www.joburgtourism.com

Verkehrsmittel
Busse von Rea Vaya verkehren u.a. zwischen Ellis Park und Soweto und in einem Rundkurs durch die Innenstadt. Das 2010 gestartete, moderne Busnetz wird stetig ausgebaut (Fahrpläne auf www.reavaya.org.za). Der moderne Gautrain (www.gautrain.co.za) verbindet Sandton mit dem O. R. Tambo Airport › **S. 178** und fährt von Sandton nach Pretoria.

Hotels
The Westcliff Hotel €€€
Luxuriös, aber gutes Preis-Leistungs-Verhältnis. Sichere, ruhige Lage am Zoo.
67 Jan Smuts Ave. | Westcliff
Tel. 011/481 6000
www.fourseasons.com/johannesburg

Lesedi Cultural Village €€
In Miniaturdörfern der Zulu, Xhosa, Pedi, Ndebele und Basotho wohnen die Gäste mit im Haus ihrer Gastgeber. Fünf schön dekorierte Zimmer in traditionellen Hütten und Häusern. Reservierung erforderlich!
Lanseria Rd. (25 km nordwestlich von Johannesburg an der R 512, Ausfahrt Randpark an der N 1)
Tel. 087/740 9292
http://aha.co.za/lesedi

Safari Club €€
Große Zimmer, 5 km vom Flughafen, sehr schöner Garten, Pool, Restaurant, kostenloser Airporttransfer.
68 Pomona Rd., Kempton Park
Tel. 011/979 0321
www.safariclubsa.co.za

Das Landhaus €
Strohgedeckte, komfortable Rundbungalows am ländlichen Nordrand der Stadt. Pool, nette deutsche Besitzer.
97 Runnymead Rd.
Chartwell/Sandton (N 1, Ausfahrt William Nicol, dann auf die R 552)
Tel. 011/460 0105 | www.daslandhaussa.net

Restaurants
Carnivore im Misty Hills Hotel €€€
Ausgefallene Fleisch- und Grillküche, hervorragende Weine.
69 Drift Blvd. | Muldersdrift Estate
Mulderdrift | Tel. 011/950 6000
www.rali.co.za

Wombles €€€
Wer Rindfleisch mag, wird das Wombles lieben; an kaum einem anderen Platz wird das Steak so perfekt zubereitet – das »Man Size Rump« wiegt 1 kg, Mindestverzehr 200 Rand!
173rd Ave. | Randburg
Tel. 011/880 2470
www.wombles.co.za
Mo–Fr ganztags, Sa nur abends

Moyo €€
Gute afrikanische Küche, stilvolle Einrichtung.
Shop 5 | High St. | Melrose Arch
Tel. 011/684 1477 | www.moyo.co.za

Thava €
Süd- und nordindische Küche auf höchstem, authentischem Niveau.
44 The Ave. | Tel. 011/728 2826
www.thava.co.za

Johannesburg
Shopping, Nightlife

Shopping

Wer nicht nach Durban kommt, sollte in die **Oriental Plaza** zum Stöbern und Kaufen gehen – über 360 Geschäfte und der Duft des Orients (Ecke Bree St./Main Rd., Fordsburg, www.orientalplaza.co.za, Mo–Fr 8.30–17, Sa bis 15 Uhr). In dem modernen Shoppingcenter Nelson Mandela Square (www.nelsonmandelasquare.co.za) in Sandton wird man sicher fündig.

Auch ein Besuch auf dem Markt kann spannend sein: Bauern bauen jeden Sonntag ihre Stände für den **Fourways Farmers Market** (Monte Casino Blvd., www.ffmarket.co.za) auf. Auf dem **African Craft Market** in Rosebank (Cradock Ave.) findet man Kunsthandwerk aus allen Ecken des Schwarzen Kontinents (tgl.).

Nightlife

In **Niki's Oasis** – eine der ältesten Adressen des neuen Newton (1995 eröffnet) – treten die Jazzgrößen der Stadt auf, gleichzeitig kann man hier gut speisen (138 Lilian Ngoyi St., Tel. 011/838 9533).

Auch die täglichen Konzerte im **Orbit Jazzclub** gehören zu den Highlights der Szene (81 De Korte St., Tel. 011/339 6645, www.theorbit.co.za).

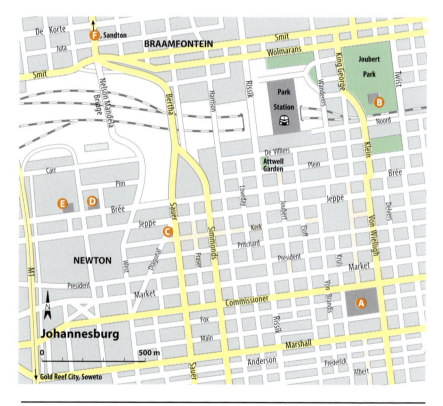

- **A** Top of Africa
- **B** Johannesburg Art Gallery
- **C** Diagonal Street
- **D** Market Theatre
- **E** MuseumAfrica
- **F** Origins Centre

Karte
S. 267

Johannesburg
Ausflüge

Das Apartheid Museum konfrontiert mit der Rassentrennung

Ausflüge

GOLD REEF CITY [H3]
Diese rekonstruierte Goldgräbersiedlung liegt 7 km südlich des Zentrums an der N 1, Ausfahrt Xavier Street. Heute ein Vergnügungspark, wird hier 200 m unter Tage die Minenarbeit erklärt und das Gießen eines Goldbarrens demonstriert. Auf einer Rundfahrt per Eisenbahn oder Kutsche passiert man u. a. das Feuerwehrgebäude und ein Theater. Achterbahnen sowie Musik- und Tanzgruppen bieten Abwechslung. (Minenbesuch mehrmals tgl.; Mi–So 9.30–17 Uhr; Tel. 011/461 9744, www.goldreefcity.co.za)

APARTHEIDMUSEUM [H3]
Die multimediale Aufbereitung der Geschichte des Landes zu Apartheitszeiten anhand von Dokumenten, Fotos, Film- und Tonaufnahmen ist überaus beeindruckend. Das fängt schon mit der Eintrittskarte an, nach der Besucher entweder als »Weiße« oder »Farbige« die Ausstellung durch verschiedene Eingänge betreten müssen. Lassen Sie sich viel Zeit für den Besuch des Museums gegenüber von Gold Reef City (tgl. 9–17 Uhr, Tel. 011/309 4700, www.apartheidmuseum.org)!

SOWETO [G3]
In den South Western Townships, rund 20 km südwestlich von Johannesburg gelegen, leben rund 1,3 Mio. (inoffiziellen Schätzungen zufolge 3,5 Mio.) Schwarze und Farbige. Soweto, das bis 2002 als eigenständige Stadt verwaltet wurde, gilt mit seinen insgesamt 30 Townships heute als Teil der Metropolregion Johannesburg. Man kann die Megastadt mit ihren sozialen Kontrasten im Rahmen geführter Touren besichtigen, von individuellen Besuchen ist jedoch dringend abzuraten.

Die Studentenproteste gegen die Rassentrennung thematisiert das **Hector Pieterson Museum** in Orlando West (8267 Khumalo St., Mo–Sa 10–17, So 10–16 Uhr, Tel. 011/536 0611). Politisch verfolgte Gegner der Apartheid fanden Schutz in der großen katholischen **Regina Mundi Church** (1149 Khumalo St., Moroka, Tel. 011/986 2546). Einschusslöcher erinnern noch heute daran, dass die Polizei trotz des Kirchenasyls 1976 das Feuer auf die in der Kirche Schutzsuchenden eröffnete. Im **Nelson Mandela House** in Orlando West lebten früher Winnie und Nelson Mandela (8115 Orlando West., Tel. 011/936 7754, www.mandelahouse.com, tgl. 9–16.45 Uhr).

SOWETO-TOUREN
Interessante Führungen bieten Soweto Tours, Tel. 082/506 9641, www.sowetotour.co.za und KDR Sports & Adventure Travel, Tel. 083/535 4553, www.soweto.co.za.

UNTERWEGS IM OSTEN

Golden Gate National Park 2 [H4]

Regen, Wind und Sonne formten aus den farbigen Sandsteinfelsen über Jahrhunderte hinweg Skulpturen, die in der Sonne golden leuchten – daher der Name des Parks. In der bizarren Landschaft nisten Kaffernadler und Bartgeier. Einfallstor für diese faszinierende Bergwildnis ist der Künstlerort Clarens mit seinen charmanten Cafés und Galerien. Wanderer und Reiter kommen im Nationalpark auf ihre Kosten. Ihnen begegnen Zebras, Springböcke und andere Antilopenarten. Die Unterkünfte in Camps und die Wanderung auf dem **Rhebok Hiking Trail** (zwei Tage) bucht man bei South African National Parks (www.sanparks.org, › S. 299).

Restaurant
Gosto €€
Portugiesische und mosambikanische Gerichte in einem schicken Restaurant mit Künstlerflair.
Ecke Main St & Van Zyl St., Clarens
Tel. 076/792 8189

Drakensberge ★ [H5]

Der eindrucksvolle Gebirgszug aus Basaltgestein, der größtenteils zum **uKhahlamba-Drakensberg Park** erklärt wurde, erstreckt sich über nahezu 1000 km von der Limpopo-Provinz bis in die Provinz Eastern Cape. Mit über 3000 m hohen Bergen, tiefen Schluchten und wilden Wasserfällen bieten die Drachenberge, wie sie die ersten Voortrekker nannten, Wanderern und Naturfreunden herrliche Landschaftsimpressionen. In dieser faszinierenden Bergwelt haben zudem die San, die die ersten Bewohner waren, über 4000 gut erhaltene Felszeichnungen in Höhlen und an Felsüberhängen hinterlassen (www.drakensberg.org.za).

ROYAL NATAL NATIONAL PARK 3 [H5]

Schon von Weitem ist das **Amphitheatre**, eine rund 1000 m senkrecht abfallende Felswand, zu erkennen. Die 8 km breite halbmondförmige Basaltwand flankieren die Berge Sentinel (3165 m) und Eastern Buttress (3047 m). In riesigen Kaskaden stürzt der Wasserfall **Tugela** über die Steilwand 850 m in eine Schlucht; im südafrikanischen Winter verkümmert der Wasserfall jedoch zum Rinnsal. Zur Tugela-Schlucht unterhalb des Wasserfalls führt eine reizvolle Tageswanderung (ca. 5 Std. hin und zurück, Badesachen mitnehmen).

Die Hütten und Chalets des **Thendele Camp** sind oft ausgebucht (Reservierung empfohlen unter www.kznwildlife.com).

Hotel
Orion Mont-aux-Sources €€
Schöne Anlage am Hang mit Traumblick auf die Bergwelt, Pool. Es werden Wanderungen und Ausritte angeboten.
Tel. 036/438 8000
www.montauxsources.co.za

CATHEDRAL PEAK 4 [H5]

Von Bergville führt eine kleine Stichstraße zum Naturschutzgebiet. Hier stehen dem Besucher zahlreiche attraktive Wandermöglichkeiten zur Auswahl, z. B. eine Tagestour in die **Ndedema Gorge** oder der etwa fünfstündige Aufstieg vom Cathedral Peak Hotel auf den namengebenden 3004 m hohen Gipfel. Unter Dutzenden von Überhängen sind über 2000 größtenteils stark verwitterte Felsbilder der San zu entdecken. Eine hervorragende thematische Einführung bietet das **Didima Rock Art Centre** (tgl. 8–16 Uhr, www.didima.info) unterhalb des Didima Camp mit Luxus-Chalets sowie einem Campingplatz und einem Restaurant mit Barbetrieb (Buchung www.kznwildlife.com).

Karte
S. 267

Unterwegs im Osten
Drakensberge

Hotel
Acorn Cottages €€
Hübsches, kleines Gästehaus mit sehr persönlicher Betreuung, 7 Zimmer und Cottages. Die Gastgeber organisieren auch eine Reihe von Aktivitäten, vom Trekking bis hin zur Zipline.
15 km südlich von Winterton
Tel. 082/805 7354
www.acorncottages.co.za

GIANT'S CASTLE GAME RESERVE 5 ★ [H5]
In diesem Schutzgebiet, 65 km südwestlich von Estcourt, kann man in aufregender Hochgebirgslandschaft herrliche Wanderungen unternehmen, so auf dem fünf Tage dauernden **Giant's Cup Trail** vom Sani Pass bis Bushman's Nek, auf dem man in Farmhäusern übernachtet. Neben Raubvögeln nistet hier auch der seltene Bartgeier, außerdem sind Wüstenluchse, Paviane, Bless- und Buschböcke in der Felswildnis heimisch. In der **Main Cave** sind Felszeichnungen der San zu sehen; Führungen starten zwischen 9 und 15 Uhr mehrmals täglich vom Giant's Castle Camp zu der etwa eine halbe Stunde Fußmarsch entfernten Höhle.

Die Chalets und das Restaurant des **Giant's Castle Camp** liegen in traumhafter Umgebung (Reservierung www.kznwildlife.com).

Info
Drakensberg Tourism
Bergville | Tel. 036/448 1557
www.drakensberg.org.za

AUSFLUG ZUM SANI PASS 6 [H5]
Die Tour hinauf zum Sani Pass, der zum Königreich Lesotho überleitet, ist nur mit einem geländegängigen Fahrzeug zu bewältigen. Vom Giant's Castle Game Reserve geht es über Pisten zunächst nach **Himeville** und **Underberg**, wo es einige Gästehäuser und Touranbieter gibt. Ab

Unterwegs im Golden Gate National Park

Unterwegs im Osten
Weenen Nature Reserve, Pietermaritzburg/Msunduzi

der am Fuße des Passes gelegenen Grenzstation (Ausweis nicht vergessen!) ist eine Weiterfahrt nur mit 4 × 4-Geländewagen erlaubt. Die letzten 14 Serpentinen des Sani Passes (2873 m) hinauf ins Königreich Lesotho › S. 313 sind extrem steil, sie winden sich haarnadelförmig die schmale Schlucht hinauf.

Es empfiehlt sich eine geführte Tour hinauf zum **Sani Top** und zu einem der höchstgelegenen Pubs Afrikas, dem **Sani Top Chalet**, eindrucksvoll überragt vom Thabana Ntlenyana (3482 m). Hier kann man schöne Wanderungen unternehmen. Packen Sie unbedingt warme Sachen ein, es kann auch im Sommer einmal schneien!

Hotels
Sani Pass Hotel €€€
Auf dem Weg zum Sani Pass, guter Tourenausgangspunkt. Schöne Berghütten.
Sani Pass Rd.
11 km nördlich von Himeville
Tel. 086/111 5555
www.premierhotels.co.za

The Himeville Arms €€
Historisches Haus mit gutem Restaurant und lebhaftem Pub. Hier treffen sich die Farmer der Region am Wochenende. Charmante Zimmer.
5 km von Underberg Richtung Himeville
Tel. 086/111 5555
www.premierhotels.co.za

Weenen Nature Reserve 7 [J5]

Das 6500 ha große, landschaftlich sehr reizvolle Reservat 30 km östlich von Eastcourt beheimatet sowohl Breitmaul- als auch Spitzmaulnashörner und mehr als 30 weitere Säugetierarten, darunter zahlreiche Kudus und Zebras. Bei geführten Touren kann man die Tiere aus der Nähe beobachten. Für eine Übernachtung stehen ein Campingplatz sowie ein Bungalow zur Verfügung (www.kznwildlife.com).

Hotel
Blue Haze Country Lodge €€
Bungalows mit Blick auf den Wagendrift-Stausee. 7 km von Estcourt in Richtung Giant's Castle Game Reserve | Tel. 036/352 5772
www.bluehaze.co.za

Pietermaritzburg/ Msunduzi 8 [J5]

Die Studentenstadt (ca. 230 000 Einw.) wurde von den Voortrekkern Pieter Retief und Gert Maritz nach der Schlacht am Blood River gegründet und später von den Briten zur Verwaltungshauptstadt ausgebaut. Die große indische Gemeinde bringt mit ihren Tempeln, Saris und Gewürzmärkten Farbe ins Straßenbild. Zwischen **Moses Mabhida Road** und **Church Street** erstreckt sich eine Fußgängerzone. Das beeindruckende **Rathaus** wurde 1893 aus Backsteinen errichtet und gilt als größter Ziegelbau der südlichen Hemisphäre. Eine weitere Attraktion ist der Komplex aus **Voortekker** und **Msunduzi Museum** mit dem Hauptgebäude in der Longmarket Street (u. a. Ausstellung zur Stadtgeschichte und zur Entwicklung der Demokratie, Mo–Fr 9–16, Sa 9–13 Uhr, www.msunduzimuseum.org.za). Das **Natal Museum** zeigt Sammlungen zur Naturgeschichte und Kulturhistorie (Jabu Ndlovu St., Mo–Fr 8.15–16.30, Sa 9–16, So 10–15 Uhr, www.nmsa.org.za).

Info
Pietermaritzburg Tourist Office
Mo–Fr 8–17 Uhr, Sa–13 Uhr
Publicity House | 177 Chief Albert Luthuli St.
Tel. 033/345 1348 | www.pmbtourism.co.za

Hotel
Imperial Hotel €€
Großes Hotel mit nostalgischem Flair, schöne Zimmer, gutes Restaurant.
224 Jabu Ndlovu St.
Tel. 033/342 6551 | www.imperialhotel.co.za

Karte
S. 278

Unterwegs im Osten
Durban/eThekwini

Goldene Abendsonne beleuchtet Durbans »Golden Mile«

Durban/eThekwini [J5]

1835 erhielt der 12 Jahre zuvor gegründete Ort den Namen des britischen Gouverneurs d'Urban, aber erst 1935 den Status einer Stadt. Ab 1855 brachte man indische Arbeitskräfte für die Zuckerrohrplantagen hierher – bis 1875 über 30 000. Heute zählt Durban mehr als eine halbe Million Inder, bei einer Gesamtbevölkerung von 3,5 Mio. in der Metropolregion.

IN DER CITY

Kern der Innenstadt Durbans ist der mit Denkmälern geschmückte **Francis Farewell Square** Ⓐ [b3] – benannt nach einem der englischen Händler, die hier 1823 ihre ersten Camps aufbauten.

Vor der Kulisse moderner Hochhäuser wirkt die 1910 fertiggestellte **City Hall** Ⓑ [b3] noch immer imposant – über der Kopie der Stadthalle von Belfast wölbt sich eine 52 m hohe Kuppel. Den imposanten Bau nutzt Südafrikas zweitgrößtes Kunstmuseum, die **Durban Art Gallery**, in der afrikanische und klassische englische Gemälde, aber auch Kunsthandwerk zu bewundern sind (Mo–Sa 8.30–16, So 11–16 Uhr). Ebenfalls in der City Hall befindet sich das **Natural Science Museum** (Mo–Sa 8.30–16, So 11 bis 16 Uhr). Zentrum der darstellenden Künste in KwaZulu-Natal ist das **Playhouse Theatre** Ⓒ [b3] mit fünf Bühnen. Die Architektur imponiert mit einer seltenen Mischung aus englischem Tudor und maurischem Stil (Tel. 031/369 9555, www.playhousecompany.com).

Neben der **Jumah Mosque** Ⓓ [a2] gibt es in den Hallen des **Victoria Street Market** Fisch, Gewürze und Gemüse plus viel Ramsch und Kitsch zu kaufen (Mo bis Sa 6–17, So 10–15 Uhr).

BEACH FRONT/GOLDEN MILE

Die O. R. Tambo Parade am Indischen Ozean ist mit Hotelhochhäusern und Wasserparks die Flanier- und Amüsiermeile von Durban. Der

6 km lange Sandstrand wird »Golden Mile« genannt. Am Nordstrand liegen die schönen **Amphitheatre Gardens** E [c/d1] mit subtropischen Blumen, Teichen, einem Schlangenpark und Minitown, in der bekannte Gebäude der Stadt im Kleinformat zu bestaunen sind.

Im Süden lockt der Wasserpark **uShaka Marine World** F [d3] mit den größten Aquarien der Welt und seinen Delfin- und Haibecken. Auch beim Schnorcheln oder Tauchen kann man die Tiere – durch einen Käfig vor den Haien geschützt – beobachten. Darüber hinaus kann der Besucher viele unterschiedliche Reptilien, Amphibien und Spinnen bewundern.

Daneben gibt es ein Erlebnisbad für die ganze Familie (1 Bell St., Point, Tel. 031/328 8000, www.ushakamarineworld.co.za, tgl. 9–17 Uhr).

Aus Sicherheitsgründen sollte man sich nachts nicht zu Fuß an der Golden Mile aufhalten, auch tagsüber ist man dort besser nie allein unterwegs.

Info
Durban Tourist Junction
Mo–Fr 8–16.30 Uhr, Sa 9–13 Uhr
90 Florida Rd. | Tel. 031/322 4164
www.durban.gov.za
www.durbanexperience.co.za

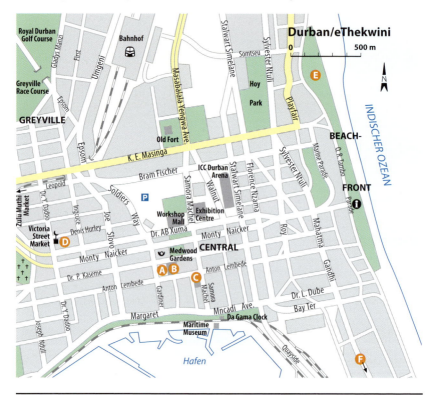

- A Francis Farewell Square
- B City Hall
- C Playhouse Theatre
- D Jumah Mosque
- E Amphitheatre Gardens
- F uShaka Marine World

Karte S. 278

Unterwegs im Osten
Durban/eThekwini

Die neobarocke City Hall von Durban ist heute ein Kunstmuseum

Hotels

Quarters €€€
Stilvolle Herberge: Vier prächtige viktorianische Häuser aus dem 19. Jh. wurden restauriert und mit einer Mischung aus modernem und altem eingerichtet – mit einem Hauch von Afrika.
101 Florida Rd. | Tel. 031/303 5246
www.quarters.co.za

Garden Court Marine Parade €€
Hotel im Art-déco-Stil mit 30 Etagen direkt am Indischen Ozean, Pool auf dem Dach.
167 O. R. Tambo (ex Marina) Parade
Tel. 031/337 3341
www.tsogosun.com

The Palms €
Komfortables B&B in Durban North in Strandnähe, Schwimmbad.
46 Old Mill Way | Tel. 031/563 5915
www.thepalmsdurban.co.za

Restaurants

Kashmir €€
Nord- und südindische Küche mit den angeblich besten Currys der Stadt.
11 McCausland Crescent
Umhlanga Rocks
Tel. 031/561 7486

Resto 1999 €€
Postmodernes Lokal mit einfallsreicher Küche; viel Fisch, große Menüs und nette Kleinigkeiten.
117 Vause Rd. | Tel. 031/202 3406
www.cafe1999.co.za

Roma Revolving Restaurant €€
Drehrestaurant im 32. Stock, ital. Küche, Blick auf Stadt und Hafen.
Victoria Embankment
John Ross House | Tel. 031/337 6707
www.roma.co.za
So geschl., Mo–Do nur abends

Unterwegs im Osten
Durban/eThekwini, Ausflug an die Nordküste, Durbans Südküste

Shopping

Das **African Art Centre** (94 Florida Rd., www.afriart.org.za) verkauft afrikanische Kunst, Stoffe und Schmuck.

Auch die Läden im attraktiven **BAT Centre** (11 Maritime Place, www.batcentre.co.za) bieten eine gute Auswahl an landestypischem Kunsthandwerk.

Aktivitäten

Streetscene
Tolle Touren durch das Zentrum, durch Townships und die Umgebung Durbans, zu Fuß, mit dem Auto oder mit dem Fahrrad.
187 Argyl Rd.
Tel. 031/321 5079
www.streetscene.co.za

Ausflug an die Nordküste

Der Küstenabschnitt der **Dolphin Coast** nördlich von Durban ist viel ruhiger als die Südküste. **Blythale Beach** gleich hinter **Stanger/Dukuza** z. B. hat schöne Strände, die nicht mit Fastfoodbuden zugepflastert sind. Das Grab und ein Denkmal erinnern hier an König Shakas letzte Residenz, die er 1825 gründete und in der er 1828 von zweien seiner Halbbrüder ermordet wurde. Ausstellungen über ihn sowie zur Zulukultur zeigt das **Dukuza Museum** (Mo–Fr 8.30 bis 16, Sa, So 9–16 Uhr). Jedes Jahr treffen sich in Stanger Tausende Zulu im Gedenken an Shakas Todestag (22. September).

Durbans Südküste

Bis Amanzimtoti wird die Küste als **Sunshine Coast** bezeichnet, danach beginnt die **Hibiscus Coast**, die im 120 km entfernten Port Edward endet. Als fantastisches Tauchziel gilt hier das Korallenriff Aliwal Shoal, das 5 km vor der Küste bei **Scottburgh** mehreren Schiffen zum Verhängnis wurde. In den Wintermonaten versammelt sich hier eine große Zahl von Haien zur Paarung. Taucher können auch Meeresschildkröten, Buckelwale und Rochen beobachten. 4 km nördlich von Scottburgh, das bei Surfern und Schwimmern sehr beliebt ist, befindet sich die Krokodilfarm **Crocworld** (tgl. 8–16.30 Uhr, Fütterung 11 und 15 Uhr, www.crocworld.co.za). Mit über 2000 Nilkrokodilen gilt sie als die größte der Welt. **Margate/Uvongo** ist das touristische Zentrum der Hibiscus Coast.

Hotel

Cutty Sark €€
Beliebtes familiäres Hotel am Strand, Panoramarestaurant, Abendshows.
Old Main Rd. | Scottburgh
Tel. 039/976 1230
www.cuttysark.co.za

Aktivitäten

Aliwal Dive Centre
Tauchexkursionen zum Aliwal Shoal; eine einfach Lodge ist angeschlossen.
2 Moodie St., Umkomaas
Tel. 039/973 2233
www.aliwalshoal.co.za

Von **Port Shepstone/Umtentweni** 10 [J6] lohnt eine Fahrt zum **Oribi Gorge Nature Reserve** mit einer bis zu 400 m tiefen Schlucht. Wanderwege erschließen die reizvolle Gegend. Im Reservat leben diverse Antilopen- und Affenarten sowie Leoparden (Infos: www.kznwildlife.com).

Hotel

Oribi Gorge Hotel €€
Beliebt für Wochenendausflüge, großes Angebot an Aktivitäten (Wildwasserfahrten, Abseilen, Wanderungen etc.), gutes Restaurant. Beim Nature Reserve, 11 km von Port Shepstone entfernt
Tel. 039/687 0253
www.oribigorgehotel.co.za

Karte
S. 267

Unterwegs im Osten
Wild Coast, Battlefield Route

Die Wild Coast

PORT ST. JOHN'S 11 [H6]
In dem ehemaligen kleinen Hafenstädchen Port St. John's verkehrt heute nur noch eine Fähre über den Umzimvubu River. Hinter der Ortsmitte gelangt man zum ersten von insgesamt drei Stränden, Angler und Windsurfer finden hier gute Bedingungen. Der **Second Beach** ist bewacht, an dem dritten und einsamsten liegt das **Silaka Nature Reserve**, das v. a. Küstenwald schützt (zu buchen über das Eastern Cape Tourism Board, www.visiteasterncape.co.za, Tel. 043/705 4400).

Die ungezähmte wilde Küste ist ein Paradies für Wanderer. Von Port Edward bis Coffee Bay verläuft der mehr als 200 km lange **Wild Coast Hiking Trail**, einer der berühmtesten Fernwanderwege Südafrikas.

Hotels
Cremorne Estate €€
Gemütliche Holzhütten mit Frühstück, Cottages für Selbstversorger.
Ferry Point Rd.,
5 km außerhalb von Port St. John's
Tel. 047/564 1110 | www.cremorne.co.za

Mbotyi River Lodge €€
Die große Lodge mit 48 Zimmern in Hütten und Bungalows liegt völlig einsam und wunderschön an der Wild Coast. Viele haben Veranda und Meerblick.
26 km außerhalb von Port St. John's
Tel. 082/674 1061 | www.mbotyi.co.za

COFFEE BAY 12 [H7]
Geprägt wird der scheinbar wild zusammengewürfelte Ort von einer lebhaften Backpacker-Gemeinde, die an alte Hippie-Zeiten erinnert. Bei den Einheimischen ist das Ocean View Hotel inmitten üppiger Vegetation direkt hinter dem Strand nach wie vor eines der beliebtesten an der Wild Coast.

Auf einer insgesamt 6 Std. langen Wanderung geht es oberhalb der Felsküste entlang zur Felsformation **Hole in the Wall**, dem markantesten Punkt an der Wild Coast. Hier haben die Wellen einen Felsen im Meer so unterhöhlt, dass sich ein großes, torähnliches Loch gebildet hat.

Hotel
Ocean View Hotel €€
Viele Zimmer mit Meerblick, gutes Restaurant, organisierte Touren.
Tel. 047/575 2005
www.oceanview.co.za

UMTATA / MTHATHA 13 [H6]
Das Zentrum der Transkei hat genau einen Besuchsgrund: das **Nelson Mandela Museum** (Nelson Mandela Drive, tgl. 9–16 Uhr, www.nelsonmandelamuseum.org.za). Es ist dem Leben Mandelas gewidmet, basierend auf seiner Biografie »Long walk to Freedom«. Von hier werden auch geführte Touren zu seinem Geburtsort Mvezo 67 km südlich von Umtata organisiert. Kurz nach dem Abzweig von der N2 nach Mvezo liegt in dem Xhosa-Dorf Qunu das **Nelson Mandela Youth & Heritage Centre**, hier wuchs Nelson Mandela auf (mit guter Übernachtungsmöglichkeit und Restaurant, Tel. 047/538 0217).

Battlefield Route

ESHOWE 14 [J5] **UND UMGEBUNG**
In der ältesten Stadt des Zululandes mit schönen Häusern aus britischer Zeit ist das Fort Nongqai mit einem **Museum zur Geschichte der Zulu** sehenswert (Tel. 035/474 2281, Mo–Fr 7.30–16, Sa ab 9, So ab 10 Uhr, http://eshowemuseums.org.za). In der Umgebung des Forts liegen einige der historischen Schlachtfelder, Festungen, Gräber und Gedenktafeln, mit denen die Battlefield Route gesäumt ist.

Im 14 km entfernten Zuludorf **Shakaland** wurde der Film »Shaka Zulu« (1985) über den mächtigen König Shaka gedreht. Jetzt bieten hier 55 traditionelle Hütten komfortable Nacht-

Unterwegs im Osten
Battlefield Route, iSimangaliso Wetland Park

ruhe, täglich ab 11 Uhr gibt es ein Veranstaltungsprogramm (Hotel Shakaland €€, Tel. 087/740 9292, http://aha.co.za/shakaland, €€).

DUNDEE 15 [J4] UND UMGEBUNG
Der Ort war 1899 ein wichtiger Stützpunkt für die Briten im Krieg mit den Buren. Das **Talana Museum** (Mo–Fr 8–16.30 Uhr; Sa–So 9 bis 16.30 Uhr, www.talana.co.za) am Stadtrand von Dundee vermittelt Hintergrundinformationen zu den Kriegen zwischen Briten und Zulu, Zulu und Buren sowie Briten und Buren.

Auf der R33 geht es zum **Blood River Monument** rund 50 km östlich von Dundee. In der weiten Landschaft stehen 64 bronzene Ochsenwagen in Form einer Wagenburg, die an den 16. Dezember 1838 erinnern. Damals wurden 464 Voortrekker unter Andries Pretorius von 10 000 Zulu angegriffen; ein Drittel der Angreifer starb im Kugelhagel der Buren, die einen historisch bedeutenden Sieg davontrugen. Gegenüber verdeutlicht das **Ncome Museum** die Perspektive der Zulu und erweitert so die Sichtweise auf das Geschehen von damals (tgl. 8.30 bis 16.30 Uhr, www.ncomemuseum.org.za).

ULUNDI 16 [J4] UND UMGEBUNG
Bis 1994 war Ulundi (22 000 Einw.) die Hauptstadt des Homelands KwaZulu, heute ist es gemeinsam mi Pietermaritzburg Provinzhauptstadt. Das Parlamentsgebäude und der moderne Flughafen wirken in der weiten Landschaft recht skurril. Sehr beeindruckend ist das **KwaZulu Cultural Museum** in oNdini (8 km östlich) mit dem nachgebauten Kraal des Zulukönigs Cetshwayo (Mo–Fr 8–16, Sa/So 9–16 Uhr, www.zulu-museum.co.za).

Hotel
Garden Court Ulundi €€
Großes, modernes Haus mit Restaurant und Pool, im Bungalowstil.
Princess Magogo St.
Tel. 035/870 1012
www.tsogosun.com

iSimangaliso Wetland Park 17 ⭐ [K4]

Der beliebte Park (vormals Greater St. Lucia Wetland Park) gehört zum UNESCO-Weltnaturerbe (www.isimangaliso.com). Besonders schön ist der südliche Teil – ein Feuchtgebiet mit Mangrovensümpfen und ursprünglichem Küstenurwald. Um ein System von Seen hinter der sandigen Küstennehrung am Indischen Ozean existieren fünf verschiedene Ökosysteme – entsprechend ist die Vielfalt der Flora und Fauna. Etwa 40 000 Flamingos und 3000 weiße Pelikane brüten und leben im See, ebenso wie Krokodile und Nilpferde.

Das **Cape Vidal** ist ein Paradies für Angler, hier kann man sich in netten Holzbungalows einquartieren (www.kznwildlife.com). Das angrenzende Meeresreservat bietet den Lederschildkröten Schutz. Die Korallenriffe vor der **Sodwana Bay** mit Sandstrand sind ein Dorado für Sporttaucher und Angler.

St. Lucia an der Mündung des St.-Lucia-Sees ins Meer ist ein schnell gewachsener, unattraktiver Ort mit Ferienhäusern, kleinen Hotels und Imbissläden. In der Nähe beherbergt das **St. Lucia Crocodile Center** diverse Krokodilarten und erklärt das Verhalten der Echsen (tgl. geöffnet, Mi 18.30 und Sa 15 Uhr Fütterung). Ein Wanderweg (ca. 1,5 km) führt durch den Dünenwald an der Küste; im angrenzenden Tierpark gibt es Zebras, Impalas, Nilpferde etc. zu sehen.

Mehrere Lodges und Veranstalter organisieren **Bootsfahrten** im Wasserlabyrinth der Seen, Lagunen und Mangrovensümpfe; dabei kommen die Passagiere Flusspferden, Krokodilen und den zahlreichen Wasservögeln besonders nahe. Touren kann man u. a. bei St. Lucia Safaris (Tel. 035/590 1363, www.stluciasafaris.com) buchen.

Hotel
Lodge Afrique €€
Acht luxuriöse, strohgedeckte Bungalows in einem kleinen tropischen Garten mit Pool.
71 Hornbill St./St. Lucia Estuary
Tel. 035/590 1696 | www.lodgeafrique.com

Karte
S. 267

Unterwegs im Osten
Hluhluwe-Umfolozi N.P., Ithala Game Reserve

Selbst im iSimangaliso Wetland Park sind die Nashörner von Wilderei bedroht

Hluhluwe-Umfolozi N. P. 18 ★ [J/K4]

Ein Netz von Schotterstraßen erschließt das gebirgige Reservat (gesprochen *Schluschlue Umfolosi*), das als eine des ältesten Schutzgebiete Afrikas angesehen wird. In den 1950er- und 60er-Jahren war es Schauplatz der »Operation Rhino«, bei der Breitmaulnashörner aus Hluhluwe in andere Schutzgebiete verfrachtet wurden, um die nahezu ausgestorbene Population durch Züchtung wieder zu stabilisieren. Heute passiert Ähnliches mit den Spitzmaulnashörnern. Der Nationalpark bietet die seltene Gelegenheit, beide Nashornarten in freier Wildbahn zu beobachten. In der hügeligen, von Flüssen durchzogenen Landschaft leben 1800 Breitmaulnashörner (von 6500 im ganzen Land) und dazu 300 seltene Spitzmaulnashörner (ca. 900 Tiere gibt es in Südafrika, rund 2500 in ganz Afrika). Trotz aller Bemühungen sind die Tiere wegen ihres Horns nach wie vor von Wilderei bedroht.

Die schönste Unterkunft ist das **Hilltop Camp** mit komfortablen Chalets oder einfachen Rondavels (Rundhütten) für Selbstversorger und einem tollem Blick aufs Reservat (Infos www.kznwildlife.com).

Ithala Game Reserve 19 [J4]

Trotz wunderbarer hügeliger Landschaft mit tief eingeschnittenen Flusstälern und schönen Unterkünften wird das Reservat bislang noch wenig besucht. Es beherbergt viele Nashörner und andere Tiere, u. a. Elefanten und Warzenschweine, die man in aller Ruhe beobachten kann – nachts ein besonderes Erlebnis (Infos www.kznwildlife.com).

Göttlich ist der Blick durch God's Window

Das majestätische Felsbollwerk der Waterberg Mountains

Karte S. 289

Der Norden

DER NORDEN

Eine fast kleinstädtisch wirkende Metropole, schroffe Felsschluchten, einsame Goldgräbersiedlungen, einer der wildreichsten und faszinierendsten Nationalparks des Landes und die geheimnisvollen Ruinen von Mapungubwe sind nur einige der Highlights im Norden Südafrikas.

In Pretoria mit seinen Jacaranda-Alleen, die es zur Blütezeit im Frühjahr in ein violettes Kleid hüllen, verspürt man noch jenes Flair, das die ersten Siedler an der Südspitze Afrikas beflügelte. Die eher gemächliche Hauptstadt des Landes ist Ausgangspunkt für Touren mit Kontrastprogramm: Nach Nordosten auf die Panoramaroute durch eine karge Bergwelt und vorbei an Goldgräberstädtchen zum beeindruckenden Blyde River Canyon. Weiter in den Krüger-Nationalpark, wo große Wildherden und die *Big Five* die Besucher begeistern. Private Wildschutzgebiete am Westrand des Parks verbinden ganz nach Wunsch und Geldbeutel Komfort mit maßgeschneiderten Safaris.

Oder wie wäre es mit einem Abstecher nach Nordwesten in den ebenso wildreichen, aber intimeren Pilanesberg National Park und in die angrenzenden Casino-Stadt Sun City, wo sich die Wochenendurlauber aus Johannesburg und Pretoria tummeln.

Rund um die Ausgrabungsstätten des einstigen Königreichs Mapungubwe ganz im Norden im Dreiländereck entstand eines der jüngsten Naturreservate des Landes. Mythen und Traditionen prägen das Leben der hier lebenden Vha-Venda. Im Land der Regenkönigin bei Tzaneen verlocken grüne Berge, kühle Seen und klare Bäche zu einer Rast.

Die Waterberge sind noch eine der wenig entdeckten Regionen des Landes. Dabei bieten sie einen nicht zu unterschätzenden Vorteil: Die hier eingerichteten Wildparks wie Mabulani Game Reserve oder der Marakele National Park sind malariafrei und geizen doch nicht mit Attraktionen. Mit den *Big Five* können Sie hier ebenso sicher rechnen wie im Krüger-Nationalpark.

TOUREN IN DER REGION

Vom Canyon in den Busch

ROUTE: Pretoria › Sabie › Blyde River Canyon › Krüger-N. P. › Tzaneen › Warmbaths/Bela Bela › Pretoria

KARTE: Seite 289
DAUER UND LÄNGE: 6 Tage, ca. 1370 km
PRAKTISCHE HINWEISE:
» Gutes Fernglas und Tierbestimmungsbuch für die Wildparks mitnehmen.
» Übernachtungen vorbuchen, Öffnungszeiten der Gates beachten, frühzeitig in einem Park ankommen, um eine Nachtfahrt (ab ca. 16/17 Uhr) mitmachen zu können.
» An Malariaprophylaxe und Mückenschutzmittel denken.

TOUR-START:
Fahren sie zeitig in **Pretoria** 1 › S. 291 los. Erster Halt sind die die malerischen Long Creek Falls beim Städtchen **Sabie** 4 › S. 294. Ein Besuch im Museum von **Lydenburg/Mashishing** zeigt Spuren einer faszinierenden Hochkultur, Terrakotta-Köpfe, die hier um 500 n. Chr. entstanden. Die ehemalige Goldgräbersiedlung **Pilgrim's Rest** 5 › S. 294 wirkt wie eine Westernstadt im Nirgendwo. Hier oder in der Nähe des **Blyde River Canyon** 7 › S. 296 empfiehlt es sich zu übernachten. Der schönste Stopp an der Panoramaroute in den Drakensbergen heißt **God's Window** mit Blick in die Weiten des Lowvelds.

Die Tour führt nun zum **Krüger-Nationalpark** 9 › S. 297, für den man sich mindestens zwei Tage Zeit lassen sollte. Wildbeobachtung mit dem eigenen Fahrzeug oder auf organisierten *Game Drives* steht auf dem Programm. Sportliche gehen mit Guides auf Pirschwanderung. Unter den Unterkünften in den staatlichen Restcamps bietet sich vom Campground bis zum Luxusbungalow am beleuchteten Wasserloch etwas für jeden Geschmack. Exklusiv kommen die Gäste der an den Nationalpark angrenzenden privaten Schutzgebiete unter.

Rund um **Tzaneen** 12 › S. 299 weiter nach Norden erstrecken sich Tee- und Fruchtplantagen, im nahen **Modjadji Nature Reserve** beeindrucken bis zu 12 m hohen Farnpalmen – ein idealer Punkt für eine weitere Übernachtung. Über **Pietersburg/Polokwane** 13 › S. 300, Hauptstadt der Provinz Limpopo, erreicht man die warmen Quellen von **Warmbaths/Bela Bela** 14 › S. 301. Sie verlocken zu einem entspannten Aufenthalt, bevor es zurück nach Pretoria geht.

Vom Krüger-Nationalpark zum Limpopo

ROUTE: Pretoria › Krüger-Nationalpark › Mapungubwe National Park › Pretoria

KARTE: Seite 289
DAUER UND LÄNGE: 7 Tage, ca. 1900 km
PRAKTISCHE HINWEISE:
» Krüger-Nationalpark s. Tour 10. Im Venda-Land wegen schlechter Pisten evtl. eine geführte Tour buchen.
» Mapungubwe National Park: Auf ausreichend Treibstoffvorrat achten; in Mapungubwe gibt es keine Tankstelle.

TOUR-START:
Von Pretoria geht es auf der N 4 direkt zum **Krüger-Nationalpark** 9 › S. 297. Buchen Sie drei Nächte jeweils in einem anderen Camp, z. B. Lower Sabie im Süden und Olifants oder Letaba in der Mitte, so lernen Sie die unterschiedlichen Landschaften in dem 350 km langen Park kennen. Im Norden bietet sich das historische Camp Punda Maria als letzte Station an, bevor Sie Krüger beim Pafuri Gate verlassen und sich nach Südwesten wenden.

Karte
S. 289

Der Norden
Touren in der Region

TOUREN IM NORDEN

10 Vom Canyon in den Busch

PRETORIA › SABIE › BLYDE RIVER CANYON ›
KRÜGER-NATIONALPARK › TZANEEN ›
WARMBATHS/BELA BELA › PRETORIA

11 Vom Krüger-Nationalpark
zum Limpopo

PRETORIA › KRÜGER-NATIONALPARK ›
MAPUNGUBWE NATIONAL PARK › PRETORIA

12 In die Waterberge

PRETORIA › WARMBATHS/BELA BELA ›
MABULANI GAME RESERVE › MARAKELE
NATIONAL PARK › PILANESBERG NATIONAL PARK ›
SUN CITY › PRETORIA

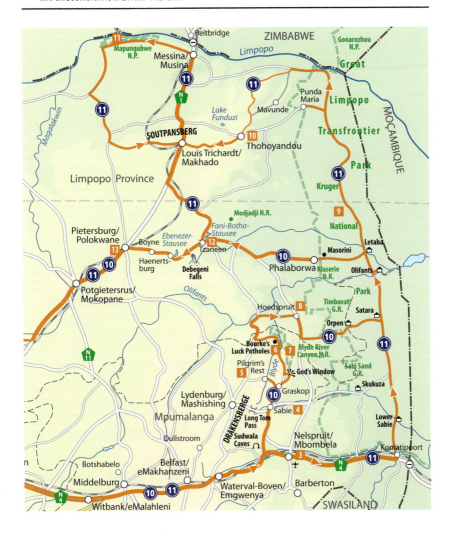

Der Norden
Touren in der Region

Rundhüttendörfer, kleine Felder und Viehhirten mit ihren Herden begegnen dem Reisenden im Land der Venda. Hier steckt die touristische Infrastruktur noch in den Kinderschuhen; die Menschen in dieser Region sind noch tief in ihren Traditionen verwurzelt. Die Stimmung ist beschaulich, doch in **Thohoyandou** 10 › S. 298, dem Hauptort, geht es lebhaft zu. Einer der größten Affenbrotbäume Südafrikas, der **Big Tree**, ist hier unweit des Dorfes Zwigodini zu finden. Nächstes Ziel sind die Ausgrabungsstätten des alten Königreichs **Mapungubwe** 11 › S. 299. Sie liegen im gleichnamigen Nationalpark (Übernachtungsmöglichkeiten) im Dreiländereck von Südafrika, Zimbabwe und Botswana und zählen seit 2003 zum UNESCO-Weltkulturerbe. Die Blüte dieses Königreichs, das Handelsbeziehungen bis nach China unterhielt, lag zwischen 1000 und 1300. Das Interpretative Centre macht mit der Geschichte dieses ungewöhnlichen Ortes vertraut. Affenbrotbäume und eigenwillige Sandsteinformationen prägen den **Mapungubwe National Park**, der touristisch bislang nur mit einigen einfachen Camps erschlossen ist. Auf dem »Treetop Walk« kommen Interessierte der artenreichen Vogelwelt besonders nahe.

Bei **Tzaneen** 12 › S. 299 erreicht man das Land der Regenkönigin, eine idyllische Landschaft mit Obstplantagen, Wäldern, Seen und Flüssen, wie geschaffen für einen längeren Aufenthalt. Zeit nehmen sollte man sich für den Besuch des Bakone-Malapa-Freilichtmuseums in **Pietersburg/Polokwane** 13 › S. 300. Die Tour endet in **Pretoria** 1 › S. 291, wo Sie in der Mapungubwe Archaeological Collection aufsehenerregenden Funde aus Mapungubwe, darunter der goldenen Statuette eines Nashorns, begegnen.

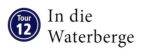

In die Waterberge

ROUTE: Pretoria › Warmbaths/Bela Bela › Mabulani Game Reserve › Marakele National Park › Pilanesberg National Park › Sun City › Pretoria

KARTE: Seite 289
DAUER UND LÄNGE: 6 Tage, ca. 850 km
PRAKTISCHE HINWEISE:
» Das Mabulani Game Reserve ist ein privater Park für Selbstversorger, auch im Marakele National Park gibt es keine Verpflegung. Während der Regenzeit von November bis März können die Straßen wegen Überflutung gesperrt sein.
» Am einfachsten zu bereisen ist der Pilanesberg National Park; Unterkünfte rechtzeitig reservieren.

TOUR-START:
Die noch ursprünglichen Waterberge erreicht man am besten über **Warmbaths/Bela Bela** 14 › S. 301, dessen warme Quellen zu einem ersten Stopp verführen. Im malariafreien **Mabulani Game Reserve** können die Besucher zu Fuß, mit dem Mountainbike oder bei einem *Game Drive* mit Führer Tiere live erleben. Neben Nashorn, Impala, Giraffe, Kudu und Gemsbok ist hier auch die seltene Rappenantilope heimisch. Auch Büffelherden werden gesichtet. Berühmt ist der Park aber für seinen Vogelreichtum, darunter Falkenbussarde, Brillenweber und Strichelracke. Zwei Übernachtungen sollte man sich in dem privaten Wildpark gönnen, um an verschiedenen Aktivitäten teilnehmen zu können.

Quer durch die **Waterberge** 15 › S. 301. erreicht man den an einem Fluss gelegenen **Marakele National Park**. Er bildet das Bindeglied zwischen der ariden westlichen und der feuchteren östlichen Hälfte Südafrikas, weshalb sein Wildbestand besonders vielfältig ist. Auch hier lassen sich die Tiere in aller Ruhe beobachten, deshalb bleibt man am besten ein oder zwei Nächte. Vorsicht vor den Bärenpavianen und Grünmeerkatzen im Umfeld der Camps! Sie reißen sich jeden unbeaufsichtigten Gegenstand unter den Nagel.

Weniger einsam, aber lohnend ist der **Pilanesberg National Park** 16 › S. 302 mit Camps und Unterkünften aller Art. Mit etwas Glück sehen Sie hier ebenfalls die *Big Five*. Der Nationalpark wurde Ende der 1970er-Jahre eingerichtet und in einer spektakulären Umsiedlungsaktion, der »Operation Genesis«, mit Wild aus allen Schutzgebieten

Karte
S. 289

Unterwegs im Norden
Pretoria/Tshwane

des Landes bestückt. Kontrastreiches Abendprogramm bietet die Casino-Stadt **Sun City** gleich nebenan mit Casinos, Vergnügungsparks, Hotels und Shows nach dem Vorbild von Las Vegas.

Verkehrsmittel
Für die Touren in dieser weitläufigen Region bietet sich ein Mietwagen oder ein Wohnmobil an. So lassen sich am besten alle Sehenswürdigkeiten erreichen. Von Johannesburg aus kann man auch gleich zum Kruger Mpumalanga International Airport (KMI Airport, www.kmiairport.co.za) fliegen, knapp 50 km vom Krüger-Nationalpark und 22 km von Nelspruit/Mbombela entfernt, dann geht es weiter mit Mietwagen.

UNTERWEGS IM NORDEN

Pretoria/Tshwane **1** [H3]

Die Hauptstadt Südafrikas liegt auf 1365 m Höhe, also etwa 400 m tiefer als die Nachbargroßstadt Johannesburg – deshalb ist das Klima hier im Winter milder. Im Oktober und November sind die Alleen der Innenstadt von einem malvenfarbenen Blütenmeer der rund 60 000 Jacarandabäume umrahmt.

Die behäbig-konservative Stadt (ca. 2 Mio. Einw.) ist im Winter Sitz der Regierung, im Sommer gibt sie diesen an Kapstadt ab. Pretoria wurde 1855 vom Burengeneral Martinus Wessel Pretorius gegründet und ist heute Industriestandort sowie ein Bildungs- und Forschungszentrum. 2005 beschloss der Stadtrat den Namen Tshwane für die zukünftige Distriktverwaltung.

Ausgangspunkt für eine Rundtour durch die Stadt sind die **Union Buildings,** die Regierungsgebäude am Meintjieskop-Hügel im Nordosten der Stadt. Sie gehören zu den architektonisch herausragenden öffentlichen Bauwerken des Landes. Errichtet hat das Backsteinensemble aus Kuppeln, Türmchen und Säulen der Brite Sir Herbert Baker (1862–1946). Terrassenförmig angelegte gepflegte Gärten führen vom Regierungssitz hinunter in die Innenstadt. Auf dem Rasen vor dem 1913 fertiggestellten imposanten Komplex fand am 10. Mai 1994 die Vereidigung Nelson Mandelas zum Präsidenten Südafrikas statt. Von hier bietet sich ein schöner Blick auf Pretoria. Meist bieten Andenkenverkäufer afrikanischen Perlenschmuck und Holzschnitzereien an.

Die **National Zoological Gardens,** eine der größten Zooanlagen des Kontinents, beherbergt auf 80 ha Parkgelände fast 130 Säugetier- und rund 160 Vogelarten sowie Fische und Reptilien (Paul Kruger St., tgl. 8.30–17.30 Uhr, www.nzg.ac.za). Das **National Museum of Cultural History** vermittelt Einblicke in die prähistorische Felskunst und das Leben der schwarzen Völker. (tgl. 8–16 Uhr, www.ditsong.org.za).

In der Mitte des **Church Square** steht eine überlebensgroße **Bronzefigur von Paul Kruger,** Premierminister des damaligen Transvaal ab 1883. Schöne Gebäude aus dem ausgehenden 19. Jh. umrahmen die Rasenflächen: der **Raadsaal** (ehemaliger Regierungssitz), der **Justizpalast,** das **Postamt** und die **Nationalbank.** Das **Wohnhaus von Paul Kruger** in der Kerk St., in dem der Premierminister 1884–1901 lebte, beherbergt seine Möbel sowie Dokumente aus dem Burenkrieg (Di-Sa 8.30–16.30, So ab 9 Uhr).

Die **City Hall** in der Bosman Street kennzeichnet ein Uhrturm mit 32 Glocken. Vor dem Rathaus stehen die Statuen der Voortrekker Andries Pretorius und seines Sohnes Martinus Wessel, des Stadtgründers. Gegenüber beeindrucken im **National Museum of Natural History** die Ausstellung aller im Land vorkommenden Vogelarten, ebenso die archäologischen und geologischen Sammlungen (tgl. 8–16 Uhr).

Unterwegs im Norden
Pretoria/Tshwane

Das **Melrose House** an der Jacob Maré Street zählt zu den schönsten Häusern Pretorias. Der wohlhabende Bürger George Heys ließ es 1866 im viktorianischen Stil erbauen, alle Materialien stammen aus England. Die Räume sind noch mit den Möbeln jener Zeit ausgestattet (Di–So 10–17 Uhr).

Einen Besuch verdienen unbedingt auch die Museen der **University of Pretoria**, insbesondere die Abteilung, die die **Mapungubwe Archaeological Collection** präsentiert. Hier ist u. a. das berühmte goldene Nashorn ausgestellt, wenn es nicht gerade als Leihgabe in anderen internationalen Museen gezeigt wird. Leider sind die Museen nicht immer ohne Voranmeldung zugänglich (Mo–Fr 10–16 Uhr, sicherheitshalber unter Tel. 012/420 5450 nachfragen bzw. anmelden).

Infos
Tshwane Tourism
Old Nederlandsche Bank Bldg.
Church Square | Tel. 012/358 1430
www.gopretoria.co.za | www.tshwane.gov.za
Mo–Fr 9–17, Sa 9–13 Uhr

Hotels
Court Classique €€€
58 großzügige Suiten im Vorort Arcadia, Restaurant.
743 Schoeman St. | Tel. 012/344 4420
www.courtclassique.co.za

Meintjieskop Guest House €€
Familiär geführtes Gästehaus mit 16 komfortablen Zimmern; Pool, gute Lage.
145 Eastwood St. | Eastwood
Tel. 012/342 0738
www.meiguest.co.za

Restaurants
La Madeleine €€€
Mit seiner exzellenten französischen Küche gehört dieses elegante Restaurant zu den Top Ten Südafrikas.
122 Priory Rd. | Lynnwood Ridge
Tel. 012/361 3667
www.lamadeleine.co.za
So abends und Mo geschl.

Carbon Bistro €€
Gin- und Steakliebhaber haben dieses schicke Bistro gleichermaßen zu ihrem Hotspot erkoren. Fantasievolle Drinks und perfekt auf den Punkt gegrilltes Fleisch sprechen für den Szenetreff.
279 Dey St, Nieuw Muckleneuk
Tel. 012/340 0029 | www.carbonbistro.co.za

Café Riche €
Das Café mit Tischen auf dem Church Square ist eine wahre Jugendstiloase inmitten der pulsierenden Stadt.
Church Square | Tel. 012/328 3173

Ausflüge von Pretoria

VOORTREKKER MONUMENT
6 km südlich von Pretoria erhebt sich auf einem Hügel der düstere, 40 m hohe Quader aus Klinkersteinen mit einem Relief, das 64 aus Granit gehauene Ochsenwagen zeigt. Der Bau wurde 1938–1949 errichtet und erinnert an den Großen Trek der Buren und ihre Schlacht gegen die Zulu am Blood River 1838. 27 Marmorreliefs verherrlichen die Eroberung des Landes durch die Weißen (tgl. Mai– Aug. 8–17 Uhr, sonst bis 18 Uhr, www.vtm.org.za).

CULLINAN [2] [H3]
Im hübschen viktorianischen Örtchen 35 km östlich von Pretoria kann man die größte Diamantenmine Südafrikas, die **Premier Diamond Mine**, besuchen. Die Fördergrube ist 600 m tief, 500 m breit und 1000 m lang. Es gibt Führungen über und unter Tage (die Besichtigung der Stollen sollten Sie mind. zwei Wochen im Voraus buchen, Tel. 012/734 0081, www.diamondtours cullinan.co.za, über Tage Mo–Fr 10.30 und 14, Sa–So 10.30 und 12 Uhr).

Karte S. 289

Unterwegs im Norden
Ausflüge von Pretoria

Andries Pretorius bewacht das Voortrekker Monument bei Pretoria

Unterwegs im Norden
Nelspruit/Mbombela und Umgebung

Nelspruit/Mbombela und Umgebung 3 [J3]

In der Hauptstadt der Provinz Mpumalanga (60 000 Einw.) ist der **Lowveld Botanical Garden** am Crocodile River (tgl. 8–17/18 Uhr, www.sanbi.org) mit seinen tropischen Wäldern, der Hängebrücke und mehreren Aussichtspunkten auf malerische Wasserfälle die Attraktion. Nicht weit entfernt befinden sich die 12 m hohen **Montrose Falls**, die über eine breite Felsstufe stürzen.

41 km südlich von Nelspruit liegt **Barberton**, ein Goldgräberstädtchen von 1884 mit einer der ältesten Börsen Südafrikas und interessanten Museen zur Geschichte und zum Alltag einer Goldgräbersiedlung (www.barberton.co.za).

Über die R37 nach Norden erreicht man die ca. 240 Mio. Jahre alten **Sudwala Caves** mit schönen Tropfsteinformationen, die geführte Besuchergruppen in einer etwa einstündigen Tour erwandern (tgl. 8.30–16.30 Uhr, www.sudwalacaves.co.za). Unterhalb der Höhlen wurde ein **Dinosaurierpark** mit lebensgroßen Modellen der Urtiere errichtet.

Restaurant
Orange Restaurant €€€
Das Restaurant für den besonderen Lunch oder ein elegantes Abendessen mit feiner, perfekt komponierter Speisenfolge, panoramareich über der Stadt gelegen. Für die Übernachtung bietet sich das angeschlossene Loerie's Call Guest House (€€, Tel. 013/744 1251, www.loeriescall.co.za/) an.
4 Du Preez St. | Nelspruit
Tel. 013/744 9507 | www.eatatorange.co.za

Panoramaroute ★

SABIE 4 [J2]
Die Industriestadt inmitten von Forstplantagen besitzt die größte Papierfabrik Südafrikas und zeigt in einem Holzmuseum (Mo–Fr 8–16.30, Sa 8–12 Uhr) Geschichte und Techniken der Holzverarbeitung. Von hier führt eine Stichstraße nach Nordwesten zu den knapp 10 km entfernten, 70 m hohen, schmalen **Lone Creek Falls**.

Ein Abstecher empfiehlt sich auf der R37 nach Westen in Richtung **Lydenburg/Mashishing** an. Der Name »Ort des Leidens« stammt von dem einst mühsamen Leben der weißen Siedler. Die 45 km lange Strecke bietet schöne Ausblicke und folgt einer alten Voortrekker-Route über den **Long Tom Pass** – so benannt nach der 8 m langen Kanone, die gegen die Briten (»Tommies«) im zweiten Burenkrieg eingesetzt wurde. Die Passage namens **Devil's Knuckles** war für die Ochsenwagen besonders schwierig. Man kann sich auch als moderner Autofahrer lebhaft vorstellen, wie die Antreiber an dieser Stelle geflucht haben müssen.

Die eigentliche Panoramaroute verlässt als R532 Sabie nach Norden und passiert 13 km weiter die **Mac Mac Falls**. Deren klares Wasser sammelt sich in natürlichen Becken, die zu einem Bad einladen.

Restaurant
The Woodsman €€
Restaurant und Pub mit griechischen Spezialitäten und südafrikanischen Fisch- und Fleischgerichten (auch Unterkunftsmöglichkeit).
94 Main Rd. | Sabie
Tel. 013/764 2015
http://thewoodsman.co.za

PILGRIM'S REST 5 ★ [J2]
Die historische Goldgräbersiedlung mit ihrer Wildwestatmosphäre und den roten Dächern steht unter Denkmalschutz. Eines der drei ehemaligen Camps außerhalb des Ortes wurde originalgetreu nachgebaut. Neben Geschäften und Kneipen gab es in Pilgrim's Rest auch eine Zeitungsredaktion, schon 1873 wurden die »Gold News« gedruckt. Acht Jahre später gab der Fluss kein Edelmetall mehr her und die Förderung wurde unter Tage fortgesetzt. Wer sich einmal wie ein Goldgräber fühlen möchte, sollte sich im **Open-Air Diggings Museum** an der gegen-

Karte S. 289

Unterwegs im Norden
Auf der Panoramaroute

überliegenden Talseite zum Goldwaschen einfinden (Touren um 10, 11, 12, 14 und 15, buchbar beim Information Centre).

Hotel
Royal Hotel €€
Das charmante Haus (50 Zimmer) hieß schon 1884 »Royal« und wurde stilgemäß renoviert. Mit Restaurant.
Main St. | Tel. 013/768 1100
www.royal-hotel.co.za

Restaurant
Digger's Den €€
Ebenso nostalgisch wie das Royal. Serviert wird in Emaillepfannen und Eisentöpfen. Spezialität: »Royal Ribs«.
Tel. 013/768 1100

BOURKE'S LUCK POTHOLES 6 [J2]
Hinter Graskop beginnt der schönste Teil der Panoramaroute. Auf einer 15 km langen Nebenstraße östlich der Hauptroute bieten sich spektakuläre Aussichtspunkte, beispielsweise **God's Window** mit einem weitem Blick auf das 1000 m tiefer liegende Lowveld.

An der Hauptstraße passiert man direkt zwei eindrucksvolle Wasserfälle: die Doppelkaskaden der 92 m hohen **Lisbon Falls** und die **Berlin Falls.**

Ein Pfad führt von der Hauptstraße zu den **Bourke's Luck Potholes,** einem Wunderwerk der Flusserosion: In Jahrmillionen haben in der Strömung rotierende Steine und Sand zylinderförmige Löcher aus dem rötlichen Fels geschliffen (tgl. 8–17 Uhr). Ein Mann namens Bourke fand hier Gold auf seinem Land.

Die formende Kraft des Wassers schuf Bourke's Luck Potholes

Unterwegs im Norden
Auf der Panoramaroute

Eine Landschaft aus Wasser und Fels: der Blyde River Canyon

BLYDE RIVER CANYON 7 ⭐ [J2]

Die 26 km lange, rund 800 m tiefe Schlucht, die unter Naturschutz steht, ist ein Höhepunkt der Panoramaroute. Den faszinierendsten Abschnitt bilden die **Three Rondavels**. Diese gewaltigen, runden Felsen mit spitzer Abdachung wirken tatsächlich wie überdimensionale Rundhütten. Aussichtspunkte wie **World's End** (im Forever Resort) und Wanderwege unterschiedlicher Länge erschließen diesen beeindruckenden Teil der Drakensberge.

Hotel
Forever Resort Blyde Canyon €
Großes Gelände mit preiswerten Chalets, Campingplatz, Jugendherberge, Restaurant, Supermarkt und Pool, an der schönsten Stelle des Canyons.
Tel. 012/423 5600
www.foreverblydecanyon.co.za

HOEDSPRUIT 8 [J2]
UND UMGEBUNG

Die Panoramaroute führt weiter nordwärts über den **Abel-Erasmus-Pass** (1242 m), durch den **J.-G.-Strijdom-Tunnel** und eine Schlucht kurvenreich hinunter zum **Lowveld**. Wie eine riesige Mauer ragt die Kette der Drakensberge aus der Ebene. Die Temperaturunterschiede sind v. a. im Sommer beträchtlich. Bald nach dem Tunnel zweigt eine Straße nach **Hoedspruit** ab.

Unweit von hier beginnen zwei je 70 000 ha große private Wildschutzgebiete: **Klaserie** und **Timbavati** (www.klaseriereserve.co.za, http://timbavati.krugerpark.co.za). Knapp 3 km nördlich von Klaserie sollte man das Hoedspruit Endangered Species Center (Tel. 015/793 1633, www.hesc.co.za, Voranmeldung erwünscht) nicht versäumen. Es engagiert sich mit pädagogischen und Zuchtprogrammen im Schutz bedrohter Wildarten wie des Breitmaulnashorns

Karte
S. 289

Unterwegs im Norden
Krüger-Nationalpark

oder von Hyänenhunden. Ein besonderer Schwerpunkt der Arbeit ist die Pflege und Auswilderung verletzter Tiere, vor allem von Geparden. In der Wildnis bekommt man das schnelle Säugetier ja kaum zu Gesicht; bei den Führungen erleben Besucher die pfeilschnellen Raubkatzen hautnah. Nicht weit entfernt bieten einige private Camps westlich des Krüger-Nationalparks (z. B. das Sabi Sands Game Reserve, www.sabisands.co.za) komfortable bis luxuriöse Unterkünfte und Pirschfahrten an.

Hotel

Motswari Private Game Reserve €€€
15 luxuriöse Bungalows, tolle Lage innerhalb der Timbavati Game Reserve, 60 km östlich von Hoedspruit.
Tel. 021/427 5900
www.motswari.co.za

Blyde Mountain Country House €€
15 luxuriöse Zimmer und Chalets in einem herrlichen Gartenparadies, exzellentes Restaurant mit afrikaansen Gerichten.
15 km westlich von Hoedspruit
Tel. 072/480 1334
www.blydemountainhouse.com

Nkorho Bush Lodge €€
Gepflegte Unterkunft im exklusiven Sabi Sand Private Game Reserve, trotzdem vernünftige Preise.
Sabi Sands | Gowrie Gate
Tel. 013/735 5367 | www.nkorho.com

Krüger-Nationalpark 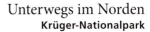 [J1/2]

Dank der Erweiterungen nach Mosambik und Simbabwe wuchs der weltberühmte Park mit dem neuen Namen **Great Limpopo Transfrontier Park** auf eine Fläche von 36 000 km² an. Er ist Heimat von über 150 Säugetier- und mehr als 500 Vogelarten. In dieser »Arche Noah« leben auf südafrikanischer Seite zum Beispiel 2000 Löwen, ca. 2200 Nashörner und geschätzte 17 000 Elefanten – mehr sollten es aus ökologischen Gründen auch nicht sein, denn immerhin vertilgt ein ausgewachsener Elefant 200 kg Grünzeug am Tag.

Mit ca. 1 Mio. Besuchern pro Jahr ist hier die Belastungsgrenze erreicht. Während der Schulferien › S. 339 ist der »Volkspark« überfüllt – Camper und Kleinbusse rollen über 1740 km Naturwege und abseits der 880 km langen Teerstraßen. Die Rastlager sind für diese Zeit Monate vorher ausgebucht; bei Übernachtung außerhalb sollte der Parkeintritt zeitig reserviert werden (South African National Parks, › S. 163).

Für Tagesbesucher stehen neben teuren privaten Camps im Krüger-Nationalpark auch etliche preiswerte staatliche Rastlager oder Restcamps (Bungalows) mit rund 4000 Betten und Servicebereichen zur Verfügung, außerdem stationäre Zelte und Campingplätze. Zu den meisten Restcamps gehören ein Restaurant und häufig ein Supermarkt, z. T. auch eine Tankstelle. Selbstversorger können dazu auch in kleineren Bushveldcamps übernachten.

Selbstfahrer sollten unbedingt die geltenden Bestimmungen beachten: Höchstgeschwindigkeit 50 km/h auf Asphaltstraßen, 40 km/h auf Pisten. Das Aussteigen aus dem Fahrzeug ist nur an eigens ausgewiesenen und durch Zaun vor Wild gesicherten Stellen erlaubt. Die Notrufnummer Tel. 0013/735 4325 ist rund um die Uhr besetzt. Und: Malariaprophylaxe nicht vergessen!

SATARA, OLIFANTS UND LETABA

Im mittleren Teil des Nationalparks, bei Orpen, kann man die größten Elefantenherden, die meisten Raubkatzen sowie viele Büffel und Zebras beobachten. Akazien, Natal-Mahagoni- und Gurkenbäume umgeben das Rastlager Satara.

Nach Norden hin wird der Bewuchs etwas lichter. Das Camp Olifants besticht durch seine herrliche Lage auf einem Hügel. Ab hier lohnt die Weiterfahrt auf guter Piste entlang der Galeriewälder des Letaba-Flusses, wo viele Nilpferde

Unterwegs im Norden
Land der VhaVenda

leben und Elefanten zum Trinken hinkommen. Von der Terrasse des schönen Rastlagers Letaba lassen sich die Tiere gut beobachten.

MASORINI, PUNDA MARIA UND THULAMELA

Masorini ist eine der bedeutendsten von über 300 im Park gelegenen Ausgrabungsstätten aus der Eisenzeit. Hütten und Vorratskammern sind an einem markanten, pyramidenförmigen Hügel nachgebaut worden. Mit Ankunft in Punda Maria erreicht man eines der ältesten und einsamsten Camps im Park. Auf dem Weg zum 76 km weiter Richtung Norden liegenden Pafuri Gate zeigt die Thulamela-Ausgrabungsstätte eine Siedlung aus dem frühen 13. Jh., wo bereits Gold geschmolzen wurde.

Land der VhaVenda

Rund um **Thohoyandou** 10 [J1] liegt VhaVenda, einst das kleinste »unabhängige« Homeland. Die Venda leben hier noch in typischen Rundhütten und bewahren ihre Mythen und Riten.

Der **Big Tree** mit knapp 34 m Umfang und einem Alter von über 3000 Jahren beim Dorf Zwigodini (9 km von Mavunde) gilt als einer der ältesten und größten Baobabs der Welt. Der Besuch des **Lake Fundudzi** im Sacred Forest ist

Die Nilgans fühlt sich im Krüger-Nationalpark pudelwohl

Karte S. 289

Unterwegs im Norden
Mapungubwe National Park, Tzaneen und Umgebung

ohne offizielle Erlaubnis verboten. Der einzige natürliche Inlandsee Südafrikas bildet das religiöse Herz der Venda-Kultur.

Hotel
Forever Resort Tshipise €
Großes Rastlager, Unterkünfte unterschiedlicher Kategorie, Caravanpark.
Tshipise | Tel. 015/539 0634
www.forevertshipise.co.za

Mapungubwe National Park [11] [H1]

Funde in den zum UNESCO-Weltkulturerbe zählenden Ausgrabungsstätten rund um den **Mapungubwe Hill** im Dreiländereck Südafrika, Botswana und Zimbabwe belegen die Existenz eines bedeutenden Königreiches, das Handelsbeziehungen bis nach Ägypten, Indien und China unterhielt. Die Königsresidenz mit den Herrschergräbern auf dem Hügelplateau war von einer großen Stadt der Kaufleute, Diener und Sklaven eingerahmt. Das Reich existierte rund 300 Jahre lang, etwa von 1000 bis 1300; warum es unterging, ist nicht bekannt. Funde wie ein berühmtes goldenes Nashorn oder fantastischer Perlenschmuck werden jetzt in der **Mapungubwe Archeological Collection** in der Universität von Pretoria › S. 291 gezeigt, wenn sie nicht gerade als Leihgaben in den großen Museen der Welt unterwegs sind. Im **Interpretative Centre**, dessen moderne, an traditionelle Vorbilder angelehnte Architektur spektakulär ist, sehen Sie Repliken der bekanntesten Fundstücke und erfahren mehr über die Entwicklung des Reichs (tgl. 8–16 Uhr). Buchungen für **Camp/Lodge** und Führungen zu den interessanten Fundstätten: Tel. 015/534 7923, www.sanparks.org.

Neben den Ausgrabungen ist natürlich auch die vielfältige Tierwelt dieser waldreichen Region interessant. Besonders schön ist der 500 m lange **Treetop Walk** 5 m über dem Boden zur Vogelbeobachtung am Limpopo.

Hotel
Klein Bolayi €€
Die wunderschöne Lodge liegt neben dem markanten Bolayi-Felsen, einer früheren Opferstelle. Zehn Steinhäuser mit Reetdach bieten angenehme Kühle inmitten des schwülen Limpopo-Tals.
20 km westl. von Musina
Tel. 015/534 0975
www.gamelodgebolayi.com

Mopane Bush Lodge €€
Zwölf Zwei-Bett-Chalets in einem nachgebauten Kraal. Die Wildfarm lässt sich gut mit dem Mountainbike erkunden.
Im Mapesu Nature Reserve, 40 km westl. von Musina
Tel. 015/534 7906
www.mopanebushlodge.co.za

Tzaneen [12] [J2] und Umgebung

Tzaneen (ca. 15 000 Einw.) ist das Zentrum eines bedeutenden Farmgebiets für Früchte, Gemüse, Tee, Tabak und Nüsse. Wenige Kilometer nördlich laden am Tzaneen-Stausee Picknickplätze zur Rast ein.

35 km nordöstlich wurde 1985 das **Modjadji Nature Reserve** eingerichtet, die weltweit größte zusammenhängende Fläche mit Modjadji-Palmen. Diese bis zu 12 m hohen Farnpalmen gehören zu den ältesten Pflanzenarten der Welt. Wanderwege durchziehen das Reservat, in dem Kudus und Impalas leben.

Gleich nebenan liegt der Palast der 2005 verstorbenen Regenkönigin Makobo Constance Modjadji VI., die nach dem Tod ihrer Mutter zwei Jahre zuvor zur bis dahin jüngsten Regentin gekrönt worden war. Die rechtmäßige Nachfolgerin ist die damals drei Monate alte Tochter.

Den Königinnen des Lobedu-Volkes wird Einfluss auf das Wettergeschehen Südafrikas

Unterwegs im Norden
Tzaneen und Umgebung, Pietersburg/Polokwana

Der Weg ist das Ziel im Marakele National Park/Waterberg

nachgesagt. Tatsächlich herrschte eine Dürreperiode in der Zeit ohne Regentin. Zur Krönung fing es leicht an zu nieseln.

Hotels
Coach House €€€
Schönes Countryhotel mit Spa, Veranda und Kamin; exzellente, auch vegetarische Küche.
Agatha, bei Tzaneen
Tel. 086/147 7758 | www.coachhousehotel.co.za

Tzaneen Country Lodge €€
Große Lodge mit Spa und Tierfarm, auf der Kinder sich besonders wohlfühlen, während die Eltern im Teegarten die verschiedenen Teesorten verkosten.
16 km westlich von Tzaneen
Tel. 015/304 3290 | www.tznlodge.co.za

Restaurant
Wheel Barrow Outdoor Café €€
Attraktives Café mit tropischem Garten, Gärtnerei und Geschenkboutique. Von Steaks bis Cakes wird hier alles geboten.
Magoebaskloof Rd. | Tzaneen
Tel. 082/739 4424 | Tgl. 8–17 Uhr

Pietersburg/ Polokwane 13 [H2]

Polokwane ist die Hauptstadt der Provinz Limpopo (ca. 130 000 Einw.). Attraktionen der Stadt sind das **Polokwane Game Reserve** mit Breitmaulnashörnern, Säbelantilopen, Giraffen u. a. (Info unter Tel. 015/290 2331). Die über 30 Löwen auf dem Gelände des **Protea Hotel The**

Karte
S. 289

Unterwegs im Norden
Warmbaths/Bela Bela, Waterberg-Region

Ranch (25 km südl., Tel. 015/290 5000, www.theranch.co.za) traten schon als Darsteller in diversen Filmen auf – hier kann man sogar mit ihnen spazieren gehen.

9 km südlich erfährt man im **Bakone-Malapa-Freilichtmuseum** einiges über Lebensweise und Kunsthandwerk der hier lebenden Nord-Sotho (Mo-Fr 8–0.30, Sa 9–0.30 Uhr, Tel. 015/290 2540).

Info
Limpopo Tourism & Parks
Southern Gateway Ext. 4, N1 Main Rd. | Tel. 015/290 2010
www.golimpopo.com

Hotel
Ruby Stone €€€
Modernes und schickes Stadthotel, nur 18 Zimmer, angeschlossenes Steakhouse.
15 Bekker St.
Tel. 015/296 3503
www.rubystone.co.za

Warmbaths/Bela Bela 14 [H2]

Etwas abseits der N1 sprudeln in Warmbaths stündlich über 20 000 Liter Wasser mit einer Temperatur von 53–62 °C aus einer Quelle. Das Wasser ist radioaktiv und soll rheumatische Krankheiten heilen – am besten probiert man es gleich selbst aus. Zudem liegt der bei Südafrikanern sehr beliebte Thermalort in einer fruchtbaren Region mit durchschnittlich 286 Sonnentagen im Jahr, ideale Voraussetzung für einen längeren Aufenthalt.

Hotel
Forever Resorts Aventura Warmbaths €€
Unterkunft in ordentlichen Hotelzimmern, Chalets oder größeren Blockhäusern, dazu Pool, Heilbäder, Wellness- und Sportangebote. Auch Kinder sind willkommen.
1 Chris Hani Drive | Bela Bela
Tel. 014/736 8500
www.foreverwarmbaths.co.za

Waterberg-Region

Aufgrund seiner abgeschiedenen Lage konnte sich das bis auf 2000 m ansteigende **Waterberg-Massiv** 15 [G2] seine Ursprünglichkeit bewahren. Die Berge mit vulkanischem Ursprung sind reich an Chrom, Platin, Nickel, Eisen und Zinn, sodass sich eine lukrative Bergbauindustrie entwickelt hat.

Im **Marakele National Park** streifen Elefanten, Nashörner und Leoparden durch die Berge. Im Tlopi Tented Camp mit komfortabel eingerichteten Safarizelten auf künstlichen Plattformen hat man einen herrlichen Blick auf die vorbeiziehenden Tiere. Beeindruckend sind die riesigen Zykadeen und die seltenen Yellowwood- und Zedernbäume (www.sanparks.org/parks/marakele).

Wildtiere und Vögel lassen sich im privaten **Mabulani Game Reserve** (50 km westl. von Warmbaths/Bela Bela) bei einer Pirschsafari, einer Montainbiketour oder einem Ausritt beobachten. Mehrere Unterkünfte für Selbstversorger (www.mabulani.co.za).

Hotels
Leeuwenhof Country Lodge €€€
Hochelegante Lodge mit nur sechs Zimmern, fünf Suiten, zwei Luxuszelten und einem herrlichen Spa-Bereich.
Modimolle/Nylstroom
Tel. 014/717 9811
www.leeuwenhof.com

Shangri-La Country Hotel €€
Ruhiges Haus mit 50 Zimmern unterschiedlichen Standards in einem schönen Garten.
Eersbewoon Rd., Modimolle/Nylstroom
Tel. 014/718 1600
www.shangrila.co.za

Unterwegs im Norden
Sun City/Pilanesberg National Park, Madikwe Game Reserve

Waterberg Bushveld Retreat €€
B&B mit Cottages und Zelten sowie kleinem Wellnesscenter und Pool.
Zwischen Melkrivier und Vaalwater
Tel. 083/460 2982
www.bushveldretreat.com

Sun City/Pilanesberg National Park 16 [G2]

In der Urlaubs-Retortenstadt Sun City, 160 km westlich von Johannesburg gelegen, mit Luxushotels, Casinos, Golfplätzen und Veranstaltungen kommt keine Langeweile auf (www.sun international.com/sun-city). Gleich gegenüber simuliert **Lost City** mit dauerbesprühtem tropischen Regenwald, weißem Sandstrand und einer permanent dagegen anbrandenden Surfwelle Afrika so, wie man es gerne in seinen Urlaubsträumen sieht.

Kombinieren lässt sich der Besuch mit einem Aufenthalt im nahen **Pilanesberg National Park,** der auch ein beliebtes Wochenendziel für Einheimische darstellt. Auf 50 000 ha im Krater eines erloschenen Vulkans leben u. a. die *Big Five*. Nilpferde räkeln sich in den Wasserlöchern, Giraffen bevölkern die weiten Ebenen, Antilopen und Zebras ziehen vorbei und über 300 Vogelarten schwirren durch die Luft. Für Vogelfreunde gibt es mehrere Beobachtungspunkte. Zur Übernachtung stehen Unterkünfte aller Art zur Verfügung (www.pilanesberggamereserve.co.za).

Hotels
The Palace €€€
Luxushotel im Disneyland-Stil, prunkvolle Architektur, riesiger Pool, Golfplatz.
Lost City | Sun City
Tel. 011/780 7855 | www.suninternational.com

Tshukudu Lodge €€€
Hübsche Chalets auf einem Hügel, Blick auf ein Wasserloch.
Pilanesberg National Park | Tel. 013/492 0339
www.tshukudulodge.co.za

Madikwe Game Reserve 17 [G2]

Das 76 000 ha große wildreiche Madikwe Game Reserve an der Grenze zu Botswana entstand zu Beginn der 1990er-Jahre aus zum großen Teil ungenutztem Farmland. Mit der »Operation Phönix« kamen ein paar Jahre später die ersten Wildtiere in den Park, darunter Breit- und Spitzmaulnashörner, Wildhunde, Antilopen, Büffel, Elefanten und Geparde sowie die *Big Five*. Heute leben hier etwa 15 000 Säugetiere. Nicht weniger als 350 Vogelarten wurden gesichtet. Das private Reservat empfiehlt sich nicht zuletzt deshalb, weil es malariafrei ist, zudem ist es nicht so überlaufen wie manches andere Naturschutzgebiet.

Die Anreise erfolgt von Rustenberg auf der N 4 Richtung Westen nach Zeerust, dann weiter auf der R 49 nach Norden zur Parkgrenze nach 85 km.

Hotel
Madikwe River Lodge €€€
Die luxuriösen Chalets liegen direkt am Ufer des Groot Marico.
Tel. 087/820 0021
www.madikwe.net

Madikwe Safari Lodge €€€
16 Zimmer, verteilt auf drei Camps, sehr luxuriös; Tierbeobachtung von der Veranda möglich, ECO-House für Veranstaltungen für Kinder.
Tel. 011/880 9992
www.madikwesafarilodge.co.za

Mosetlha Bush Camp €€
Die recht einfache, aber gemütliche Lodge bietet Vollpension, Jeep- und Fußsafaris für maximal 16 Gäste.
Tel. 011/444 9345
www.thebushcamp.com

Karte
S. 289

Unterwegs im Norden

Vorsicht, eine Schildkröte quert die Piste!

Majestätische Sandsteinformationen prägen den Royal Natal National Park

Traditionelle Siedlung am Wegesrand, Lesotho

Karte
S. 309

HOCHEBENE UND WÜSTE

Tiefe Krater als Spuren des Diamantenabbaus in Kimberley, historische Architektur als burische Reminiszenz in Bloemfontein sowie imposante Landschaften des Hochgebirgsreichs Lesotho, der Wüstenwasserfälle – Augrabies Falls – und der von Dünenrippen gezeichneten Kalahari – westlich von Johannesburg entfaltet Südafrika noch einmal seinen ganzen Zauber.

Herbe Landschaften prägen das zentrale Hochland, dem der Diamantenabbau hart zusetzte: Einer der Grundpfeiler des wirtschaftlichen Wohlstands Südafrikas schuf ein riesiges, von Tausenden von Händen gegrabenes Loch, das Big Hole. Im Kimberley Mine Museum werden die Anfangsjahre des Diamantenfiebers wieder lebendig.

Nostalgie umfängt die Rosenstadt Bloemfontein wie der Duft ihrer Rosen. Die Architektur der burischen Siedler ist hier noch wunderbar erhalten. Bloemfontein bietet sich als guter Ausgangspunkt für einen Ausflug in das »Himmelskönigreich« Lesotho und seine majestätische Bergkulisse an. Vielleicht steht auch eine Trekkingtour mit den geduldigen Basotho-Ponys auf dem Programm.

Dort, wo sich das Hochland zu den Niederungen der Kalahari absenkt, stürzt der Oranje bei Upington in den imposanten Augrabies Falls donnernd in eine Schlucht – vor allem im November/Dezember bieten die Fälle ein eindrucksvolles Schauspiel. Den Namen »Ort des großen Lärms« verdanken die Fälle den San, die hier als Jäger und Sammler lebten.

Die Wüste lebt! Das gilt auch für die schnurgerade und wie mit einem göttlichen Rechen gezogenen Längsdünen der Kalahari, in der nicht nur Löwen und verschiedene Antilopenarten einen geschützten Rückzugsort gefunden haben. Den Kgalagadi Transfrontier Park teilt sich Südafrika mit dem Nachbarland Botswana – eine ebenso harsche wie begeisternde Wildnis aus Sand, Salzpfannen und großen Wildherden.

Hochebene und Wüste
Touren in der Region

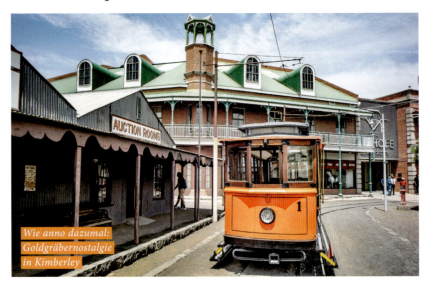

Wie anno dazumal: Goldgräbernostalgie in Kimberley

TOUREN IN DER REGION

Diamanten, Berge und Sandmeere

ROUTE: Johannesburg › Kimberley › Upington › Kgalagadi Transfrontier Park › Augrabies Fall National Park › Bloemfontein › Lesotho › Johannesburg

KARTE: Seite 309
DAUER UND LÄNGE: 9 Tage, ca. 2900 km
PRAKTISCHE HINWEISE:
» Ein Mietwagen ist angebracht. Die Distanzen zwischen den einzelnen Stationen sind lang.
» Tiere auf der Fahrbahn und defekte Autos machen Fahrten im Dunkeln riskant.
» Es gibt es nur wenige Hotels.

TOUR-START:
Ausgangspunkt der Tour ist **Johannesburg**, erste Übernachtungsstation ist die Diamantenstadt **Kimberley** 1 › S. 309. Die Stadt wuchs schnell, die Jagd nach Diamanten ließ kaum Zeit für gediegene Architektur. Dafür grub man das größte je von Menschenhand geschaffene Loch, das Big Hole. Im Kimberley Mine Museum erleben Besucher die Stadt, wie sie zur Zeit der ersten Diamantenfunde gewesen sein mag. Außerhalb Kimberleys zeigen Felszeichnungen der San den magischen Kosmos dieses rätselhaften Volkes. Via **Upington** 4 › S. 315 erreicht man über 600 km weiter nordwestlich den **Kgalagadi Transfrontier Park** 6 › S. 316. In der Kalahari sollte man ein paar Tage in den Camps übernachten, um die vielen Tiere in der weitläufigen Region aufzuspüren. Zurück in Upington und ein Stück nach Westen erscheint das Rauschen der **Augrabies Falls** 5 › S. 316 wie Lärm nach der Stille der Wüste. Hier ist ein Aufenthalt und vielleicht eine Pirschwanderung mit San angesagt. Der Abschluss der Route führt in die Hochgebirgswildnis des Königreichs **Lesotho** 3 › S. 313. Eine Tour auf einem Basotho-Pony erschließt die landschaftlich schönsten Regionen. Als Ausgangspunkt für den Besuch im Königreich eignet sich die »Rosenstadt« **Bloemfontein** 2 › S. 311.

Karte
S. 309

Hochebene und Wüste
Kimberley

Verkehrsmittel
Die Region lässt sich gut mit einem normalen Pkw bereisen. Die Straßen im Kgalagadi Transfrontier Park bestehen aus festen Pisten, die in der Regenzeit z. T. überflutet sind. Wer bei der Anreise Zeit und Kilometer sparen möchte, kann von Johannesburg nach Kimberley oder Upington fliegen und dort einen Mietwagen nehmen.

TOUR AUF DER HOCHEBENE UND IN DER WÜSTE

13 Diamanten, Berge und Sandmeere

JOHANNESBURG › KIMBERLEY › UPINGTON › KGALAGADI TRANSFRONTIER PARK › AUGRABIES FALLS NATIONAL PARK › BLOEMFONTEIN › LESOTHO › JOHANNESBURG

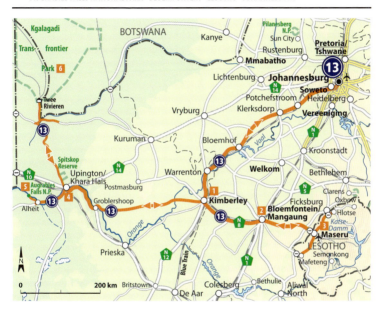

UNTERWEGS IN DER REGION

Kimberley **1** [F5]

Hier wurden 1867 die ersten Diamanten gefunden und schon wenige Jahre später schürften Zehntausende im öden Highveld – es entstand das *Big Hole*, das Große Loch. Als es mit der planlosen Graberei ein Ende hatte, kämpften zwei Männer um die Kontrolle der Diamantenfelder: der Londoner Barney Barnato und Cecil John Rhodes. 1888 übergab der 35-jährige Rhodes seinem Widersacher den bis dahin wertmäßig größten Scheck aller Zeiten über mehr als 5 Mio. Pfund und gründete die **De Beers Consolidated Mines** – so genannt nach der Farm der Brüder De Beers, die reiche Diamantenvorkommen barg. 2012 verkaufte der Aufsichtsratsvor-

Hochebene und Wüste
Kimberley

sitzende des De-Beers-Konzerns Nicholas Oppenheimer den Familienanteil an De-Beers an die Anglo American, die nun 85 % an De-Beers hält und damit 45 % der weltweiten Diamantenproduktion kontrolliert.

Zum Komplex des McGregor Museums gehören insgesamt sieben Museen: das Haupthaus **McGregor Museum** (Atlas St., Mo–Sa 9–17 Uhr), das **McGregor Memorial Museum** (Chapel St., Mo–Fr 9–17 Uhr) mit Informationen zur Stadtgeschichte, die **Duggan-Cronin Gallery** mit Objekten zur Geschichte der schwarzen Völker (z. B. Alltagsgegenstände) und einer Sammlung beeindruckender Fotografien, die der wohlhabende Bürger Alfred Duggan-Cronin zwischen 1919 und 1939 von »Eingeborenen« machte (Egerton Rd., Mo–Fr 9–17 Uhr), das **Dunluce House** (Lodge Rd.) und das **Rudd House** (Loch Rd., beide nur nach Voranmeldung zu besichtigen, Tel. 053/839 2722). Außerhalb der Stadt liegen das **Magersfontein Battlefield** (30 km auf der N8, tgl. 8–17 Uhr), die **Wonderwerk Cave** mit Spuren von Hominiden, die 800 000 Jahre zurückreichen (an der R31, tgl. 8–17 Uhr, www.museumsnc.org.za).

Das neoklassizistische Rathaus, die **City Hall** im Herzen von Kimberley (225 000 Einw.) an der Old Main St./Ecke Transvaal Rd., wurde 1899 fertiggestellt; die Straßenlampen am Platz sind Nachbildungen der Originale. Kimberley rühmte sich schon 1882 als erste Stadt des Landes einer elektrischen Beleuchtung.

Vom Rathaus aus fährt als Touristenattraktion eine restaurierte offene Trambahn aus dem Jahr 1913 zum **Big Hole** und dem Kimberley Mine Museum. Die historische Bahn zuckelt kurz nach der Abfahrt quietschend an einem lang gestreckten viktorianischen Gebäude in der Stockdale Street vorbei, der **De-Beers-Verwaltungszentrale**. Das geschichtsträchtige Haus war ab 1879 Sitz der Central Mining Company.

Auf Wunsch hält die Bahn am Pub **Star of the West**, angeblich die älteste Kneipe Südafrikas mit entsprechendem Flair – ein guter Anlaufpunkt zum Lunch. Sie erhielt ihre Schanklizenz 1873.

KIMBERLEY MINE MUSEUM ★

Das Museum ist die Endstation der Straßenbahn, ein sehenswertes Dorf aus der Zeit des Diamantenfiebers ab 1869. Anders als die rekonstruierten Häuser von Gold Reef City bei Johannesburg › S. 273 sind einige dieser insgesamt 49 Gebäude Originale. Dazu gehören die kleine **Deutsch-Lutherische Kirche** (1875) und Kimberleys ältestes Haus – als »Bausatz« 1877 aus Großbritannien herangeschafft.

Eine der Attraktionen ist der »Real Diamond Display« mit einer Ausstellung von echten Diamanten. Sie informiert über Farben, Typen und Größen der im Big Hole gefundenen Juwelen, darunter ein 616 Karat schwerer ungeschliffener Stein, der größte oktagonale unbearbeitete Diamant der Welt.

Beim Betreten der (nachgebauten) Bar **Digger's Rest** ertönen Klaviergeklimper und Gesang. Oldtimer-Karossen aus der Zeit um 1900 sind im Museum ebenso ausgestellt wie der 1897 in Chicago produzierte Eisenbahnwaggon für den Direktor der Firma De Beers (Tucker St., tgl. 8–17 Uhr, www.thebighole.co.za). Von zwei Aussichtspunkten blickt man in das **Big Hole**, das tiefste von Menschenhand gegrabene Loch der Welt. Von 1889 bis zur Schließung 1914 wurden über 20 Mio. Tonnen Erdreich und Fels ausgehoben. Das Loch hat einen Durchmesser von fast 500 m und ist 800 m tief; der größte Teil ist mit Grundwasser gefüllt. Hier wurden 2700 kg Diamanten im Wert von 35 Milliarden Euro ans Tageslicht gebracht.

WILDEBEEST KUIL ROCK ART TOURISM CENTRE

Das Zentrum, 15 km nordwestlich von Kimberley, schützt Felsen mit 200 alten Steinritzungen der San; Audioguides geben Erläuterungen zu den zehn Stationen. Arbeiten der !Xun und Khwe San – Malereien, Textilien, Töpferwaren – werden hier auch verkauft (Mo–Fr 9 bis 16 Uhr, Tel. 053/833 7069, www.wildebeestkuil.itgo.com).

Karte
S. 309

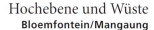
Hochebene und Wüste
Bloemfontein/Mangaung

Das Big Hole vor der Skyline von Johannesburg

Info
Diamantveld Tourist Office
Mo–Fr 8–17, Sa 9–14 Uhr
121 Bultfontein Rd. | Tel. 053/832 7298
www.solplaatje.org.za
www.kimberley.co.za

Verkehrsmittel
Flugverbindungen: tgl. nach Durban, Johannesburg, Kapstadt, Upington u. a. Kein Bustransfer in die Stadt.

Hotels
Cecil John Rhodes Guesthouse €€
Sieben stilvolle Zimmer in einer alten Villa, Teegarten.
138 Du Toitspan Rd.
Tel. 053/830 2500 | www.ceciljohnrhodes.co.za

Five Acres Bed & Breakfast €€
Gemütliche Cottages in einem großen Garten mit Pool zu einem sehr guten Preis-Leistungs-Verhältnis.
5 MacDougall St. | Eltero Park
Tel. 053/861 1179 | www.fiveacres.co.za

Restaurants
Copper Oryx €€€
Wer genug hat von Grillfleisch findet im Restaurant des Kimberley Anne-Hotels ein topmodernes Restaurant mit feiner internationaler Küche, natürlich mit südafrikanischem Flair.
60 Mac Dougall St.
Tel. 053/492 004 | www.kimberleyanne.co.za

Annabell's €–€€
Fleisch, Fisch, Pasta und Pizza in gemütlichem Ambiente, auch vegetarische Speisen stehen auf der Speisekarte.
229 Du Toitspan St. | Tel. 053/831 6324

Bloemfontein/Mangaung 2 [G5]

1841 wurde die »Rosenstadt« an einer Quelle gegründet, heute feiert sie in der zweiten Oktoberhälfte ein Rosenfest. Ein Großteil der rund 800 000 Einwohner des Verwaltungsbezirks arbeitet in staatlichen Institutionen. Bloemfontein ist eine der wenigen Gemeinden Südafrikas

Hochebene und Wüste
Bloemfontein/Mangaung

ohne massive Finanzdefizite. Ende 2008 konstituierte sich hier die Partei Congress for the People als Konkurrenz zum ANC; sie spielt heute politisch allerdings keine Rolle mehr. Berühmt ist die Stadt auch als Geburtsort des »Herr der Ringe«-Autors J.R.R. Tolkien, der von 1891 bis 1895 hier seine frühe Kindheit verbrachte.

Einen guten Überblick gewinnt man vom **Naval Hill** im Norden der Stadt. Am Fuß des Hügels ist eine ansehnliche Orchideensammlung in einer Miniaturlandschaft mit Brücken und kleinen Wasserfällen des **Orchid House** (Union Ave., Mo–Fr 10–16, Sa–So bis 17 Uhr) zu bewundern. Nördlich des Hügels befindet sich im **Oliewenhuis Art Museum** eine der anspruchsvollsten Kunstausstellungen Südafrikas: (16 Harri Smith St., Tel. 051/447 9609, www.nasmus.co.za, Mo–Fr 8–17, Sa–So 9–16 Uhr). Sehenswert ist alleine die neo-kapholländische Architektur des 1941 fertiggestellten Baus auf dem Naval Hill. Lange diente das Gebäude als Residenz hoher Würdenträger, bis er 1989 als Kunstmuseum eröffnet wurde. Der Schwerpunkt der Exponate liegt auf Werken südafrikanischer Künstler; es werden aber auch zeitgenössische Werke gesammelt und gezeigt.

PRESIDENT BRAND STREET ★

Mit gleich zehn interessanten historischen Gebäuden kann die 500 m lange Straße aufwarten. Den Bummel beginnt man am besten an der **City Hall**, die 1935 mit italienischem Marmor erbaut wurde. Das schöne Rathaus ist das Wahrzeichen der Stadt. Unverwechselbar ist der 1893 vollendete **Fourth Radsaal** mit seiner hohen Kuppel und den Vorbau stützenden dorischen Säulen. Bis 1900 tagte hier der Volksrat der ehemaligen Burenrepublik.

Der **Court of Appeal**, das Berufungsgericht, stammt aus dem Jahr 1929. Prächtige Holztäfelungen und Schnitzereien schmücken seine Säle. Das erhabene **Old Government Building** von 1875 beherbergt jetzt das National Afrikaans Literary Museum (Mo–Fr 7.30–12.15, 13 bis 16 Uhr, Sa 9–12 Uhr), das um eine Abteilung

Nelson Mandela winkt vom Naval Hill in Bloemfontein

Karte
S. 309

Hochebene und Wüste
Ausflug ins Königreich Lesotho

zur Sesotho-Sprache erweitert wurde. Im Garten stehen Statuen einstiger Burenpräsidenten.

Vorbei an **Waldorf** und **Jubileeum Building** aus den 1920er-Jahren geht es zum 1906 erbauten **Supreme Court**. Schräg gegenüber entstand 1885 die eindrucksvolle **Old Presidency** in viktorianischem Stil.

NATIONAL MUSEUM UND ANGLO-BOER WAR MUSEUM

Das **National Museum** beherbergt eine bedeutende Sammlung von Fossilien und archäologischen Funden, außerdem eine Ausstellung über die Kultur der San und die Geschichte des Oranje-Freistaates (36 Aliwal St., www.nasmus.co.za, Mo–Fr 8–17, Sa 10–17, So 12–17 Uhr). Den zweiten Krieg zwischen Briten und Buren (1899–1902) dokumentiert das **Anglo-Boer War Museum** an der Monument Road. Der nahe 36,5 m hohen Obelisk erinnert an die 26 000 Frauen und Kinder, die in britischen Konzentrationslagern umkamen (www.wmbr.org.za, Mo bis Fr 8–16.30, Sa 10–17, So 11–17 Uhr).

Info
Bloemfontein Tourist Center
Mo–Fr 8–16.15 Uhr, Sa 8–12 Uhr.
Willows | 60 Park Rd.
Tel. 051/405 8489
www.mangaung.co.za

Hotels
Hobbit Boutique Hotel €€
Alte noble Villa mit plüschigen Zimmern, Restaurant, Pool im Garten und einigen Erinnerungen an den »Herrn der Ringe«.
19 President Steyn Ave.
Tel. 051/447 0663
www.hobbit.co.za

Protea Hotel €€
Modernes Haus, groß aber attraktiv, Garten und Pool, nahe dem Geschäftsviertel.
202 Nelson Mandela Drive
Tel. 051/444 4321 | www.marriott.com

Restaurants
New York €€
Genießt einen ausgezeichneten Ruf wegen seiner perfekt gegrillten Steaks; umfangreiche Weinkarte.
60 Second Ave. | Westdene
Tel. 051/447 7279
www.newyorkrestaurant.co.za
So abends geschl.

7 on Kellner €–€€
Die Crossover-Küche mit südafrikanischem und mediterranem Einfluss ist in Bloemfontein mindestens ebenso sehr beliebt wie die farbenfrohe Einrichtung. Für den schnellen Hunger gibt's Pizza.
7 Kellner St. | Tel. 051/447 7928
http://sevenonkellner.co.za

Shopping
Loch Logan Waterfront
Bloemfonteins Waterfront an einem künstlichen See lockt mit verschiedensten Shops und dem entspannten Café Picnic.
105 Henry St., Tel. 051 448 3607
https://loch-logan.co.za

Ausflug ins Königreich Lesotho ★

Mit 30 355 km² ist Lesotho etwa so groß wie Belgien. Die 1,7 Mio. Einwohner sind größtenteils Basotho. Das »Himmelskönigreich« trägt den Namen zu Recht: Sein niedrigster Punkt liegt 1388 m hoch über dem Meer. Der Thabana Ntlenyana (3482 m) ist der höchste Berg des südlichen Afrika. 1987 wurde mit einem gigantischen Staudammprojekt begonnen, das mehr als 30 Jahre dauern wird und insgesamt fünf Staudämme im Herzen von Lesotho umfasst. Der im Norden entspringende Gariep (in Lesotho heißt er Senqu) wird im Quellbereich aufgestaut und das Wasser dann durch insgesamt 225 km lange Tunnel in den Vaal-Damm im

Hochebene und Wüste
Ausflug ins Königreich Lesotho

Traditionen spielen bei den Basotho eine wichtige Rolle

Norden des Oranje-Freistaats geleitet. So soll die Wasserknappheit im Großraum Johannesburg beseitigt werden.

Deutsche, Schweizer und Österreicher benötigen für einen Aufenthalt bis 3 Monate bzw. 30 Tage kein Visum (Der Reisepass muss noch mindestens 6 Monate nach Einreise gültig sein). Bei Einreise mit dem Mietwagen muss man ein vom Vermieter ausgehändigtes »Carnet de Passage« (Zolldokument) mitführen. In Lesotho kann man mit südafrikanischen Rand oder der Landeswährung Loti (Mehrzahl Maloti) bezahlen. Beide Währungen haben den selben Kurs.

SEHENSWERTES

Der Tafelberg **Thaba Bosiu** ist nur 25 km von der Hauptstadt **Maseru** 3 [G5] entfernt. Hier lebte König Moshoeshoe, der Gründer des Königreichs. Auf dem Plateau sind die Ruinen der Festung und die Steingräber der königlichen Familie zu sehen. Am Fuß des Hügels präsentiert ein hübsch gestaltetes **Cultural Village** die Besonderheiten der Basotho-Kultur: Zum Komplex gehören ein Museum, das über die Geschichte des Königreiches informiert, ein rekonstruiertes traditionelles Dorf, in dem Tanzvorführungen stattfinden und Besucher Sotho-Bier verkosten können, sowie ein Restaurant mit typischen Gerichten (Tel. 00266/5022 1962, www.thababosiu.com, tgl. Sonnenauf- bis -untergang).

120 km südöstlich von Maseru erreicht man den **Maletsunyane-Wasserfall** – mit 193 m einer der höchsten Wasserfälle im südlichen Afrika. Zwei Drittel des Wegs sind Schotterstraße, ab **Semonkong** geht es entweder eineinhalb Stunden zu Fuß oder eine Stunde auf dem Pony weiter (Pony-Trekking buchbar bei der Semonkong Lodge, › s. rechts). Der Blick in die atemberaubende Schlucht lohnt sich zweifelsohne!

Eine Kooperative von Weberinnen, alles Frauen aus prekären Lebensverhältnissen, arbeitet in der **Setsoto Design Gallery** bei Teyateyaneng 40 km nordöstlich von Maseru an fantasievoll gestalteten, wunderschönen Wandteppichen mit afrikanischen Motiven. Nach Voranmeldung können Besucher bei der Arbeit zusehen und Teppiche kaufen (Tel. 00266/5808 6312, www.setsotodesign.com, tgl. 8–17 Uhr).

Karte
S. 309

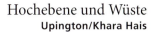

Hochebene und Wüste
Upington/Khara Hais

Info
Lesotho Tourism Development Corporation
Linare/Parliament Rd. | Maseru
Tel. 00266/2231 2427
www.visitlesotho.travel

Hotels
Avani Maseru €€€
Bietet internationalen Standard und sicher den schönsten Blick auf die Stadt.
Maseru
Tel. 00266/2224 3000
www.minorhotels.com

Lancer's Inn €
Bungalows mit Charme in einer zentral gelegenen Gartenanlage.
Kingsway/Pioneer Rd. | Maseru
Tel. 00266/2231 2114
www.lancersinn.co.ls

Semonkong Lodge €
Schöne Rundhütten, gutes Restaurant, Ponyreiten.
Tel. 00266/2700 6037
www.semonkonglodge.com

Aktivitäten
Die schönsten Ecken des Königreichs sind ausschließlich auf dem **Rücken eines Basotho-Ponys** zu erreichen. Zahlreiche Berghotels bieten Ausritte an, die von einer Stunde bis zu einer ganzen Woche dauern. Am bekanntesten und von daher sehr erfahren in der Durchführung von Ponytrekking (1 Tag oder 2–6 Tage) ist die **Malealea Lodge** bei Morija, Tel. 0027/82/552 4215, www.malealea.co.ls.

Die drei Pisten des modernen **Afri-Ski Resorts** liegen in den Maluti Mountains in bis zu 3322 m Höhe. Das Skigebiet auf dem Dach Afrikas umfasst zwei Schlepplifte, Schneekanonen aus Österreich, Skischule, Shop (Skier, Snowboards, Ski- und Schneeschuhe) sowie Chalets zum Übernachten (Afri-Ski, Tel. 0027/ 861/237 4754, www.afriski.net).

Upington/Khara Hais [4] [D4]

Der Ort (60 000 Einw.) verdankt seine Existenz dem Bewässerungsfeldbau, dessen Grundlage bereits Missionare legten, die 1871 hier eine Station gründeten. Lebensader des von arider Landschaft umgebenen Städtchens ist der Oranje, der auch Gariep genannt wird. Die große Rosinenfabrik ist eine der modernsten der Welt. Außerdem befindet sich in Upington der größte Weinkeller Südafrikas, die **Orange River Wine Cellars**, in dem auch Weinverkostungen stattfinden (32 Industria St., Tel. 054/337 8800, www.orangeriverwines.com).

Eine **Sundowner-Fahrt auf dem Oranje** zählt zu den reizvollen Erlebnissen nicht nur für Reisende, die gerne Vögel beobachten. Die Flusslandschaft, die von der untergehenden Sonne orangerot gefärbt wird, besitzt ihren ganz eigenen Zauber. Auf dem Boot *Sakkie se Arkie* wird dazu kühler Weißwein ausgeschenkt (www.arkie.co.za).

Im nahen **Spitskop-Reservat** leben Gazellen, Strauße, Zebras und Gnus. Von dem markanten, spitz zulaufenden Hügel aus riesigen Granitblöcken bietet sich ein grandioser Ausblick auf die unendliche Weite der Kalahariwüste (Info-Tel. 054/332 1336).

Übrigens: Auf der A14 zwischen Upington und Springbok testen die großen Autohersteller Europas und Asiens regelmäßig ihre Erlkönige bei Hochgeschwindigkeitsfahrten. Schilder an den Fahrzeugen machen klar, dass für sie die Geschwindigkeitsbeschränkungen nicht gelten. Also nicht erschrecken, wenn eine Limousine mit 250 km/h auf der Straße an Ihnen vorbeibrettert!

Info
Tourist Information
Green Kalahari Information Centre
Anton Lubowski St.
Tel. 054/337 2800
www.upington.co.za

Hochebene und Wüste
Augrabies Falls N. P., Kgalagadi Transfrontier Park

Hotel
Le Must River Manor €€
Komfortables kleines Gästehaus am Flussufer.
12 Murray Ave. | Tel. 054/332 3971
www.lemustupington.com

Augrabies Falls N. P. 5 ★ [D4]

Mittelpunkt und absolutes Highlight des Nationalparks sind die **Wasserfälle des Oranje**. Der Fluss ergießt sich in mehreren Kaskaden in eine 18 km lange, bis zu 240 m tiefe Granitschlucht. Der größte Wasserfall ist 56 m hoch und 150 m breit. Am spektakulärsten sind die Augrabies Falls im November und Dezember – nach den Regenfällen im südafrikanischen Frühling. Allerdings steigen dann die Tagestemperaturen auf über 40 °C im Schatten an.

Im Nationalpark leben vor allem die kleinen Klippspringer und andere Antilopenarten, Giraffen und Leoparden. Besuchern stehen klimatisierte Chalets, ein Caravanplatz, Restaurant und Swimmingpool zur Verfügung. Zu den Wanderwegen durch die wüstenhafte Wildnis im Umkreis der Fälle zählt der 40 km lange **Klippspringer Hiking Trail**, der wegen der Hitze im Sommer nur von 1. April bis 30. September begangen werden darf. Doch auch schon der 5 km lange **Dassie Trail** (Klippschliefer-Weg) bietet einen guten Überblick über Flora und Fauna und ist ganzjährig geöffnet. Die Route führt vom Camp zur Schlucht und zum sanft gewölbten Granitgipfel des **Moon Rock**.

Vom Parkplatz im Westen des Parks gelangt man nach einem Abstieg von 100 Höhenmetern zum **Echo Corner**. Man sieht hier nicht nur den Oranje mit seiner eindrucksvollen Schlucht, sondern kann auch das imposante Echo erleben.

Hotel
Dundi Lodge €€
Kleine luxuriöse Lodge unweit der Wasserfälle mit exzellenter Küche und herzlichen Gastgebern. Airport Bvd. | Augrabies Falls
Tel. 054/451 9200 | www.dundilodge.co.za

Kgalagadi Transfrontier Park 6 ★ [D3]

Der große, wildreiche Nationalpark (3,6 Mio. ha) entstand aus dem Zusammenschluss von Kalahari Gemsbok National Park auf südafrikanischer und dem Gemsbok National Park auf botswanischer Seite. Hier finden das Wild trotz der Wüstenlandschaft genügend Weidegründe. Herden von Oryxantilopen und Springböcken, Gnus und andere Großtiere wie Geparde leben in dieser Halbwüste mit rötlichem Sand und einzelnen Akazien. Die Löwen der Kalahari ernähren sich v. a. von Stachelschweinen und können wochenlang ohne Wasser auskommen. Den südafrikanischen Teil des Parks begrenzen V-förmig zwei fossile Flussbetten (Twee Rivieren), in denen gute Pisten zur Grenze von Namibia führen. Die Zufahrt von Upington zum Südeingang des Parks bei Twee Riviera ist inzwischen asphaltiert (265 km). Das Gebiet des Parks war Siedlungsraum der San. 1999 gab die südafrikanische Regierung ihnen ein Stück Land bei Andriesvaal zurück, ihre traditionelle Lebensweise als Jäger und Sammler ist jedoch nicht mehr möglich.

Unterkunft
Die älteren Rastlager **Twee Rivieren**, **Nossob** und **Mata Mata** bieten neben Camping auch Chalets, Shops und eine Tankstelle. Schön ist das Kalahari Tented Camp neben Mata Mata gleich an der Grenze zu Namibia: 15 Chalets mit Zeltwänden auf einer Sanddüne; ein Wasserloch für die Tiere und ein Pool. Weitere einfache Camps sind **Bitterpan** und **Grootkolk**, Buchung South African National Parks, www.sanparks.org › S. 163.

Aktivitäten
Geführte *Game Drives* starten morgens und spät nachmittags von den Camps Twee Rivieren, Nossob, Mata Mata und Kalahari Tented Camp.

Karte
S. 309

Hochebene und Wüste

Über mehrere Wasserfälle durchfließt der Oranje den Augrabies Falls National Park

Auf Jeep-Safaris Südafrikas wilde Natur erleben

Willkommen in der Diamantenstadt Kimberley

Klappe hinten

Besondere Touren

BESONDERE TOUREN

Wie bereist man ein Land, das fast dreieinhalbmal so groß ist wie Deutschland und dessen Highlights über diese immense Fläche verteilt sind? Wie gelingt es, in der relativ kurzen Zeit einer Ferienreise möglichst viele Highlights zu sehen? All die derartig unterschiedlichen Landschaftsformen, vom Hochgebirge bis zur Kalahariwüste, von tropischen Pazifikküsten bis zum harschen Atlantik zu erkunden; nicht nur die *Big Five*, sondern auch die Riesen der Meere vor die Linse zu bekommen; das urbane Flair Kapstadts oder Durbans zu kosten, die idyllischen Winelands genießerisch zu erforschen, in einem Zulu-Kral zu übernachten?

Die Routenvorschläge im folgenden Kapitel helfen Ihnen bei der Reiseplanung. Zwei (für südafrikanische Verhältnisse) kürzere Touren erschließen jeweils den Osten und den Westen des Landes und lassen sich wunderbar zu einer Gesamt-Südafrikarundreise kombinieren. Die Höhepunkte in 24 Tagen – das verspricht Tour 16 und hält Wort – Sie werden auf dieser Reise wirklich alles sehen, was typisch ist für die Regenbogennation. Dies alles allerdings unter der Voraussetzung, dass Sie mit einem Mietwagen unterwegs sind und teilweise sehr lange Tagesetappen in Kauf nehmen. Wer es bequemer mag, bucht (möglichst ein Jahr im Voraus) die Fahrt mit dem Luxuszug Blue Train. Es geht zwar »nur« von Pretoria nach Kapstadt, aber quer durch die verschiedensten Landschaften und Kulturregionen. Und die Passagiere fühlen sich, als könnte Cecil Rhodes jeden Augenblick im Speisewagen auftauchen.

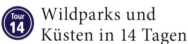
Weit sendet der Leuchtturm von Umhlanga Rocks sein Licht übers Meer

Tour 14: Wildparks und Küsten in 14 Tagen

ROUTE: Johannesburg › Pretoria › Blyde River Canyon › Krüger-Nationalpark › Ostküste › Durban › Port St. Johns › Port Elizabeth

KARTE: Klappe hinten

DAUER UND LÄNGE: Johannesburg/Pretoria › Blyde River Canyon › Krüger-Nationalpark 6–8 Std. (plus 1 Std. z. B. zum Satara-Camp); Krüger-Nationalpark › Hluhluwe-Umfolozi National Park 8 Std. › Hluhluwe-Umfolozi National Park › Durban 2–3 Std.; Durban › Port St. Johns ca. 4 Std.; Port St. Johns › Port Elizabeth 6–7 Std.; ca. 1900 km

VERKEHRSMITTEL:
» Für die Strecke benötigen Sie einen Mietwagen. Von Johannesburg starten organisierte Touren zum Blyde River Canyon und in den Krüger-Nationalpark; per Flugzeug geht's von Durban nach Port Elizabeth.

Diese klassische Südafrika-Tour führt Erstbesucher zu einigen herausragenden Attraktionen des Landes. Nach der Ankunft in **Johannesburg** › S. 269 lohnt es sich, für die Erkundung der Metropole zwei Tage einzuplanen. Beachten Sie hier mehr noch als in anderen Großstädten die Sicherheitshinweise – von nächtlichen Spaziergängen sollte man besser absehen. Wer das nahe **Pretoria** › S. 291 als Startort gewählt hat, kann die Hauptstadt an einem halben Tag kennenlernen und sollte es nicht versäumen, einen Abstecher zum **Voortrekker Monument** › S. 292 6 km südlich zu unternehmen. Von beiden Standorten aus steht dann die Fahrt zum **Blyde River Canyon** › S. 296 auf dem Programm, dessen wilder Bergkulisse man ein bis zwei Tage widmen sollte, um die majestätische Gebirgslandschaft, die eigenwilligen Erosionsskulpturen und die in den Siedlungen herrschende Wildwestatmosphäre auf sich wirken zu lassen. Nur wenig östlich lockt der **Krüger-Nationalpark** › S. 297 mit sei-

Klappe hinten

Besondere Touren
Wildparks und Küsten in 14 Tagen

nem Wildreichtum. Auch hier sind zwei Übernachtungen sinnvoll, denn Sie möchten ja sowohl frühmorgens als auch zum Sonnenuntergang auf Pirschfahrt gehen – zu jeder Tageszeit zeigen sich andere Wildtiere, und Elefanten begegnet man in Krüger fast garantiert.

Danach unterbricht die lange Fahrt an die Ostküste von KwaZulu-Natal das Naturerlebnis, nur um in einem weiteren, spannenden Nationalpark zu enden: Zwei Tage sind auch im **Hluhluwe-Umfolozi National Park** › S. 283 gut angelegt, denn zu den gut zu beobachtenden Raritäten dieses gebirgigen Schutzgebietes zählen Breit- und Spitzmaulnashörner und Hyänenhunde – alles Spezies, die vom Aussterben bedroht sind. In der Hafenstadt **Durban** › S. 277, dem Freizeitparadies Südafrikas, erlebt der Besucher an den Stränden und in Vergnügungsparks die sehr entspannte und lockere Mentalität der Südafrikaner und begegnet einer Volksgruppe, deren Zentrum Durban ist: zugewanderten Indern und Pakistani. Die Fülle orientalischer Gewürze, leuchtend bunte Saris und sehr scharf gewürzte Currys repräsentieren eine der vielen Facetten der Regenbogennation. Auch hier lohnen zwei Übernachtungen. Von Durban geht es nach **Port St. John's** an die raue und einsame **Wild Coast** (zwei Tage), die harsch, stürmisch und noch wenig touristisch erschlossen für ein weiteres, kontrastreiches Puzzleteilchen im bunten Mosaik Südafrikas sorgt. Oder aber Sie fliegen von Durban nach **Port Elizabeth** (1,5 Std.) zum Ausgangspunkt der berühmten **Garden Route** › S. 254.

Game Drive im Hluhluwe-Umfolozi National Park, einem Paradies für Nashörner

Wilderness mit Strand und Flussmündung, Garden Route

Mit etwas Glück sieht man an der Küste vor Mossel Bay Wale vorbeiziehen

Klappe hinten

Besondere Touren
Eine Woche entlang der Garden Route

Eine Woche entlang der Garden Route

ROUTE: Port Elizabeth › Addo Elephant Park › Plettenberg Bay › Knysna › Wilderness Area › Oudtshoorn › Mossel Bay › Cape Agulhas › Hermanus › Kapstadt

KARTE: Klappe hinten
DAUER UND LÄNGE: Port Elizabeth › Addo Elephant Park 1,5 Std.; Tsitsikamma N. P. › Plettenberg Bay 3 Std.; Plettenberg Bay › Knysna › Wilderness › Oudtshoorn 2 Std.; Oudtshoorn › Mossel Bay › Cape Agulhas 3,5 Std.; Cape Agulhas › Hermanus › Kapstadt 3,5 Std.; rund 1000 km

VERKEHRSMITTEL:
» Zum Besuch aller Sehenswürdigkeiten in der angegebenen Zeit sollten Sie ab Flughafen Port Elizabeth ein Mietauto nehmen. Die Tour eignet sich gut als Anschlussstrecke für die zweiwöchige Reise zu Wildparks und Küsten › S. 322, oder für Kurzentschlossene, die im Winter ins Warme möchten.

Gleich nach der Ankunft in **Port Elizabeth** › S. 252 locken die schönen Sandstrände zu einem Bad im Indischen Ozean. Danach stehen afrikanische Natur und Elefanten satt im **Addo Elephant Park** › S. 253 auf dem Programm. Besonders intensiv sind Begegnungen mit den grauen Riesen, wenn sie nachts zum Trinken und Plantschen an ein beleuchtetes Wasserloch kommen. Eine Übernachtung sollte man auf jeden Fall einplanen, um die Tiere auch bei Dunkelheit zu beobachten.

Im **Tsitsikamma National Park** › S. 254 wird man begeistert sein von der wilden Felsenküste, gegen die das Meer peitscht, und von den uralten Baumriesen, die der Abholzung entgangen sind. Am nächsten Tag lädt der wunderschöne Strand von **Plettenberg Bay** › S. 255 zum Faulenzen ein. Von Juli bis November können Sie hier bei einer Waltour die riesigen Säuger aus der Nähe erleben; mit Glück bekommt man sie auch von der Küste aus zu Gesicht.

Zum Badespaß rund um den Jahreswechsel locken auch die kilometerlangen Traumstrände hinter der Lagune von **Knysna** › S. 255 und rund um **Wilderness** › S. 256. In der üppig, saftig grünen Landschaft lohnt eine Fahrt mit dem Paddelboot, ehe es am nächsten Tag ins Landesinnere in die trockene Kleine Karoo und weiter nach **Oudtshoorn** › S. 257, dem Zentrum der Straußenwirtschaft, geht. Hier gilt es nicht nur, eine Straußenfarm zu besichtigen, sondern man kann sich auch mit allerlei Produkten eindecken – vom Staubwedel aus Straußenfedern bis zur Luxushandtasche aus Straußenleder.

Zurück an der Küste ist **Mossel Bay** › S. 256 die nächste Station. Im Museumskomplex steht nicht nur ein Baum, der jahrhundertelang als Briefkasten diente, hier liegt auch das nachgebaute Schiff von Bartholomeu Diaz, mit dem der Portugiese im 15. Jh. zum Kap segelte, und zwar um den südlichsten Punkt Afrikas herum, dem **Cape Agulhas** › S. 239. Lassen Sie sich dort den Wind um die Nase wehen und fahren Sie dann nach **Hermanus** › S. 239. Auch hier in der Walker Bay kommen die Wale zur Saison (Juli bis November) nahe an die Küste. Doch nur in Hermanus wird ihre Ankunft so originell verkündet: durch einen Walrufer mit Horn – Grund für einen Aufenthalt. Falls der Sinn nach Spannung und Abenteuer steht: Auf *Cage Diving* mit Haien haben sich viele Agenturen an der Walker Bay spezialisiert.

Den Abschluss bildet die Mother City, **Kapstadt** › S. 225. Wählen Sie ein Hotel in der Innenstadt, von dem aus Sie die meisten Sehenswürdigkeiten zu Fuß erreichen. Hier vergeht allein ein Tag mit Besichtigungen im Zentrum und der Victora & Alfred Waterfront. Auch die leiblichen Genüsse kommen nicht zu kurz, zum Beispiel in Bo Kaap, dem Viertel der Kapmalaien. Die schicksten Boutiquen und originellsten Läden reihen sich entlang der Long Street aneinander. Bei gutem Wetter fahren Sie per Seilbahn hoch zum **Tafelberg** › S. 231 – die besten Chancen für einen wolkenfreien Panoramablick bieten sich frühmorgens. Dann bleibt noch Zeit für einen Ausflug nach **Robben Island** › S. 231, dem Verbannungsort von Nelson Mandela.

Rot blühende Aloen umrahmen den Leuchtturm am Kap der Guten Hoffnung

Eine Hängebrücke führt über die Mündung des Storms Rivers im Tsitsikamma N.P.

Die Höhepunkte in 24 Tagen

ROUTE: Johannesburg › Blyde River Canyon › Krüger-Nationalpark › Pretoria › Kimberley › Augrabies Falls › Kgalagadi Transfrontier Park › Keetmannshoop › Clanwilliam › Kapstadt › Oudtshoorn › Plettenberg Bay › Port Elizabeth

KARTE: Klappe hinten
DAUER UND LÄNGE: Johannesburg › Blyde River Canyon › Krüger-Nationalpark 6–8 Std.; Krüger-Nationalpark (Süden) › Pretoria 3 Std.; Pretoria › Kimberley 6 Std.; Kimberley › Augrabies Falls 6 Std.; Augrabies Falls › Kgalagadi Transfrontier Park 5 Std.; Kgalagadi T. P. › Springbok 7,5 Std.; Springbok › Clanwilliam › Kapstadt 6 Std.; Kapstadt › Oudtshoorn 4,5 Std.; Oudtshoorn › Plettenberg Bay › Port Elizabeth 5 Std.; rund 4500 km
VERKEHRSMITTEL:
» Für die Strecke benötigen Sie einen Mietwagen. Johannesburg wird von den großen Flughäfen in Europa direkt angeflogen. Von Port Elizabeth Inlandsflüge nach Johannesburg, von dort zurück nach Europa.

Nach der Ankunft in **Johannesburg** › S. 269 nehmen Sie sich zwei Tage Zeit für die Erholung vom Jetlag und die Erkundung der Metropole, die gerade dabei ist, sich als junge, multikulturelle Stadt neu zu erfinden. Doch Vorsicht – die Kriminalität ist leider nach wie vor ein Problem! Dann geht's nach Nordosten, wo eine der weltweit größten Schluchten, der **Blyde River Canyon** › S. 296 mit seiner wilden Berglandschaft auf dem Programm steht. Nur wenig weiter östlich lockt der **Krüger-Nationalpark** › S. 297 mit seinem Wildreichtum, für den Sie sich mindestens zwei bis drei Tage Zeit, wenn möglich in unterschiedlichen Camps, nehmen sollten. Wenn Sie nach dem Buscherlebnis im Süden den Park wieder verlassen, können Sie in drei Stunden die Hauptstadt **Pretoria** › S. 291 erreichen, die Sie gut in einem halben Tag erkunden können. Sie ist einer der geschichtsträchtigsten Orte Südafrikas; deshalb verdient auch das in seiner Wucht nicht gerade ästhetisch ansprechende, aber ideell für die Historie so bedeutende **Voortrekker Monument** › S. 292 Beachtung.

Ziel des nächsten Tages ist die Diamantenstadt **Kimberley** › S. 309 mit dem größten je von Hand erschaffenen Erdloch. Nach einer Übernachtung geht es weiter durch endlose Steppenlandschaft nach **Upington** › S. 315 und zu den rauschenden **Augrabies Falls** › S. 316. Hier lohnt die kurze Wanderung auf dem Dassie Trail, bevor Sie im **Kgalagadi Transfrontier Park** › S. 316 den Hauch der Wüste spüren und vielleicht den braunmähni-

Klappe hinten

Besondere Touren
Die Höhepunkte in 24 Tagen

gen Kalahari-Löwen, auf jeden Fall aber putzigen Erdmännchen begegnen. In **Springbok** › S. 243 sind Sie im Namaqualand angekommen. Von August bis Oktober verwandelt Regen die trockene Landschaft in ein kunterbuntes Blumenmeer. Zu anderen Jahreszeiten fahren Sie direkt weiter nach **Clanwilliam** › S. 241 und bleiben dort zwei bis drei Tage für Touren in die Einsamkeit der Cederberge.

An der ebenso einsamen wie wilden West Coast entlang führt die N1 nach Süden; wenn Zeit bleibt lohnen Abstecher in Hafenorte wie **Langebaan** oder **Bloubergstrand**, wo Sie einen ersten Blick auf die *Mother City* und den Tafelberg erhaschen. In **Kapstadt** › S. 225 sollten Sie sich mindestens vier Tage Zeit nehmen, um die vielen Sehenswürdigkeiten in der Stadt und in der Umgebung, darunter das Naturreservat am Kap der Guten Hoffnung, zu erkunden. Auch ein geführter Besuch in einem *Township* sollte hier eingeplant werden. Mitten durch die schöne Landschaft der Kleinen Karoo geht es dann zur Hochburg der Straußenzucht nach **Oudtshoorn** › S. 257, wo Sie eine Nacht auf einer Straußenfarm verbringen können. Erfrischendes Klima empfängt den Reisenden an der berühmten **Garden Route** › S. 254. In **Plettenberg Bay** › S. 255 oder **Knysna** › S. 255 sollten Sie bei einem Badeaufenthalt die kilometerlangen Traumstrände genießen und im **Tsitsikamma National Park** › S. 254 die ungestüme Natur erwandern, ehe Sie von **Port Elizabeth** › S. 252 über Johannesburg oder Kapstadt wieder zurück nach Europa fliegen.

Knysna Heads in Western Cape aus der Luft

*Beliebte Joggingmeile
Sea Point, Kapstadt*

Mit dem Blue Train unterwegs

ROUTE: Pretoria › Kapstadt
KARTE: Klappe hinten
DAUER UND LÄNGE: 26 Std. inklusive zwei Zwischenstopps; 1600 km
VERKEHRSMITTEL:
» Den Platz im Luxuszug sollte man mindestens ein Jahr vorher reservieren › S. 178!
Unterwegs gilt dann: gepflegte Kleidung tagsüber, Krawatte und Jackett am Abend. Es wird Trinkgeld für Kofferträger am Bahnhof und am Ende der Reise in einem Briefumschlag für das ganze Team erwartet.

Am Bahnhof in **Pretoria/Tshwane** › S. 291 wie auch am Ziel in Kapstadt empfängt und verabschiedet der Blue Train seine Passagiere in einer eigenen Lounge und mit Häppchen und Sekt. Dann geht es frühmorgens Richtung Südwesten durch weite Weizenfelder zur Diamantenstadt **Kimberley** › S. 309, wo der Zug spätnachmittags einrollt und ein Besuch im **Kimberley Mine Museum** auf dem Programm steht.

Zwischendurch, beim Lunch, dürfen die Passagiere *smart but casual* im Speisewagen Platz nehmen; abends herrscht strengeres Reglement. Serviert werden südafrikanische Gerichte und feine Weine. So vergeht die Zeit im Flug. Mit Kimberley bzw. dem Diamantenboom begann

Die untergehende Sonne vergoldet die Union Buildings in Pretoria

Klappe hinten

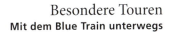
Besondere Touren
Mit dem Blue Train unterwegs

Bitte einsteigen – im Blue Train wartet höchster Luxus

übrigens auch die Geschichte dieses Luxuszuges, denn Kaufleute, Politiker, europäischer Adel oder sonstige Promis, die standesgemäß mit dem Luxusliner in Kapstadt angekommen waren, wollten ähnlich standesgemäß in das Innere Südafrikas, sprich zu den Diamanten- und Goldminen, weiterreisen. 1923 nahm die Linie ihren Betrieb auf, 1927 setzte man noch etwas Luxus zu, um die Herrschaften zu befriedigen: Vergoldete Wasserhähne beispielsweise, Bäder aus Marmor, mit Intarsien geschmückte Walnussholztäfelungen etc. sind noch heute Standard. Das letzte Facelifting erhielt der Blue Train 1997. Nicht nur deshalb und weil sich ein persönlicher Butler um jeden Gast kümmert, fühlt man sich darin wie in einem Fünfsternehotel. Auch die Umgangsformen sind entsprechend. Zumindest beim Abendessen werden Eskapaden wie kurze Hosen oder ein Hemd ohne Krawatte nicht toleriert.

Den folgenden Tag zuckelt der Zug durch die einsame Karoo stetig nach Süden. Wild werden Sie wahrscheinlich nicht ausmachen, bestenfalls Strauße, die neugierig und großäugig über Farnzäune blinzeln oder sich elegant im Balztanz bewegen. Gegen Mittag endet die Fahrt in **Kapstadt** › S. 225.

Fährt der Zug in Süd-Nord-Richtung von Kapstadt nach Pretoria, hält er in **Matjiesfontein**, einem Museumsort von 1884 an der N1 mit einem altehrwürdigen Luxushotel, rotem Doppeldeckerbus und Häusern im viktorianischen Stil. Auch hier, wie bei fast allem Historischen in Südafrika, hatte Cecil Rhodes seine Finger im Spiel: diesmal jedoch als prominenter Gast – Matjiesfontein galt als Luftkurort – der die High Society anlockte. Neben dem Sultan von Sansibar genoss auch Edgar Wallace die wohltuende Atmosphäre der »Quelle der jungen Mädchen«.

Schäfer in den Drakensbergen, Königreich Lesotho

INFOS VON A–Z

ÄRZTLICHE VERSORGUNG
Die ärztliche Versorgung hat europäischen Standard. Apotheken (Pharmacy oder Chemist, in Afrikaans: Apteek) sind gleichzeitig Drogerien. Angaben über den nächsten Arzt (Medical Practitioners) oder Krankenhaus (Hospital) findet man in jedem lokalen Telefonbuch.
Krankenwagen: Tel. 10 177.

BARRIEREFREIES REISEN
In den größeren Hotels und in den staatlichen Rastlagern wird für behindertengerechte Unterbringung gesorgt. Die Association for the Physically Disabled hilft bei der Reiseplanunglanung und vor Ort (www.apd.org.za, Tel. 011/646 8331).

DEVISENBESTIMMUNGEN
Pro Person dürfen max. 25 000 Rand und Fremdwährungen bis 10 000 US$ eingeführt werden. Die Ausfuhr ist bis 25 000 Rand und in Höhe der eingeführten deklarierten Devisen möglich.

DIPLOMATISCHE VERTRETUNGEN
In Deutschland: Tiergartenstr. 18, 10785 Berlin, Tel. 0 30/22 07 30, Fax 22 07 31 90, www.suedafrika.org

In Österreich: Sandgasse 33, 1190 Wien, Tel. 01/3 20 64 93, Fax 3 20 64 93 51, www.dirco.gov.za/vienna

In der Schweiz: Alpenstr. 29, 3006 Bern, Tel. 031/350 13 13, Fax 350 39 44, www.southafrica.ch

IN SÜDAFRIKA:
Deutsche Botschaft, 201 Florence Ribeiro Ave., Groenkloof, Pretoria 0181, Tel. 012/427 8900, www.southafrica.diplo.de

Deutsches Generalkonsulat, Roeland Park, 4 Stirling Street, Zonnebloem, Cape Town 7925 Tel. 021/405 3000, Fax 421 0400

Österreichische Botschaft, 454a Fehrsen St., Brooklyn, Pretoria, Tel. 012/452 9155, Fax 460 1151, www.austrianembassy.co.za

Österreichisches Honorarkonsulat, 390 Ridge Road, 4001 Berea/Durban, Tel. 031/242 5117, Fax 086/512 1089

Österreichisches Honorargeneralkonsulat, F2 The Courtyard, Central Park on Esplanade, Century City, Kapstadt, Tel. 021/912 1351

Schweizer Botschaft, 225 Veale St., Parc Nouveau, New Muckleneuk, Tel. 012/452 0660, Fax 346 6605, www.eda.admin.ch/pretoria

Infos von A–Z

Schweizer Generalkonsulat, 1 Thibault Square, Kapstadt, Tel. 021/400 7500, Fax 418 3688

EINREISE

Deutsche, Österreicher und Schweizer benötigen für einen Aufenthalt bis zu drei Monaten einen Reisepass (eigenes Reisedokument für Kinder), der noch mindestens dreißig Tage über das Ausreisedatum hinaus gültig ist und mindestens zwei freie Seiten aufweist. Bestimmungen für Lesotho › S. 313.

ELEKTRIZITÄT

220 bzw. 240 Volt Wechselstrom. Die Steckdosen sind dreipolig, in neuere Modelle passen auch zweipolige Stecker. Adapter (Two-Pin-Adapter) sind vor Ort erhältlich.

FEIERTAGE

Neben gesonderten Feiertagen von Asiaten, Juden und Muslimen gibt es in Südafrika zwölf gesetzliche Feiertage: 1. Januar, 21. März (Tag der Menschenrechte), Karfreitag, Ostermontag (Familientag), 27. April (Freiheitstag), 1. Mai (Tag der Arbeit), 16. Juni (Tag der Jugend), 9. August (Nationaler Frauentag), 24. September (Tag des Erbes – Shaka Day der Zulu), 16. Dezember (Tag der Versöhnung), 25. und 26. Dezember.

FERIEN

Die Termine der Schulferien sind von Provinz zu Provinz verschieden: Sommerferien Anfang Dezember bis Mitte Januar, Osterferien März/April, Winterferien Juni/Juli, Frühlingsferien September/Oktober. Zu dieser Zeit sollte man Unterkünfte unbedingt reservieren!

FESTE & VERANSTALTUNGEN

Das ganze Jahr über finden in Südafrika bedeutende Feste statt. South African Tourism › S. 340 informiert auf seiner Webseite über alle wichtigen Events.

März: Cape-Minstrel-Karneval. Bunter Straßenkarneval in Kapstadt. Info: Kaapse Karnaval Association, www.capetowncarnival.com.

April: Klein Karoo National Arts Festival in Oudtshoorn. Riesiges Festival mit Musik, Tanz, Theater und Kunstmarkt, www.kknk.co.za.

Juli: National Arts Festival in Grahamstown. Bedeutendstes Kunst- und Musikfestival des Landes seit 1974. Tel. 046/603 1103, www.nationalartsfestival.co.za.

Juli/August: Wine Festival in Stellenbosch. Winzer präsentieren ihre Weine. Tel. 021/886 4310, www.stellenboschwinefestival.co.za.

August/September: Zur spektakulären Wildblumenblüte im Namaqualand finden Festivals und Blumenshows statt. Info: Tel. 022/ 772 1515, www.capewestcoastpeninsula.co.za.

November–April: Summer Sunset Concerts, Kirstenbosch Botanical Gardens. Beliebte Konzertreihe am Sonntagnachmittag, www.sanbi.org/events.

GELD UND WÄHRUNG

Landeswährung ist der Rand (ZAR), unterteilt in 100 Cents. Im Umlauf sind Banknoten zu 10, 20, 50, 100 und 200 Rand. In Südafrika ist der Wechselkurs günstiger als im Heimatland. Es empfiehlt sich die Mitnahme von Bargeld in Euro (Einfuhrbeschränkungen beachten!). An Bankautomaten erhält man mit der Maestro- bzw. Kreditkarte und PIN Bargeld (meist Gebühr). In vielen Hotels, Restaurants und Geschäften kann man mit Kreditkarte bezahlen.

GESUNDHEITSVORSORGE

Impfungen sind nicht vorgeschrieben, empfohlen werden evtl. Auffrischungen der Impfungen gegen Polio, Tetanus, Diphterie sowie Hepatitis A. Malariaprophylaxe ist anzuraten für den Krüger-Nationalpark, die Provinzen Mpumalanga, Limpopo und den nördlichen Küstenstreifen von KwaZulu-Natal. In stehenden oder langsam fließenden Gewässern sollte man wegen der Bilharziosegefahr nicht baden. Leitungswasser kann in den großen Städten getrunken werden. Die Aidsraten in Südafrika steigen dramatisch; 20 % der erwachsenen Bevölkerung sind HIV-positiv.

INFORMATION

In allen größeren Städten sind Informationsdienste eingerichtet, gekennzeichnet durch »I«.

South African Tourism
Friedensstr. 6–10, 60311 Frankfurt,
Tel. 0800/118 9118 (kostenfrei),
www.dein-suedafrika.de

Anfragen aus Österreich und der Schweiz über die jeweiligen Botschaften in Wien und Bern › S. 338.

KLEIDUNG

Auch wenn es an der Küste von KwaZulu/Natal im südafrikanischen Sommer recht heiß ist, können im übrigen Land nicht nur die Abende ziemlich kühl sein; ein warmer Pullover und eine Regenjacke gehören ebenso wie leichte Baumwollkleidung und Badesachen ins Reisegepäck. Zwischen Juli und September sinkt die Temperatur in den Bergen nachts auf unter null Grad. Angesichts der intensiven Sonneneinstrahlung sind eine Sonnenbrille und eine Kopfbedeckung unbedingt ratsam. Obwohl sich die meisten Südafrikaner zu fast allen Gelegenheiten sehr leger kleiden, wird in guten Restaurants und Hotels abends formelle Kleidung erwartet.

KRANKENVERSICHERUNG

Ratsam ist der Abschluss einer Auslandskrankenversicherung, die auch einen medizinisch sinnvollen Rücktransport einschließt. Alle Behandlungskosten vor Ort sind gleich zu bezahlen und werden gegen Quittung im Heimatland von der Versicherung erstattet.

MEHRWERTSTEUER

Die südafrikanische Mehrwertsteuer (VAT – Value Added Tax) von 14 % wird bei einer Kaufsumme von über 250 Rand bei der Ausreise am Flughafen zurückerstattet. Wird die Ware mit Kaufbeleg am VAT-Schalter am Flughafen vorgelegt, erfolgt die Rückzahlung per Scheck (www.dfa.gov.za/consular/vat.htm).

NOTRUF
Polizei-Notruf: Tel. 10111
Ambulanz: Tel. 10177

ÖFFNUNGSZEITEN

Es gibt keine strengen Ladenschlusszeiten. Geschäfte sind Mo–Fr 8–17 Uhr, Sa 8–13 Uhr geöffnet (Shoppingcenter bis 21 Uhr). Tankstellen bieten meist einen 24-Stunden-Service. Banken sind Mo–Fr 9–15.30 Uhr, Sa 9–11 Uhr geöffnet. Die meisten Postämter sind Mo–Fr 8–16.30 Uhr, Sa 8–12 Uhr geöffnet.

SICHERHEIT

In den Großstadtzentren hat sich die Situation zumindest während der Geschäftsöffnungszeiten etwas verbessert. Nächtliche Spaziergänge, Fahrten mit Vorortzügen sowie unbelebte Gegenden sollte man unbedingt unterlassen und nur Taxis namhafter Unternehmen nutzen. Wertsachen, Dokumente und Bargeld stets im Hotelsafe aufbewahren; Soweto oder andere Townships nur im Rahmen einer geführten Tour besuchen. Durchfährt man eine Stadt, sollten Türen des Fahrzeugs von verriegelt und Fenster geschlossen werden (siehe die Sicherheitshinweise des Auswärtigen Amts, www.auswaertiges-amt.de).

TELEFON/HANDY/INTERNET

In weiten Teilen gut funktionierendes Telefonnetz. Münzfernsprecher findet man in blauen, Kartentelefone (auch für Ferngespräche) in grünen Telefonzellen. Telefonkarten sind in Postäm-

Infos von A–Z

Schicke Shoppingmall an der Victoria & Alfred Waterfront

tern, Supermärkten und am Flughafen erhältlich. Das Mobilfunknetz deckt fast das gesamte Land ab. Handys (Cells) funktionieren mit der eigenen SIM-Karte (hohe Roaming-Gebühren) oder einer preisgünstigen südafrikanischen SIM-Karte mit Prepaid-Guthaben (z. B. von MTN).

Internationale Vorwahlnummern
Deutschland: 00 49
Österreich: 00 43
Schweiz: 00 41
Südafrika: 00 27
Lesotho: 00266 (aus Südafrika 09266)

Internetcafés finden sich in größeren Städten leicht. Viele Hotels, B&Bs und auch Backpackers bieten einen Internetzugang, oft auch WLAN.

TRINKGELD
Servicepersonal in Restaurants oder Taxifahrer erwarten etwa 10 % des Gesamtpreises. Gepäckträger und Zimmermädchen erhalten einen Obolus von 2–3 Rand.

URLAUBSKASSE
Tasse Kaffee	1,30 €
Softdrink	1,50 €
Glas Bier	1,80 €
Hamburger/Sandwich	4 €
Benzin / l	0,90 €
Taxifahrt (pro km)	1,20 €
Mietwagen/Tag	ab 28 €

ZOLL
Für den persönlichen Bedarf gelten folgende Einfuhrbestimmungen: 1 l Spirituosen, 2 l Wein, 200 Zigaretten, 250 g Tabak und 50 ml Parfum; für Jagdwaffen ist eine Genehmigung nötig.

Bei Wiedereinreise ins Heimatland sind pro Person über 17 Jahre Waren bis zu einem Gesamtwert von 430 € bzw. 300 CHF zollfrei. Präparierte Tiere dürfen nur mit Genehmigung aus- und in Europa eingeführt werden. Der Import von gefährdeten Pflanzen, Tieren und Elfenbein sowie Produkten daraus ist gemäß dem Washingtoner Artenschutzabkommen strengstens untersagt (www.artenschutz-online.de).

Alles nur gestellt?
Nein – das ist authentisches
Südafrika

REGISTER

A

Abel-Erasmus-Pass 296
Addo Elephant National Park 23, 69, 247, 250, 253
African Craft Market 171
African Guernica 113
Afrikaans 24, 35, 43, 94, 96, 97, 109, 117, 126, 236, 312, 338
Afri-Ski Resort 315
Amphitheatre Heritage Hike 147
ANC 24, 36, 39, 41, 43, 92
Apartheid 26, 36, 37, 40, 42, 88, 90, 94, 101, 102, 109, 114, 187, 219, 269, 270, 273
Architektur 107
Ärztliche Versorgung 338
Augrabies Falls 51, 307, 308
Augrabies Falls National Park 316

B

Baker, Sir Herbert 107
Barberton 294
Barrierefreies Reisen 338
Battlefield Route 266, 281
Berlin Falls 295
Betty's Bay 222
Bevölkerungsgruppen 91
Big Five 23, 64, 82, 144, 168, 186, 250, 254, 287, 290, 302, 321
Big Hole 53, 307, 308, 309, 310, 311
Big Tree 255, 298
Bloemfontein/Mangaung 307, 308, 311
   Anglo-Boer War Museum 313
   National Museum 313
   President Brand Street 312
Blood River Monument 282
Bloubergstrand 224, 242

Blue Train 334
Blyde Canyon 147
Blyde River Canyon 50, 85, 204, 287, 288, 296, 322
Blythale Beach 280
Botrivier-Lagune 222
Bourke's Luck Potholes 295
Brand, Dollar 117
Buren 31, 32, 33, 35, 36, 42, 50, 90, 94, 97, 101, 113, 122, 126, 235, 266, 282, 292, 313
Buschveld 51

C

Cage Diving 58, 72, 149, 327
Camps Bay 218
Canal Walk Shopping Centre 232
Cango Caves 50, 196, 250, 257
Cape Agulhas 49, 223, 239
Cape Point 184, 234
Cape Vidal 266
Cathedral Peak 23, 274
Cecil Rhodes 32, 33, 321, 335
Cederberge 29, 85, 225, 241
Champagne Castle 23
Chapman's Peak Drive 152, 235
Citrusdal 225
Clanwilliam 224, 241
Clegg, Johnny 117
Clifton 218
Coetzee, Basil 117
Coetzee, John 109
Coffee Bay 268, 281
Constantia 232
Country Craft Market 171
Cullinan 292

Register

D

Dassie Trail 316
De Hoop Nature Reserve 224, 239
de Klerk, Frederik 36, 43, 228
Devisenbestimmungen 338
Diamanten 32, 46, 51, 52, 94, 102, 308, 309, 310, 335
Die Antwoord 117
Dinosaurierpark 294
Diplomatische Vertretungen 338
Dolphin Coast 280
Dolphin Trail 146
Drakensberge 23, 85, 147, 201, 274
Drei-Pässe-Fahrt 238
Dukuza Museum 280
Dumile 113
Dundee 266, 282
Durban/eThekwini 35, 50, 265, 268, 277–280
   Amphitheatre Gardens 278
   Beach Front/Golden Mile 277
   City Hall 277
   Durban Art Gallery 277
   Francis Farewell Square 277
   Hotels 279
   Info 278
   Jumah Mosque 277
   Natural Science Museum 277
   Playhouse Theatre 277
   Restaurants 279
   Sicherheit 278
   uShaka Marine World 278

E

East London/Buffalo City 260
Eshowe 281

F

False Bay 221, 222, 232
Felsbilder 83, 112, 268, 275
Fourways Farmers Market 171
Franschhoek 23, 221, 238
Franschhoek Pass 238
Fugard, Athol 109
Fynbos 46, 49, 60, 62, 165, 191, 238

G

Game Drive 18, 83, 144, 161, 163, 177, 323
Gandhi, Mahatma 35, 102
Gansbaai 223
Garden Route 23, 49, 57, 194, 247, 248, 254, 323
George 58, 249, 256
Gesundheitsvorsorge 339
Giant's Castle Game Reserve 268, 275
Giant's Cup Trail 275
Gleitschirmfliegen 149
God's Window 288, 295
Goegap Nature Reserve 243
Gold 26, 32, 46, 51, 52, 94, 102, 273, 294, 295, 298, 310, 335
Golden Gate National Park 23, 152, 268, 274
Golf 154
Gordimer, Nadine 109
Gordon's Bay 222
Graaff-Reinet 23, 250, 258
Grahamstown 250, 260
Great Limpopo Transfrontier Park 297
Greenmarket Square 227
Groot Constantia 221
Große Karoo 23, 54
Guided Bush Walk 143, 144

H

Hermanus 223, 239
Hibiscus Coast 280
Highveld 49, 63
Himeville 275
Hluhluwe-Umfolozi National Park 69, 265, 266, 283, 323
Hoedspruit 296
Hole in the Wall 281
Homelands 36, 40, 90, 97, 282
Hottentots Holland Nature Reserve 222, 238
Hout Bay 139, 221, 235

I

Inkatha 24, 36, 39, 92
iSimangaliso Wetland Park 50, 83,
 202, 265, 266, 282
Ithala Game Reserve 265, 266, 283

J

Jahn, Helmut 107
Johannesburg 23, 32, 51, 139,
 168, 266, 269–272, 322
 Apartheidmuseum 273
 Carlton Center 269
 De-Beers-Verwaltungsgebäude 270
 Diagonal Street 270
 Gold Reef City 273
 Hotels 271
 Info 271
 Johannesburg Art Gallery 269
 Joubert Park 269
 Kriminalitätsrate 270
 KwaZulu Muti Shop 270
 Market Theatre 270
 Melville 269
 Museum Africa 270
 Nelson Mandela House 273
 Nightlife 272
 Origins Centre 270
 Restaurants 271
 Sandton 269
 Shopping 272
 South Western Townships 273
 Soweto 27, 269, 273
 Soweto-Touren 273
 Top of Africa 269
 Wits Art Museum 271

K

Kalk Bay 233
Kap der Guten Hoffnung 31, 54,
 184, 220, 235
Kap-Halbinsel 21, 48, 184, 217, 220
Kapholländischer Baustil 107
Kapstadt 20, 49, 139, 168,
 189, 217–231
 Adderley Street 226
 Artscape Theatre Centre 225
 Awol Tours 230
 Bo Kaap 4, 102, 139, 210, 218,
  228, 230, 327
 Bo Kaap Museum 228
 Castle of Good Hope 218, 225
 City Hall 225
 Clock Tower 228
 Company's Garden 218, 227
 District Six Museum 227
 Go Cape Town Card 230
 Government Avenu 226
 Greenmarket Square 227
 Groote Kerk 226
 Hauptbahnhof 225
 Heart of Cape Town Museum 227
 Hotels 230
 Houses of Parliament 226
 Info 230
 Khayelitsha 218
 Koopmans de Wet House 227
 Long Street 227
 Maritime Museum 228
 Muizenberg 16
 National Library of
  South Africa 227
 Nobel Square 228
 Restaurants 231
 Riesenrad 228
 Rikki-Taxis 230
 Robben Island 231
 Rust en Vreugd 227
 Shopping 227
 Sicherheit 219
 Signal Hill 12, 228
 Slave Lodge 226
 South African Museum 227
 South African National Gallery 227
 St. George's Cathedral 226
 Tafelberg 49, 146, 189, 231
 Two Oceans Aquarium 228
 Victoria & Alfred Waterfront 218, 228
 Victoria Wharf 228
Karoo National Park 250, 258
Kei Mouth 250, 261

Register

Kgalagadi Transfrontier Park 51, 85, 198, 307, 308, 316
Khoikhoi 29, 31
Kimberley 32, 51, 308, 309
Kimberley Mine Museum 310
Kirstenbosch Botanical Gardens 190, 221, 232
Kitesurfen 148
Klaserie 296
Kleine Karoo 23, 50, 247, 248, 257
Klippspringer Hiking Trail 316
Knysna 58, 249, 255
Kolonisierung 30
König Shaka 29, 92, 280, 281
Krankenversicherung 340
Kreuz des Südens 54
Krokodilfarm 280
Krüger-Nationalpark 20, 51, 68, 82, 85, 206, 287, 288, 297, 322
Krüger, Paul »Ohm« 32, 34, 35, 42, 113, 206
Kunsthandwerk 111
KwaZulu Cultural Museum 282
KwaZulu-Natal 50

L

Ladysmith Black Mambazo 117
Lake Fundudzi 298
Lambert's Bay 224, 243
Langebaan 224, 242
Lesotho 85, 307, 308, 313
Letaba 297
Lion's Head 21, 234
Lisbon Falls 295
Literatur 109
Lone Creek Falls 294
Lowveld 49, 63, 85, 204, 296
Lowveld Botanical Garden 294
Luthuli, Albert 228, 276
Lydenburg/Mashishing 288, 294

M

Mabulani Game Reserve 287, 290, 301
Mac Mac Falls 294
Madikwe Game Reserve 302

Magoebaskloof 146
Makeba, Miriam 114
Makholwa, Angela 109
Maletsunyane-Wasserfall 314
Mandela, Nelson 36, 39, 41, 42, 43, 90, 92, 109, 186, 218, 228, 231, 269, 272, 273, 281, 312, 313, 327
Mapungubwe 287, 290
Mapungubwe Archeological Collection 299
Mapungubwe Hill 299
Mapungubwe National Park 51, 290, 299
Marakele National Park 287, 290, 301
Margate/Uvongo 280
Market on Main 171
Märkte 170
Maseru 314
Mashikiza, Todd 117
Masorini 298
Matjiesfontein 335
Mazwai, Thandiswa 117
Mda, Zakes 109
Meyer, Deon 109
Miriam Tlali 109
Modjadji Nature Reserve 288, 299
Mofolo, Thomas 109
Montagu 224, 240
Montrose Falls 294
Mossel Bay 49, 57, 247, 249, 256
Motorradfahren 152
Mountainbiken 150
Mountain Zebra National Park 247, 250, 259
Mphahleles, Es'kia 109
Muizenberg 221, 232
Museum zur Geschichte der Zulu 281
Musik 114, 117
Mzamane, Mbulelo 109

N

Namaqualand 23, 51, 63, 243
Ndebele 14
Ndedema Gorge 274
Neighbourgoods Markets 171
Nelson Mandela Museum 281
Nelspruit/Mbombela 294

347

Nicol, Mike   109
Noon Gun   228
Notruf   340

O

Olifants   297
Open-Air Diggings Museum   294
Oranje   268
Oribi Gorge Nature Reserve   269, 280
Otter Trail   146
Oudtshoorn   50, 247, 250

P

Paarl   23, 49, 139, 221, 236
Pan African Market   168, 227
Panoramaroute   294
Paragliden   149
Paternoster   224
Pierneef, Jacob Hendrik   113
Pietermaritzburg/Msunduzi   266, 276
Pietersburg/Polokwane   288, 290, 300
Pilanesberg National Park   51, 287, 290, 302
Pilgrim's Rest   139, 288, 294
Pirschwanderung   82, 144, 288, 308
Plettenberg Bay   23, 58, 249, 255
Pollock Beach   252
Polokwane Game Reserve   300
Pongola Game Reserve   82
Port Alfred   250, 260
Port Elizabeth/Nelson Mandela Bay   49, 57, 249, 250, 252, 323, 327
Port Shepstone   269
Port Shepstone/Umtentweni   280
Port St. John's   268, 281, 323
Preller, Alexis   113
President Brand Street   312
Pretoria Boeremark   171
Pretoria/Tshwane   35, 50, 139, 217, 288, 290–292
   Bronzefigur von Paul Krüger   291
   Goldenes Nashorn   292
   Hotels   292
   Infos   292
   Mapungubwe Archaeological Collection   292

Melrose House   292
National Museum of Cultural History   291
National Museum of Natural History   291
National Zoological Gardens   291
Restaurants   292
Union Buildings   291
Wohnhaus von Paul Krüger   291
Prince Albert   250, 258
Pumeza Matshikiza   117
Punda Maria   298

R

Regenbogennation   41, 88
Rennradfahren   150
Richtersveld National Park   84, 243
Riebeeck, Jan van   30, 31, 42, 219, 225, 227
Robben Island   39, 186, 218
Rooibos   62, 130, 225, 242
Royal Natal National Park   268, 274, 304

S

Sabie   288, 294
Sabie Game Reserve   82
Safari   82, 143, 146, 154, 165, 302
   siehe auch Game Drive
San   29, 42, 83, 90, 126, 144, 268, 275
Sani Pass   275
Satara   297
Scarab Village   171
Schlucht von Meiringspoort   250
Seekajaking   149
Sekoto, Gerard   113
Seoka, Dr. Phuthuma   113
Shakaland   281
Sicherheit   340
Silaka Nature Reserve   281
Simon's Town   221, 233
Sir Lowry's Pass   238
Sithole, Lucas   113
Sodwana Bay   266
Souvenirs   168
Spokes Mashiyane   117
Springbok   243

Register

Stanger/Dukuza 280
Stellenbosch 7, 23, 49, 221, 235
Stellenbosch-Weinstraße 192, 235
St. Lucia Crocodile Center 282
Storms River Bridge 254
Storms River Village Mountain Biking
 Route 150
Sudwala Caves 294
Sun City 51, 287, 291, 302
Sunshine Coast 280
Surfen 148
Swartberge 50, 257
Swartberg Pass 152, 247, 250, 258
Swellendam 224, 239

T

Table Mountain National Park 220, 234
Tauchen 149
Thaba Bosiu 314
Thohoyandou 290, 298
Three Rondavels 296
Thulamela 298
Timbavati 296
Townships 36, 40, 41, 90, 107,
 110, 113, 117, 130, 161,
 179, 218, 253, 265, 269,
 270, 273, 280, 340
Treetop Walk 299
Tsitsikamma National Park 50, 57, 247,
 249, 254
Tugela River Cascades 268
Tulbagh 225, 240
Tutu, Desmond 25, 36, 43, 88, 90,
 101, 226, 228
Tzaneen 288, 290, 299

U

uKhahlamba-Drakensberg Park 50, 274
Ulundi 282
Umhlanga Rocks 139, 322
Umtata/Mthatha 268, 281
Underberg 275
Ungewöhnliche Restaurants 139
Unterkünfte 161
Upington/Khara Hais 51, 308, 315

V

Valley of Desolation 23, 250
VhaVenda 50, 298
Victoria Street Market 171
Viljoen Pass 238
Volschenk, J.E.A. 113
Voortrekker Monument 292, 322

W

Waka Waka 117
Walker Bay 222
Wanderwege 146
Warmbaths/Bela Bela 288, 290, 301
Wassersport 148
Waterberge 287, 290
Waterberg-Region 301
Weenen Nature Reserve 266, 276
Weinregion 133, 221, 235
West Coast National Park 22, 156, 242
White Elephant Lodge 82
Wild Card 82
Wild Coast 268, 281, 323
Wild Coast Hiking Trail 281
Wildebeest Kuil Rock Art Tourism
 Centre 310
Wilderness National Park 50, 57, 86,
 249, 256
Wildwasserfahren 149
Windsurfen 148
Worcester 240
Wouw, Anton van 113

X

Xhosa 31, 39, 50, 90, 98, 99,
 106, 110, 117, 126, 260,
 268, 281

Z

Zoll 341
Zulu 24, 29, 31, 36, 39, 42, 50, 90,
 92, 106, 110, 114, 126, 265,
 266, 280, 281, 282, 292, 339

Bildnachweis

Coverfoto: Giraffe © Alamy Stock Photo/Patrice Correia
Fotos Umschlagrückseite: Oben © Jahreszeitenverlag/Walter Schmitz; Mitte © Shutterstock/Pocholo Calapre

Alamy Stock Photo/David Kleyn: 261; Alamy Stock Photo/Russell Hunter: 286; AWL Images/Aurora Photos: 66; AWL Images/Christian Kober/John Warburton-Lee Photography: 251; Bildagentur Huber/Richard Taylor: 326; dpa Picture-Alliance/Frank May: 127; gemeinfrei: 32/33, 113 links; Getty Images: 2/3; Getty Images/Gallo Images: 128/129 Getty Images/Gallo Images ROOTS RF collection: 54/55; Getty Images/Lonely Planet Images: 59, 186/187, 320, 324/325; Getty Images/The Image Bank: 158/159; Getty Images/Westend61: 300; Glow Images/Heritage Images RM: 34/35; Glow Images/Prisma RM: 67; imago stock&people: 124/125; imago/Philippe Gras: 114/115; Interfoto/Grosvenor Prints/Mary Evans: 30/31; Jahreszeitenverlag/Philip Koschel: 40/41, 70, 71, 77, 91, 94/95, 104/105, 118/119, 130/131, 145, 156/157, 170/171, 202/203, 242, 264, 270, 283; Jahreszeitenverlag/Maria Schiffer: 20/21, 25, 44/45, 56/57, 58, 86/87, 103, 132, 140/141, 149, 174/175, 176, 188/189, 208/209, 210/211, 212/213, 226, 228, 230, 233, 234, 256, 262/263, 332/333; Jahreszeitenverlag/Walter Schmitz: 4/5, 18/19; laif/Agence VU/Gael Turine: 308; laif/hemis.fr/Franck Guiziou: 100/101; laif/Gerald Haenel: 83; laif/Christian Heeb: 237, 335; laif/Thomas Linke: 303; laif/Obie Oberholzer: 162/163; laif/Polaris/Tannen Maury: 108; laif/Redux/The New York Times/Robin Hammond: 192/193; laif/robertharding/Ian Trower: 253; Lookphotos/age fotostock: 277; Lookphotos/Andreas Strauß: 50; mauritius images/Africa Media Online/Roger de la Harpe: 98/99; mauritius images/age fotostock/Roger de la Harpe: 93; mauritius images/Alamy/CTK: 116; mauritius images/Alamy/Michele and Tom Grimm: 37; mauritius images/Alamy/Blaine Harrington III: 214/215; mauritius images/Alamy/David Kleyn: 138/139; mauritius images/Alamy/Eric Nathan: 323; mauritius images/Alamy/Premium Stock Photography GmbH: 88/89; mauritius images/Alamy/Simon Reddy: 122; mauritius images/Alamy/Edwin Remsberg: 120/121; Mauritius images/imageBROKER/Dirk Bleyer: 311; mauritius images/imageBROKER/White Star/Ryogo i Kubo: 72/73; mauritius images/Travel Collection/Walter Schmitz: 164/165; Schapowalow/SIME/Vittorio Sciosia: 64/65; Seasons Agency/Jalag/Philip Koschel: 273; Shutterstock/Diriye Amey: 341; Shutterstock/Anne08: 111; Shutterstock/Wolf Avni: 51; Shutterstock/Bildagentur Zoonar GmbH: 151; Shutterstock/Neil Bradfield: 142/143; Shutterstock/Pocholo Calapre: 184/185; Shutterstock/ChrisVanLennepPhoto: 166/167; Shutterstock/Daniele Codegoni: 194/195, 246; Shutterstock/Cuson: 60/61; Shutterstock/Delpixel: 12/13; Shutterstock/Dendena: 169; Shutterstock/EcoPrint: 46/47, 190/191, 200/201, 304/305; Shutterstock/Anna Efimova: 328/329; Shutterstock/Morkel Erasmus: 152/153; Shutterstock/Marisa Estivill: 241; Shutterstock/Fanfo: 136; Shutterstock/Vladislav Gajic: 53; Shutterstock/Gil.K: 26/27, 314; Shutterstock/Gimas: 219; Shutterstock/Sergey Gaydaburov: 342/343; Shutterstock/Eleanor H Hattingh: 79; Shutterstock/Sean Heatley: 160; Shutterstock/Hedrus: 68; Shutterstock/Timothy Hodgkinson: 322; Shutterstock/Olaf Holland: 275; Shutterstock/InnaFelker: 14/15; Shutterstock/lkpro: 62, 296, 306; Shutterstock/Attila JANDI: 113 rechts; Shutterstock/JMx Images: 69; Shutterstock/kavram: 206/207; Shutterstock/Dominique de La Croix: 331; Shutterstock/Felix Lipov: 179, 334; Shutterstock/LMspencer: 254; Shutterstock/meunierd: 106/107; Shutterstock/mezzotint: 134/135; Shutterstock/michaeljung: 154/155, 216; Shutterstock/Sean Nel: 96/97; Shutterstock/Ava Peattie: 78 oben; Shutterstock/PhotoSky: 147, 238; Shutterstock/Alessia Pierdomenico: 38/39; Shutterstock/Grobler du Preez: 312; Shutterstock/Quality Master: 8/9; Shutterstock/Jane Rix: 284/285; Shutterstock/Damian Ryszawy: 317; Shutterstock/Chiara Salvadori: 295; Shutterstock/Alex van Schaik: 180; Shutterstock/Villiers Steyn: 63; Shutterstock/sirtravelalot: 148/149; Shutterstock/Johan Swanepoel: 172/173; Shutterstock/Toscanini: 80/81; Shutterstock/Nico Traut: 16/17; Shutterstock/Sergey Uryadnikov: 74/75; Shutterstock/Utopia_88: 76, 298; Shutterstock/wcpmedia: 112; Shutterstock/Wildeside: 293; Shutterstock/Andrea Willmore: 244/245; Shutterstock/WitR: 204/205; Shutterstock/Peter Wollinga: 6/7; stock.adobe.com/andrzej_67: 198/199; stock.adobe.com/davis: 28/29; stock.adobe.com/dpreezg: 196/197; stock.adobe.com/HandmadePictures: 48/49; stock.adobe.com/hannesthirion: 84/85; stock.adobe.com/kasto: 318/319; stock.adobe.com/kschoenert: 336/337; stock.adobe.com/majonit: 330; stock.adobe.com/Olaf: 259; stock.adobe.com/Siegfried Schnepf: 279; stock.adobe.com/UTOPIA: 78 unten; stock.adobe.com/wallixx: 182/183; stock.adobe.com/yazz: 71.

Impressum

Liebe Leserin, lieber Leser,
wir freuen uns, dass Sie sich für diesen POLYGLOTT auf Reisen entschieden haben.
Unsere Autorinnen und Autoren sind für Sie unterwegs und recherchieren sehr gründlich, damit Sie mit aktuellen und zuverlässigen Informationen auf Reisen gehen können. Dennoch lassen sich Fehler nie ganz ausschließen. Wir bitten Sie um Verständnis, dass der Verlag dafür keine Haftung übernehmen kann.

Ihre Meinung ist uns wichtig. Bitte schreiben Sie uns:
GRÄFE UND UNZER VERLAG
Postfach 86 03 66, 81630 München, Tel. 089/419 819 41
www.polyglott.de

LESERSERVICE
polyglott@graefe-und-unzer.de
Tel. 0 800/72 37 33 33 (gebührenfrei in D, A, CH), Mo–Do 9–17 Uhr, Fr 9–16 Uhr

1. Auflage 2018
© 2018 GRÄFE UND UNZER VERLAG
GmbH München
Dieses Buch wurde auf chlorfrei gebleichtem Papier gedruckt.
ISBN 978-3-8464-0190-3

Alle Rechte vorbehalten. Nachdruck, auch auszugsweise, sowie die Verbreitung durch Film, Funk, Fernsehen und Internet, durch fotomechanische Wiedergabe, Tonträger und Datenverarbeitungssysteme jeglicher Art nur mit schriftlicher Genehmigung des Verlages.

Bei Interesse an maßgeschneiderten POLYGLOTT-Produkten:
veronica.reisenegger@graefe-und-unzer.de

Bei Interesse an Anzeigen:
KV Kommunalverlag GmbH & Co KG
Tel. 089/928 09 60
info@kommunal-verlag.de

Redaktionsleitung: Grit Müller
Autor: Daniela Schetar, Friedrich Köthe
Redaktion und Gesamtproduktion:
Susanne Maute,
mcp concept GmbH, Kolbermoor
Verlagsredaktion: Anne-Kathrin Scheiter
Bildredaktion: Nafsika Mylona, Tobias Schärtl
Layoutkonzept: Stephanie Henzler, Sina Chakoh
studioformo.de
Karten und Pläne: Geographic Production, München
Satz: Oliver Maute,
mcp concept GmbH, Kolbermoor
Herstellung: Anna Bäumner
Druck und Bindung: Drukarnia Dimograf Sp.zo.o (Polen)

Ein Unternehmen der
GANSKE VERLAGSGRUPPE

ALLE TOUREN AUF EINEN BLICK

Mehr entdecken, schöner reisen

TOUREN		REGION	DAUER	SEITE
Tour 1	Um die Kap-Halbinsel	Kapstadt und Umgebung	1–2 Tage	› S. 220
Tour 2	Die Weinregion	Kapstadt und Umgebung	3 Tage	› S. 221
Tour 3	Südlichster Punkt Afrikas	Kapstadt und Umgebung	4 Tage	› S. 222
Tour 4	Raue Küste, einsame Berge	Kapstadt und Umgebung	4 Tage	› S. 224
Tour 5	Garden Route und Kleine Karoo	Der Süden	6 Tage	› S. 248
Tour 6	Elefanten und Bergzebras	Der Süden	5–6 Tage	› S. 250
Tour 7	Im Land der Zulu	Johannesburg und der Osten	7 Tage	› S. 266
Tour 8	Zum »Barrier of the Spears«	Johannesburg und der Osten	5 Tage	› S. 266
Tour 9	Von Durban zur Wild Coast	Johannesburg und der Osten	5 Tage	› S. 268
Tour 10	Vom Canyon in den Busch	Der Norden	6 Tage	› S. 288
Tour 11	Vom Krüger-Nationalpark zum Limpopo	Der Norden	7 Tage	› S. 288
Tour 12	In die Waterberge	Der Norden	6 Tage	› S. 290
Tour 13	Diamanten, Berge und Sandmeere	Hochebene und Wüste	9 Tage	› S. 308
Tour 14	Wildparks und Küsten in 14 Tagen	Besondere Tour	2 Wochen	› S. 322
Tour 15	Eine Woche entlang der Garden Route	Besondere Tour	1 Woche	› S. 327
Tour 16	Die Höhepunkte in 24 Tagen	Besondere Tour	24 Tage	› S. 330
Tour 17	Mit dem Blue Train unterwegs	Besondere Tour	26 Stunden	› S. 334